聚焦学生素养培育，

以学为本的新型教学形态

/ 著

习中心教学论

Theories of

Learning-centered

Teaching

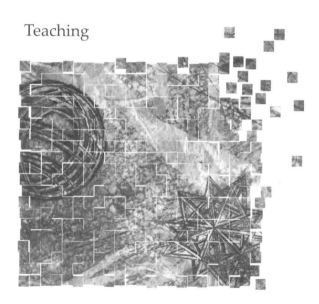

教育科学出版社

·北京·

出 版 人　李　东

责任编辑　方檀香

版式设计　杨玲玲

责任校对　马明辉

责任印制　叶小峰

图书在版编目（CIP）数据

学习中心教学论 / 陈佑清著. —北京：教育科学
出版社，2019.5（2024.11 重印）
ISBN 978-7-5191-1874-7

Ⅰ.①学…　Ⅱ.①陈…　Ⅲ.①中小学—课堂教学—教
学研究　Ⅳ.①G632.421

中国版本图书馆 CIP 数据核字（2019）第 078318 号

学习中心教学论

XUEXI ZHONGXIN JIAOXUE LUN

出版发行	教育科学出版社				
社　　址	北京·朝阳区安慧北里安园甲 9 号		市场部电话	010-64989009	
邮　　编	100101		编辑部电话	010-64981252	
传　　真	010-64891796		网　　址	http://www.esph.com.cn	
经　　销	各地新华书店				
制　　作	北京金奥都图文制作中心				
印　　刷	保定市中画美凯印刷有限公司				
开　　本	720 毫米×1020 毫米　1/16		版　　次	2019 年 5 月第 1 版	
印　　张	20		印　　次	2024 年 11 月第 9 次印刷	
字　　数	270 千		定　　价	60.00 元	

如有印装质量问题，请到所购图书销售部门联系调换。

本书系国家社会科学基金教育学一般项目 "以课堂教学转型为旨趣的中小学学习中心课堂建设的理论与行动研究"（课题批准号：BHA120054） 研究成果

前　言

　　《学习中心教学论》与《学习中心教学的学校行动研究》两书，是我主持的国家社会科学基金项目"以课堂教学转型为旨趣的中小学学习中心课堂建设的理论与行动研究"的最终成果。前者呈现的是我对学习中心教学相关理论问题的思考，后者则介绍了四所中小学参与学习中心教学行动研究的过程及取得的成效。

　　何谓"学习中心教学"？学习中心教学强调要将学生能动、独立的学习当作课堂教学全过程中的目的性或本体性活动，而将教师的教导当作引起和促进学生能动、独立学习的手段性或条件性活动。也就是说，在学习中心教学看来，教学过程的中心（目的、本体）是学生能动、独立的学习，而不是教师的教导；教导只是为学生能动、独立学习服务的手段或条件。因此，学习中心教学实际上是对传统的以教师及其讲授为中心的教学的一种转型性的变革，它试图将"以教为本的教学"转变为"以学为本的教学"（可简称为"学本教学"），以建立一种新的教学活动结构或教学活动形态。

　　提出学习中心教学首先源于我对教学基本问题的一些新的理解。在对"教学"概念的理解上，国内教学论界普遍接受这样的看法：教学是由教师的教和学生的学两种活动构成的统一活动。但对于教与学以何种关系或方式结合在一起，以构成具有某种功能的统一的教学活动，国内教学论界并未形成一致的看法。之所以如此，主要是因为对"教学"概念的把握涉及对教学的价值取向或目标追求、学生学习与教师教导的机制、学习与教导的关系等诸多基础性问题的理解，而国内对这些基础性问题缺少深入的研究，也远未达成共识。经过多年的研究，我们认为，在当今时代，我国学校教学的价值取向应从"以学生掌握知识为本"调整为"以学生的发展为本"（即以学生素养的形成与完善为本）。而学生素养发展具有特定的机制：学生素养不能以接受的方式从教师那里直接获得，而是要基于自身能动的学习活动过程才能形成。对应地，教师教导学生的机制不是直接传递，而是通过对学生能动学习活动的引导和促进，间接地影响学生的素养发展。因此，教导与学习在教学过程中显然不是平行或等价的关系，两者之间也不是通过简单的相加而构成完整的教学活动；相反，从在教学过程中所应发挥的功能和占据的教学时空来看，教导与学习之间存在着明显的差异和联系。这种差异和联系集中表现在，它们之间的关系是一种手段与目的的关系，或者说，是条件与本体的关系。由此可见，在完整的教学活动中，作为目的性或本体性活动的学习自然要成为教学的中心，而教导只是为学生能动、独立学习服务的一种手段性或条件性的活动。简言之，以发展为本的教学必然要求教学以学习为中心，或者反过来说，学习中心是实现以发展为本的必要条件。

学习中心教学观念的形成不仅仅是理论思辨的结果，它同时也是对近年来国内外课堂教学改革经验的借鉴和提升。从改革开放至今，国内对课堂教学结构进行了很多改革探索，并形成了一些典型经验，其中以洋思中学和杜郎口中学的课堂教学改革最为典型。这些课堂教学改革经验创造的"以学为本""少教多学""先学后教""以学论教"等观念和做法，对我国传统课堂教学以教为中心的基本结构进行了大力度甚至是根本性的调整，使课堂显现出明显的以学习为中心的特征。另外，国外近年来以信息技术为支撑的课堂教学模式，如翻转课堂、混合式教学等，也鲜明地体现了对学习中心教学的追求。因此，提出学习中心教学也是因应新的时期国内外课堂教学结构改革大势的结果。

在对学习中心教学的探索中，我秉持"注重教学理论和教学实践之间的结合与转换"的研究思路，从理论探究和行动研究两个层面开展研究。

首先，在对国内外已有理论与实践研究的反思和借鉴的基础上，形成我们对于学习中心教学的基本理解。然后，以这种基本理解作为假设，在中小学进行学习中心教学的行动研究，在行动研究中检验、修正和发展这种假设，进而完善我们对于学习中心教学的理解。《学习中心教学论》和《学习中心教学的学校行动研究》分别呈现了我们在理论和实践两个层面对于学习中心教学探索的成果。

《学习中心教学论》由四个部分共计八章内容组成。其中，第一部分"课堂教学的当代转型与建构学习中心教学"，主要从对传统教学存在的弊端及其历史改进的反思、当代社会发展对课堂教学变革提出的要求等问题的分析入手，提出建构学习中心教学是我国课堂教学转型的基本取向。第二部分"学习中心教学思想与实践的历史回顾"，对西方和我国学习中心教学思想和实践的发展过程进行了回顾和反思。第三部分"学习中心教学的特质及其教学过程组织"，在对学习中心教学的基本特质、存在理由进行分析的基础上，对学习中心教学过程组织的逻辑、实施策略、教学设计以及评价标准等问题进行了比较全面的探讨。第四部分"学习中心教学实践推进中的问题及其应对"，基于对国内学习中心教学改革经验的反思，对我国学校推进学习中心教学所遭遇的困难、挑战及如何突破等进行了分析讨论。

《学习中心教学的学校行动研究》也分为四个部分。第一部分"学习中心教学行动研究推进的过程"，对四所学校行动研究的总过程，包括行动研究的指南、推进方式、具体的过程安排等进行了介绍。第二部分"实验学校行动研究报告"，对四所学校行动研究的过程及取得的成效分别进行全面的介绍和分析。第三部分"学习中心课堂建构·教师感悟"，选择和汇编了参与学习中心教学行动研究的部分教师所撰写的感悟性小论文。这些小论文以教师的语言，生动地介绍了学习中心教学过程的组织、教师参与学习中心教学行动研究的心路历程及发生的改变。第四部分"学习中心课堂建构·典型课例"，汇编了部分教师以学习中心教学理念执教的一些典型课例。从这些课例中，可以直观地了解学习中心教学的具体操作过程。

目　　录

第一部分

课堂教学的当代转型
与建构学习中心教学

课堂教学是学校育人的基本途径和核心环节，课堂教学的变革是学校教育变革中最为关键的部分。我国当下课堂教学变革的方向是什么？是局部的、要素性的改革还是整体的、结构性的转型？若是结构性的转型，其取向是什么？显然，要回答这些问题，既要考察我国课堂教学的现状及其存在的突出问题，更要把握新时代我国社会发展对人才培养提出的新需求。为此，需要深入探讨如下问题：传统课堂教学的基本形态是如何形成的？在历史发展过程中它又经历了哪些改进？针对新时代我国社会发展的现实和理想，课堂教学改革如何在已有改进的基础上进一步深化？如何理解建构学习中心教学是我国课堂教学转型的基本取向？何谓学习中心教学？在本部分，我们拟对这些问题进行具体的探讨。

第一章 传统课堂教学的弊端 及其历史改进的反思

课堂教学是人类创造的用以传承人类精神文化和培养社会新人的一种教育途径，它深受社会发展为教育提供的育人资源和对教育提出的用人需求的影响。因此，随着社会的变迁，课堂教学会衍生出不同的问题，也因此，人类对于课堂教学问题的理性反思和实践改进从未停止过。

一、课堂教学形成与发展简史

一般认为，以班级集体教学为主要形式的课堂教学形成于工业革命时期，并以批量化、高效率培养工业生产所需要的人才为特征。具体来看，班级授课制产生于 16 世纪末至 17 世纪初的东欧国家。它的形成、发展经历了三个重要的阶段（王策三，1985）[274]。

第一阶段：经过夸美纽斯的论证和总结，班级授课制的基本形式得以确立。在 1632 年完成的《大教学论》中，夸美纽斯从八个方面分析和论证了班级教学的特征：一个教师同时教多个学生；每门科目都用一本教科书；全班所有的学生都按照统一的教学计划开展学习；一切科目都按照同样的方法教学；每件事都应该彻底、简要、有力地去教授；一切天生相联系的事物都应联合去教授；每门科目都应分成一定的步骤去教授；一切无用的事物，全应弃掉，不要姑息（夸美纽斯，1957）[133-134]。从这里可以看出，今天的班级教学沿用了夸美纽斯所论证的班级教学的基本形式。

第二阶段：以赫尔巴特提出的"四段教学"为代表，对班级教学的过程进行了详细总结，使得班级教学过程结构化和程序化了。赫尔巴特一方面针对此前卢梭等人突出儿童的自然发展和偏重利用儿童的实际活动进行教育的偏差，强调系统知识教学的地位；另一方面，他基于观念心理学，对知识教学的过程进行了深入研究，提出知识教学过程的四阶段论（简称"四段教学"）。所谓四阶段，即明了、联想、系统、方法。由于赫尔巴特教学思想的广泛传播和应用，课堂教学的形式逐渐定型，至此，传统教学的"三中心"（书本中心、课堂中心、教师中心）特征开始形成。

第三阶段：以苏联教学论为代表，进一步发展和完善班级授课制，使之成为一个完整的体系。苏联教学论对于班级授课制的发展主要有两个方面的贡献：一是提出课的类型和结构的概念。课的类型有综合课和单一课（新授课、复习课、练习课、测验课等）。课的结构是指一节课所包含的阶段、环节或步骤。以综合课为例，其结构包括组织教学、复习旧课、讲授新课、巩固新课、布置作业等环节（王策三，1985）[276-277]。二是突出了教师讲授这种教的方式。如凯洛夫提出："在教学过程中，讲授起主导的作用；安排得当的讲授是学生顺利地掌握知识、技能和技巧的主要条件。"（凯洛夫，1957）[130]

从班级授课制产生和发展的历史可以看出，班级授课制作为课堂教学的一种组织形式，一开始就以集体教学的形式出现。在这种教学组织形式中，书本知识是教学的主要对象和内容；教师同时面向多个学生进行集中讲授，是教师采取的主要教导方式；并且，教师的讲授严格按照教学计划进行，如将教学内容分解成若干节"课"，并按严格的时间计划上"课"。

应该说，在人类积累的知识尚不丰富、一个国家教师人数不足、学习者获取知识的渠道有限而希望系统学习知识的人数激增的社会历史条件下，班级授课制的创造和运用，对于满足大众受教育的需求和国家对于教育的普及需要具有十分积极的意义。只有当上述社会历史条件发生变化时，班级授课制才开始显现出它的不足或问题，并由此引发对班级授课制进行改进的各种探索。

二、传统课堂教学的历史改进

以班级集体教学为核心的课堂教学形成、兴盛于西方，后又传播到全世界。但是，班级集体教学随着社会历史条件的变化，经历了不断调整和改进的过程。当然，由于国情的差异，这种调整和改进在西方和中国经历的过程是不一样的。

（一）西方的课堂教学变革

19 世纪末 20 世纪初，由于受到工业革命、资本主义经济快速发展以及教育普及等因素的影响，西方教学思想出现了重大转型。以赫尔巴特教学思想为代表的传统教学思想开始受到批判和改造，形成了以欧洲新教育运动和美国进步主义教育运动为代表的现代教育运动及相应的现代教学思想。现代教学思想是在批判传统教学思想的基础上形成的，它的基本主张是与传统教学思想针锋相对的。这两种教学思想的对立通常被概括为两个"三中心"之间的对立，即"教师中心和儿童中心的对立；系统书本知识中心和个人直接经验中心的对立；课堂中心和活动中心的对立"（王策三，1985）[7]。

在现代教学思想兴起之后，在教学过程的组织方面，西方出现了很多新的探索，并形成了新的教学组织形式。其中，有些教学组织形式对班级授课制进行了修改或调整，如活动课时制、小队教学、选课制、单元教学法、能力分组、不分级制等；有些教学组织形式对班级集体教学进行了补充或扩展，如特朗普制、选科制；有些教学组织形式则完全放弃了班级集体教学的形式，如道尔顿制、设计教学法、文纳特卡制、程序教学、开放课堂等（陈佑清，2011a）[346-351]。这些调整和改变都是针对班级集体教学所存在的以书本知识教学为中心、实行整齐划一的教学过程、忽视学生个性差异和学生学习能动性等弊端而进行的。其共同的追求是，在教学过程的组织上，强调联系社会生活和学生的日常生活，突出对学生的个性、自由选择、能动活动的尊重，强调教师对学生学习进行差异化指导，等等。总的来讲，经过现代教育运动以后，西方课堂教学的基本结构发生了根本性的调整，课堂教学的总体格局开始从教师（讲授）中心向学生（学习）中心转移。

在西方国家，尽管在 100 多年前就开始对传统课堂教学进行了结构性调整，但传统课堂教学以教师为中心的弊端今天仍然存在。以美国的学校教学为例，有研究者发现，"在过去 50 年中，学校教学在'以教师为中心'和'以学生为中心'二者之间摇摆不定，但天平更多向前者倾斜"（Rogers et al.，1994）[8]。1965 年有关课堂互动的研究发现，在中学数学教学中，80%—85%的时间是教师在讲。在同一时期的社会学课堂上，教师讲的时间占到 70%—73%。1983 年古德莱德（J. Goodlad）在花了若干年时间对美国各地的高中课堂教学进行深入的观察后，得到了类似的结论（Rogers et al.，1994）[8]。另外，美国"全国中心城区教育中心"（National Center on Education in the Inner Cities）1993 年发表了针对 12 所学校（小学、初中和高中各 4 所）的 128 个课堂上随机选择的 512 名学生的课堂观察报告，结果显示：从课堂教学活动中教师布置活动与学生选择活动的比例来看，小学分别是 99.85%和 0.14%，初中分别是 97.96%和 2.03%，高中分别是 99.07%和 0.93%；从课堂教学活动采取全班教学、小组教学、个体学习的比例来看，小学分别是 78.19%、12.20%、9.60%，初中分别是 88.04%、5.20%、6.75%，高中分别是 80.84%、3.17%、15.98%（Rogers et al.，1994）[250]。这个调查反映出，在美国的一些中小学，教师布置的课堂活动和全班集中教学仍然占主导地位，教学以教师为中心的现象仍然很突出。美国中小学课堂教学的这种状况说明，要彻底改变以教师为中心的教学传统，是一项非常艰难的工作。

（二）我国的课堂教学改进

我国的课堂教学兴起于 20 世纪初废科举、兴学堂之际。在创办西式学校时，我国也引进了西方的课堂教学组织形式。其时，赫尔巴特教学思想及班级授课制由日本传入我国，并走向兴盛。尽管后来西方其他的一些教育思想，如杜威的教育理论，以及设计教学法、道尔顿制等教学组织形式，也传到我国，但在新中国成立前，我国学校实际运用并占主流的教学思想和教学组织形式还是赫尔巴特的教学思想和班级集体教学。1949 年以后，又经全面、深入学习和移植凯洛夫教育学，传统教学思想和班级授课制在我国被确立为学校教学的基本教学思想和教学组织形式。

在 1978 年改革开放以前，国内对班级授课制的改革非常有限，主要的改革有复式教学、个别辅导、现场教学等少数探索（王策三，1985）[288-292]。改革开放以后，随着国家将工作重心转移到经济建设上来，国家建设和发展对人才培养提出了崭新的需求，学校教育开始自觉地为满足国家经济和社会发展需求筹划人的培养，作为学校培养人才主要途径的课堂教学由此开启了改革进程。纵观改革开放到现在，我国的课堂教学改革大体经历了如下几个阶段（李金云，2009）（潘仲茗，1998）[11-44]。

第一阶段：20 世纪 70 年代末至 80 年代，突出智力开发的课堂教学改革。1978 年以后，一系列促进学校教学变革的力量开始在我国形成，如国家改革开放和以经济建设为中心的大格局的形成及其对培养新的建设人才的迫切需求，全国范围的对国际上出现的新技术革命浪潮、知识爆炸式增长以及智力开发等问题的热烈讨论，对国外新的教学思想尤其是赞可夫的教学与发展思想、布鲁纳的发现教学思想等的引进和宣传。这些新的力量共同促成了我国在新的历史时期对课堂教学改革的热烈讨论和深入思考。当时关注的核心问题是：在知识呈爆炸式增长的新技术革命时代，教学如何超越单纯地让学生掌握知识，而关注学生的智力发展，即如何将知识教学与学生智力培养统一起来。

围绕这一问题，不少人在中小学开展了实验研究，并形成了一些典型的以突出智力培养和学生自学为特征的课堂教学模式，如黎世法的"异步教学法"、上海育才中学的"八字教学法"、邱学华的"小学数学尝试教学法"、卢仲衡的"中学数学自学辅导教学法"等。应该说，20 世纪 80 年代的课堂教学改革研究开启了新时期我国课堂教学改革研究的先河，它所强调的研究主题（突出学生智力培养和学生的自学）和研究方法（采用实验方法研究课堂教学），直接影响了后来国内课堂教学改革的研究。如洋思中学、杜郎口中学自主开展的课堂教学变革，以及由大学研究人员主持的比较深入的教学变革研究，实际上都延续和深化了20世纪80年代的课堂教学改革进程。

第二阶段：20世纪80年代中期至90年代中期，以关注学生发展的新取向（全面发展、非智力因素培养、主体性发展）和体现教育整体改革要求为特征的教学改革。影响这个时期课堂教学改革的因素主要有以下方面。一是"素质教育"的提出。1985年《中共中央关于教育体制改革的决定》提出，教育体制改革的根本目的是提高民族素质。1993年《中国教育改革和发展纲要》更明确地指出："中小学要由'应试教育'转向全面提高国民素质的轨道，面向全体学生，全面提高学生的思想道德、文化科学、劳动技能和身体心理素质，促进学生生动活泼地发展。"自此以后，以关注学生全面发展为核心内容的素质教育开始成为基础教育的目标追求。二是对学生非智力因素和主体性发展的关注。随着20世纪80年代初对学生智力培养探索的深入，人们发现，学生智力培养不能孤立地进行，还应关注以兴趣、情感、意志、性格等为内容的非智力因素的影响，由此，智力开发与非智力因素培养的统一问题被教学所关注。同时，随着我国市场经济体制的逐步建立，人的主体性问题开始受到哲学社会科学界的普遍关注。受此影响，我国教育理论界开始形成"主体教育思想"，强调要将学生当作教育过程中的主体，并将培养学生的主体性当作教育的重要目的。三是体现系统思维和优化思维的教育整体改革的出现。20世纪80年代中期以前，我国的教育教学改革多是单项、单科改革。到了80年代中期以后，考虑到学生全面发展受到多种因素影响，以及学校工作的整体安排要求，人们认识到，应该用整体优化观念思考和推行教育教学改革。整体优化观念源自哲学上的系统思维和巴班斯基的教学过程最优化思想。在这种观念指导下，我国开始出现教育整体改革的尝试。例如：1985年，国家先后确立了115个农村教育综合改革实验县，实施农、科、教结合和基教、职教、成教统筹的实验，揭开了我国区域性教育整体改革的序幕；1988 年，中国教育学会中小学整体改革专业委员会成立，标志着我国有组织的教育整体改革研究全面展开。

这一阶段开展了一些典型的教学改革实验。一是体现整体优化思想的改革实验。如杭州市天长小学与杭州大学教育系合作进行的小学生最优发展综合实验（后改为"整体优化教育实验"）、上海师范大学教育科学研究所开展的中小学教育体系整体改革实验等。二是强调情知互补的教改实验。如江苏省南通师范学校第二附属小学李吉林主持的小学语文情境教学、上海市一师附小主持的愉快教育实验、上海市闸北第八中学主持的成功教育实验等。三是主体性教育实验。如由北京师范大学和河南省安阳市人民大道小学合作进行的小学生主体性发展实验、由华中师范大学和湖北省荆门市象山小学合作进行的小学生主体性品质培养的实验研究等。

第三阶段：20 世纪 90 年代末至今，突出学生生活世界和生命价值的课堂重建。有人认为，我国的课堂形态主要有两种，即知识课堂和生命课堂（王鉴，2006）。以这种划分来观察，我国前面两个阶段的教学改革大体上还是以知识教学为主要视域的，因此研究的主要是知识课堂；到了本阶段，国内的课堂教学改革开始探索建构生命课堂。本阶段对于课堂教学改革的探索带有明显的反思和重建的性质。原因在于，一方面，我国自改革开放以来的课堂教学改革已经有 20 多年的经验积累，因此具有进行系统反思的对象和资料；另一方面，基于系统反思发现的问题，面对国家高速发展提出的新要求，人们对我国教育具有强烈的重建愿望。在这种情况下，课堂教学改革研究的问题集中在"关注学生在课堂教学中的生存状态以及生活意义和生命价值的实现，在研究视野上，逐渐从'认知领域'扩展到'生活和生命全域'，倡导以一种更加全面的视角来关注和促进个体生命的多方面的成长和发展，注重学生完满的精神世界的建构"（李金云，2009）[50]。

以建构生命课堂为取向的课堂教学改革，在内容上涉及对教学目标、教学内容及教学过程等进行全方位的变革，而不仅仅是对教学过程进行改革。此阶段教学改革的典型探索主要有叶澜教授主持的"新基础教育"课堂教学改革、郭思乐教授主持的"生本教育"课堂教学改革等（详见本书第四章）。

以上主要从课堂教学改革的价值取向演变的角度，将我国改革开放以来的课堂教学改革划分为三个阶段。另外，从课堂教学改革的组织主体来看，还有教育部门推行的改革和学校自发实施的改革两种类型。

2001 年教育部启动的课程改革（通常被称为"新课程改革"），在国家层面对基础教育的课程和教学进行了大力度的改革。这次课程改革虽然将重心放在了狭义的课程改革上（主要对课程计划、课程标准、教材、课程资源开发、课程管理等进行改革），但从课程实施的角度出发，也对教学过程改革提出了一些重要的理念和举措，如主张教师参与课程开发（尤其是校本课程开发），倡导"用教材教"的理念（以打破教师对教材的迷信），推行校本教研制度，强调教学方式的变革，等等。但是，从其在全国整体推进所取得的实际效果来看，这次课程改革在教学改革方面，主要还是要素性、局部性的改革，远未达到整体性和结构性改革的层次。如在学生观和教学方式调整上，虽然学生的主体地位的确立和主体作用的发挥，自主学习、合作学习、探究学习等学习方式的运用，开始为很多教师所接受和实践，但教学的整体结构或基本模式没有进行根本性的变革，改革的效果远未达到理想的水平。

以江苏省泰兴市洋思中学（以下简称洋思中学）和山东省茌平县杜郎口中学（以下简称杜郎口中学）为代表的民间学校自发进行的大力度的课堂教学过程变革，近年来在我国产生了巨大的示范效应。这两所学校的课堂教学改革经验之所以引人注目，主要是因为：首先，这两所学校原来都是农村薄弱学校，经过大力度的课堂教学改革，它们的教学质量（主要是中考成绩）得到大幅度提升，甚至学校面貌发生了根本性的改观。其次，两所学校的教学改革都是由富有强烈改革意识的校长自上而下在全校所有学科同时推进的，属于学校范围内的教学整体改革。最后，两所学校的课堂教学改革虽然没有触及教学的价值取向、教学目标、课程及教学内容，但在教学过程上，进行了大力度的变革，如大幅减少教师讲授时间、增加学生课堂自主学习时间，实现了"少教多学"；调整教与学的先后顺序，实行"先学后教"；将个体自学、小组学习和全班学习三种教学组织形式结合使用；等等（详见本书第四章）。这些改革举措导致两所学校的课堂教学形态与传统课堂相比，发生了根本性的改变。

总的看来，在我国，自 20 世纪 80 年代以来课堂教学改革一直在进行，并取得了多种典型经验。其中，有些教学改革经验已经触及课堂教学基本结构的调整，如"新基础教育"、生本教育、洋思中学和杜郎口中学的教学改革经验。但从全国范围来看，这些改革主要是由少数研究者领导或少数学校组织的教学改革，其中有些经验还主要是以服务于应试需要的知识教学为主要价值取向，并没有触及课堂教学的基本结构。从总体上看，我国中小学课堂教学的整体格局和基本教学活动结构并没有发生根本性的变化。而在今天，随着我国经济和社会发展全面进入新时代，我国课堂教学改革，尤其是对课堂教学整体格局或基本结构进行转型性的变革，面临强大的社会需求推动，因此，目前思考和实践课堂教学格局性的变革正当其时。

三、传统课堂教学的教师（讲授）中心特征

关于传统课堂教学的弊端或问题，国内外已经有很多的议论和揭示，并在实践上进行了诸多改进。但是，课堂教学改革其实是一个永无止境的过程。因为课堂教学的有些问题是具有时代性特征的，或者说，是在时代背景映照下产生的问题。另外，课堂教学中有些根本性的问题要完全解决是非常困难的，也许在一个时期的调整以后，又有反复。以今天的时代发展背景来观照传统课堂，它到底存在哪些问题？在这些问题当中，什么问题是影响课堂教学的整体格局或基本结构的问题？这些需要进行深入的思考。

我们认为，传统课堂的问题不能仅从课堂构成的某些要素层面去观

察，更需要从整体结构层面去把握。传统课堂显露出来的不少问题的确是局部性问题或某些要素的问题，但是，针对这些局部性或要素性的问题，已经进行过很多的改进，如尊重和调动学生主动性、实行教学方式多样化、使用新的技术手段、建立民主平等的师生关系、减小班额实行小班教学等。尽管对课堂教学进行了很多改进的工作，但课堂教学的现状仍难让人满意。有些改进举措耗费的经费和人力资源是庞大的，但产生的实际育人效果仍然不够理想，如我国近些年大力推进的信息技术手段使用（政府大力投入建设"校校通""班班通"工程）。为何如此？这主要是因为，这些改进工作没有触及课堂教学的一些关键问题，尤其是那些全局性或结构性的问题。现在，到了解决这些全局性、结构性问题的时候了。

到底什么才是影响我国课堂教学整体格局或基本结构的问题？对此，已有学者进行了揭示。如郭思乐教授认为，对于今天我国基础教育的问题，包括课程与教学的问题，需要从"体系"的角度思考如何进行改革："实践证明，仅仅零敲碎打的改革，已经不足以解决今天的问题了。基础教育的一切都是那样的互相牵制，如果你想在教法改革的某一个阶段有所成就，就必须牵动教材、教法、教育管理及评价，进而指向人的观念的更新。"（郭思乐，2001）[9] "思考包括观念、课程、教材、教法和管理评价等等所构成的体系问题，是今天的新一轮改革的关键。"（郭思乐，2001）[10]郭思乐教授认为，我国基础教育的根本性或者说体系性的问题是："我们原来的体系基本上是一种师本的教育体系，也就是一切都是为教师好教而设计的，以教师为中心的。……我们需要为学生设计一种以学生好学为中心的教育体系。"（郭思乐，2001）[10]叶澜教授认为，我国过去的教学改革虽然取得了一些进展，但都没有触及教学改革的根本："近十多年来，随着教学改革的开展，课堂教学有了不少新的组织形式，开始注重学生的主动投入。但大多数的课以及教师的教学观，在深层次上并没有发生实质性的变化。这一传统的超常稳定性，除了因它主要以教师为中心，从教师的教出发，易被教师接受外，还因为它视知识的传授和技能的训练为主要任务，并提供了较明确的可操作程序。"（叶澜，2006）[246]可见，以教师及其讲授为中心，是传统课堂教学格局性或结构性问题产生的症结所在。

那么，为何以教师及其讲授为中心，会影响课堂教学的整体格局或基本结构呢？对此，我们认为，可以运用结构—功能的方法进行分析。

课堂教学本身是一个复杂的活动系统。活动系统不同于由静物构成的物理系统。原因在于，教学活动系统的构成单位并不是其包含的静态的物质性要素，如人的要素（含教师和学生）或物的要素（含教学内容、教学手段、教学设备、教学空间等），而是由这些物质性要素组成的活动单元，如教师的教导活动和学生的学习活动，以及教学过程中的不同活动环节。由于教导活动和学习活动各自又有多种类型和方式，且有不同的活动过程或环节，同时教导活动与学习活动之间、不同的教导活动之间、不同的学习活动之间、教学过程中的不同环节之间又存在复杂的结构关系，由此导致教学活动系统运行过程的复杂多样，导致教学活动系统产生不同的育人功能。由于系统的结构与其具有的功能之间存在着对应关系，所以要揭示传统课堂教学在结构层面到底存在哪些问题，可从其实现的育人功能或培养的人的质量及其与社会进步和人的健康发展需求的契合程度来观察。因此，我们可以首先从课堂教学所培养的人的质量的分析出发，进而反思导致这种人才培养质量的教学过程的价值取向或目标追求，然后对在这种教学价值取向导引下的教学活动的内部结构进行分析，以此发现现行课堂教学所存在的结构性的问题到底在哪里。简言之，我们的分析思路是：人才培养质量→教学价值取向→教学内部结构。

我国中小学课堂教学所实现的育人质量或在促进学生发展上所取得的主要成效大体反映在三个方面：第一，学生系统、牢固、熟练地掌握了所学学科的基本知识和技能；第二，在学科知识和技能掌握的过程中，学生形成了某些低层次的认知能力，如记忆能力以及初步的语言智能和数理逻辑智能等；第三，伴随学科知识和技能的周全、牢固、熟练掌握所经历的专心听讲、反复训练、频繁检测的学习过程，学生在细致、耐心、毅力、坚持等态度及意志方面的品质也获得了发展。因此，传统课堂教学不仅仅让学生掌握了学科基本知识和技能，同时也促进学生形成了某些与知识、技能掌握过程相对应和相伴随的一些素质。

传统教学所实现的这些教学效果是以获取应试成功为价值导向的。为了应试和服务于应试，是我国当下很多中小学课堂教学的主要价值取向和目标追求。因为考试以书面纸笔测验为方式，而纸笔测验能够检测的，主要就是学生以语言文字或数理逻辑符号为工具，对书本知识所展开的理解、记忆、书面运用等心理加工和逻辑操作，所以，以应试成功为基本取向的传统教学所能培养的学生素质主要就是与书本知识的记忆、理解和书面运用直接对应或密切相关的素质，而实际生活需要但与应试没有直接关联的素质，基本上不在课堂教学所关注的视野之内。这不是说应试教育没有培养学生的素质，而是说，应试教育只关注应试所需要的素质（或者说攸关应试成功的素质）的培养，而没有关注应试之外学生获得实际生活成功和终身可持续发展所需要的素质的培养，比如社会责任感、反思批判能力、问题解决能力、创造能力、实践应用能力、自主学习和终身发展的能力、合作的意识与能力等。

与这样的教学效果或教学价值取向相对应，传统课堂教学的过程也存在明显的缺陷。首先，在课程结构方面，以学科课程作为学生学习的主要课程，而基本上没有动手操作和社会实践的课程，即使国家规定的课程计划上安排有此类课程，很多学校也没有认真执行。其次，在学科教学内容的选择上，基本上采取的是"点状教学"，即将学科知识按照课程标准甚至考试大纲的要求，拆分为一个个的知识点，以知识点为基本教学单位，以对知识点的精细讲解、准确理解、反复训练、频繁检测为主要的教学活动形式。最后，在教学过程的具体组织方面，紧紧围绕知识点的讲解、理解、训练以及检测的准确、快速和高效的要求，处置师生关系、选择教学方式、安排教学流程、运用教学组织形式等。比如，在教学关系的处置上，从教学的时间和空间占用来看，教师活动仍然是教学过程的中心，学生活动则跟随着教师的活动；从教学方式的选择来看，最为普遍的是，教师以讲授的方式教，学生以接受的方式学；教学流程安排大多服务于知识点的掌握，最常见的教学流程是"激发动机—复习旧知—讲解新知—建立新旧知识的联系—练习巩固—检测评价"；在教学组织形式的运用上，面向全班的集体教学仍然是主要的教学组织形式。

因此，传统课堂教学的过程组织或结构设计，基本上是服务于以获取应试成功为主的教学价值取向的需要，显现出明显的以教师及其讲授为中心的特征。教师（讲授）中心代表了传统课堂教学在结构或格局上的特征，它整体性和深层次地反映了传统课堂教学存在的问题。教师（讲授）中心与课堂中心（即以全班集体教学为主）、书本中心（即以书本知识的精细传递及接受为主）是密切关联的，因为教师的讲授是面向全班学生并以全班学生为对象的，教师讲授的内容主要是书本知识。在教师中心、课堂中心、书本中心中，教师中心是最为核心和根本的，原因在于，课堂教学活动的内容和形式（包括学生学习的内容和采取的活动形式）都是由教师选择、组织和调控的。

当然，我们在此揭示的传统课堂教学所存在的这种结构性或格局性的问题，在不同教育阶段或不同地区学校中的实际表现是存在差异的。比如，由于离中考和高考距离比较远，因此相比于初中和高中，小学课堂教学所存在的上述结构性问题相对不是很尖锐或很突出，有些小学的课堂教学显现出以学生素质的全面发展为取向、学生主动参与多样化的学习活动的特征。但是，也有一些小学，尤其是那些校长和教师缺少着眼于学生全面和长远发展的育人责任感的小学，多以教书或帮助学生获得好的考试分数作为教学的主要价值取向，其课堂教学表现出明显的"三中心"的特征。

第二章　社会变迁对课堂教学转型的呼唤

从表面来看，时代发展引起的社会变迁和课堂教学是两个不同的事物，或者说，是存在相当大距离的两个事物。但是，当我们深入观察和理解社会变迁的原因及其产生的广泛影响、课堂教学变革产生的社会背景及其对社会变迁所具有的功能时，就会发现社会变迁与课堂教学变革之间存在着很强的互动关系，只不过这种互动关系要通过如下逻辑链才能发生：社会变迁⇌人的发展⇌教育变革⇌课堂转型。这表明，社会变迁与课堂教学变革之间的互动不是直接发生的，而是以人的发展和教育变革两个因素为中介间接发生的，并且，通过这些中介因素传导的两者之间的互动关系显然是强有力的。因此，要真正理解和把握当今课堂教学变革的原因及其走向，需要认识和理解当今时代我国社会发展的态势和特征。

一、我国课堂教学转型面临的时代及社会发展背景

当今时代发展呈现出许多新的特征，而新时代我国社会发展也展现了全新的面貌。这样的时代和国家发展状况形成了一种对我国教育发展和课堂教学变革具有深远影响的背景，需要我们深入观察和正确把握。

（一）当今时代发展的特征

当今时代呈现出许多新的特征。我们认为，推动现今时代进步的主要

动力有科技革命（工业革命）、全球化、知识经济、信息化。其中，信息化是推动当今时代发展最为活跃并具有革命性影响的力量，它本身又成为当今科技革命（工业革命）、全球化和知识经济形成最为重要的动因。在当下，信息化发展已经催生很多深刻改变人类生活面貌的新技术，如云计算、大数据、人工智能（机器人）、物联网、以 3D 打印为代表的真实与虚拟融合技术、将虚拟与现实连接起来的增强现实技术（AR）等。

信息化对人类生活的各个领域都产生了重大的影响。最为直观的是，信息技术已全面融入当代人的日常生活。以智能手机使用为例，频繁、及时、多向的交流互动，直播，网上订购，等等，深刻地改变了人们的交往、沟通与购买方式。信息技术对当代经济发展产生了深刻的影响，以制造业为例，现代信息技术的应用直接引发了第四次工业革命。第四次工业革命是人类产业发展变迁的最新阶段，是在前三次工业革命基础上的人类生产形态的又一次突变。一般认为，第一次工业革命开创了机器生产时代，使农业文明向工业文明过渡。第二次工业革命以电气化生产为特征，形成了以电力、铁路、汽车、钢铁、化工等为标志的工业体系。第三次工业革命则以生产自动化为特征，以半导体、计算机等信息技术为支撑。第四次工业革命大体上自 20 世纪 90 年代末开始，随着计算机和互联网技术的迅猛发展和广泛使用，人类工业生产开始进入智能化的新阶段。智能化制造正在改变全球经济竞争和国家发展格局，受到广泛关注。一些发达国家提出智能制造的发展规划，如 2012 年美国国家科学技术委员会发布了《先进制造业国家战略计划》，2013 年德国学界和实业界共同推出《保障德国制造业的未来——关于实施"工业 4.0"战略的建议》。2015 年我国发布了《中国制造 2025》。

以智能制造为核心的第四次工业革命具有与前三次工业革命不同的特征。有人基于 2013 年在德国汉诺威工业博览会上了解的信息，对智能制造的典型特征进行了分析（张海平，2014）：一是工厂智能化，即实现了生产工艺与信息技术的融合。核心是通过网络实体融合控制系统（cyber-physical system，CPS）实现生产设备的自主控制，以及把分散的自主的智能化的制造设备，通过网络紧紧地联结起来，使得产品制造呈现出开放性、动态性和灵活性特征。二是产品个性化。生产高度智能化的工厂，可以制造出迎合顾客个性化、多样化和不断改变的需求的产品，顾客甚至可以了解产品制造的全过程并随时修改订单。三是就业或工作的灵活化。智能制造利用网络可以实现分散制造，员工可以就近或在家上班。传统的归属于某个单位的雇佣劳动和就业模式（即个人—工作单位—生产任务）转变为以契约式生产为特征的弹性工作模式（即个人—任务或项目）。此外，智能制造对个人就业产生的深刻影响还表现在，那些能用机器代替的简单、重复、繁重、危险的工作会被机器人所代替，而需要人从事的工作主要是那些复杂的、需要创造性的、以情感付出为基础的且不能由机器代替的工作。目前，国内外已有不少关于第四次工业革命特征的研究。如有人认为："第四次工业革命的核心引擎是各项技术的融合，特别是物理世界、数字世界和生物世界之间的高度融合，或者说驱动第四次工业革命的三驾马车是物理技术、数字技术、生物技术以及三者的有机结合。……可以用深度网络化、生态化、智能化和生产组织分布化来概括第四次工业革命的特征。"（高文杰，2016）[6] 国际上最早明确提出第四次工业革命的是世界经济论坛创始人施瓦布（K. Schwab）。施瓦布指出，第四次工业革命是以创新和数字经济为核心的发展模式，这种模式将对传统劳动密集型和粗放型的经济增长模式产生巨大冲击。在新的经济增长模式中，"经济体是否具有创新能力是其成败的关键"（施瓦布，2016）[78]。

信息技术对当代教育发展和育人过程也产生了广泛而深刻的影响。关于这个问题，国内外有很多研究。2017年3月18日至20日，由北京师范大学主办、北京师范大学智慧教育研究院和美国新媒体联盟联合承办的"第二届中美智慧教育大会"，发布了《2017新媒体联盟中国高等教育技术展望：地平线项目区域报告》。85位国内外专家经过"桌面研究"、回答研究问题、多轮投票和案例收集等阶段，最终确定了中国高等教育阶段信息技术应用的9大关键趋势、影响技术应用的9项重大挑战及12项教育技术发展计划（侯丽，2017）。

9 大关键趋势：短期趋势包括混合式学习设计得到更多应用，开放教育资源快速增加，以及科学、技术、工程、艺术、数学（STEAM）学习兴起；中期趋势包括重设学习空间、跨机构协同日益增加、反思高校运作模式；长期趋势包括程序编码素养得到重视、推进变革和创新文化、转向深度学习方法。

9 项重大挑战："可应对的挑战"包括将技术融入师资培训、混合采用正式学习和非正式学习、提升数字素养；"有难度的挑战"包括个性化学习、教育大数据的管理、推广教学创新；"严峻的挑战"包括培养复合思维能力、平衡互联生活和非互联生活、重塑教师角色。

12 项教育技术发展计划：1 年之内，发展翻转课堂、移动学习、创客空间、大规模开放在线课程；2 至 3 年内，发展学习分析及适应性学习、增强现实及虚拟现实技术、虚拟和远程实验室、量化自我；4 至 5 年内，发展情感计算、立体显示和全息显示、机器人技术、机器学习。

概括来讲，新媒体技术和人工智能技术对教育有多方面的影响。其中，对于学习过程的影响集中体现在，为自主学习、个性化学习和合作学习提供了丰富、便捷的平台、资源、环境及工具。应该说，学习中心和自主学习不是在信息技术形成以后提出来的，而且学习中心和自主学习也不一定非要使用信息技术才能实现。但是，通过利用现代信息技术，学习中心和自主学习可以更为充分、深入和便捷地现实化。

国际上有很多重要的教育研究项目都在关注当代教育发展的时代背景问题。比如经济合作与发展组织（Organisation for Economic Co-operation and Development，OECD，以下简称经合组织）设立的关注核心素养研究的"素养界定与选择：理论与概念基础"项目（Definition and Selection of Competencies：Theoretical and Conceptual Foundations，DeSeCo，以下简称

DeSeCo 项目），以及联合国教科文组织 2015 年公布的报告《反思教育：向"全球共同利益"的理念转变?》，对当代教育发展的时代背景进行过深入的剖析。

经合组织之所以提出和研究核心素养框架问题，正是因为关注到当代社会生活情境发生了深刻变化并对人的身心发展提出了新的挑战。在研制核心素养框架时，经合组织认为，当代人面对的世界呈现出许多新的特征，其中最主要的是"变化""复杂性"和"相互依赖"。"变化"主要源自技术尤其是信息技术的更新，"技术在快速和持续地改变，学会应对技术不仅仅需要一次性地掌握技术操作的过程，而且需要培养适应性"（OECD，2005）[7]。"复杂性"是由社会发展带来的，"社会变得更加多样和分隔（compartmentalized），建立人际关系需要更多地接触与自己不同的人"（OECD，2005）[7]。"相互依赖"与全球化有关，"全球化正在创造一种新形式的相互依赖，人的行动容易受到个人所在社区或民族共同体之外的一些有影响力的人或事件（如经济竞争）和某些后果（如环境污染）等的影响"（OECD，2005）[7]。正是基于这样的理解，经合组织将核心素养界定为人为应对复杂情境中的某些活动所需要的胜任力或竞争力，这种胜任力或竞争力实际上是人成功应对复杂情境中的某些实际活动所需要的知识、技能、价值观、态度、创造力等要素构成的综合性的素质（OECD，2005）[4,8]。

联合国教科文组织的报告《反思教育：向"全球共同利益"的理念转变?》，从国际视野出发对当今世界的发展变化进行了深入的观察。该报告提出："我们正进入一个新的历史阶段，它以不同社会之间的相互联通（interconnectedness）和相互依赖（interdependency）以及更高层次的复杂性、不确定性和张力为特征。"（UNESCO，2015）[15]该报告认为，当今相互联通和相互依赖的世界所发生的很多改变，导致新的复杂性、张力和矛盾产生，也使得我们需要关注新的知识视野正在形成。具体而言，包括两个方面。

其一，当今世界面临的挑战和张力。该报告认为，1996 年联合国教科文组织公布的报告《教育——财富蕴藏其中》提到的七种张力或矛盾，仍然是观察当下社会变革有用的视角。这七种张力或矛盾包括：全球与地区之间的矛盾、普遍与个别之间的矛盾、传统与现代之间的矛盾、精神与物质之间的矛盾、长期考虑与短期考虑之间的矛盾、竞争需求与机会公平理想之间的矛盾、知识的扩张与人类吸收能力之间的矛盾。其中有些矛盾具有新的含义，同时新的矛盾也在产生，主要有生态压力与不可持续的经济生产和消费模式之间的矛盾、巨大的财富增长与经济的脆弱性及不平等加剧之间的矛盾、日益增多的相互联通与逐渐增多的偏狭及暴力之间的矛盾，以及人权方面取得的进步与面临的挑战（UNESCO，2015）[20-25]。

其二，新的知识视野的形成。在今天，出现了很多引起知识更新和变化的因素，主要有四个方面。一是网络世界。当今发展的一个决定性的特征就是，由互联网的联通性和移动手机普及引起的网络世界的出现和扩张。二是神经系统科学的进步。这方面的进步使人们能更好地理解生物过程与人类学习之间的互动关系，显示出对于理解教和学的实践的巨大潜力。三是气候变化和可替代能源。气候变化是 21 世纪人类遭遇的最大挑战之一。教育在为缓和气候变化而培养人的环境意识和促进人的行为改变方面起着重要的作用。四是创造性、文化革新和年轻人。由于世界范围内的联系和文化交流的增加，主要由年轻人创造的文化和艺术表现的新形式大量出现。文化的多样性在促进发现和革新方面已经越来越重要，同时它也是促进当今人类可持续发展的有价值的资源（UNESCO，2015）[26-28]。

张华教授对核心素养概念诞生的信息化时代背景进行了分析。他认为，21 世纪信息时代的主要特征表现在如下几个方面（张华，2016）。

第一，社会经济运作模式和职业世界发生了深刻的变化。经济运作新模式的典型特征是："运用新知识、新思想和新技术实现快速产品创新和全球贸易，在人类历史上第一次成为经济发展的核心。"（张华，2016）[11]在这种经济运作模式中，职业世界发生的最大变化是：由常规认知活动和常规手工劳动所能完成的重复性的工作，可以由机器完成；新型的、最能创造价值的工作是计算机不能代替和胜任的复杂工作；由于技术的快速更新，职业岗位变动非常频繁。上述变化，要求从业者具备"专家思维"（即面对机器不能代替或胜任的复杂工作所具有的问题解决能力）及其他具有广泛迁移性的核心素养，以适应当今世界的职业挑战。

第二，人的社会生活发生深刻的变革，对个人的社会交往、适应、合作等素养提出很高的要求。信息技术的普遍使用导致人的社会生活出现如下变化：信息传输和交流的快捷、方便，导致交往更为频繁、普遍；多元化社会（多元的价值观、信仰、利益、思维及行为方式）的形成，导致人际矛盾和冲突增多。这些变化对个体的社会交往、适应、合作所需要的社会技能、跨文化理解、管理和化解人际冲突等素养提出了要求。

第三，个人自由或自我实现既面临机遇也遇到挑战，要求个体形成自我管理和自主行动方面的素养。一方面，信息时代为个人选择和个性自由提供了机遇和条件（如网上购物、网络学习）；另一方面，信息的洪流和汪洋也可能导致个体饱受信息过载、信息焦虑和信息疲劳的折磨，虚拟世界也可能使个人身份迷失、自我概念模糊，社会和职业的快速变化对个人的适应能力提出了很高的要求。这些变化要求个体形成自我管理和自主行动方面的素养，个人应有"强大的自我概念（self-concept）和将个人的需要和需求转化为意志行为的能力。这些意志行为包括：决策、选择与行动"（张华，2016）[12]。

（二）新时代我国社会发展的态势

应该说明的是，我国改革开放以来的发展已经深深融入国际化进程和全球化背景之中，因此，上述时代发展背景也成为我国当下社会发展的背景。而且，由于我国自身发展的一些特点，这些背景对我国的发展产生的挑战和影响更为突出。

我国发展的现状是：我国已经成为世界第二大经济体、全球最大的工业制造国家。我国的现代工业，主要是在 20 世纪 80 年代以后利用国内的廉价劳动力、低土地价格、优惠税收政策等低生产要素成本，通过承接国际产业转移的加工业而发展起来的。与发达国家相比，我国制造的产品很多处于价值链的末端，其中不少是低技术含量和低附加值的产品，如服装、鞋帽等日用品。虽然我国也制造一些技术含量高的产品，如家用电器、小汽车等，但利用的是发达国家的品牌和专利技术，是"模仿创新"的结果。比如，20世纪90年代中期，我国的彩电生产总量达到世界第一，也形成了自己的品牌，如海尔、创维、康佳、长虹等，但从总体上看，"我们仍然处在自主研发的初级阶段，平板电视的显示器和机芯集成电路核心技术主要由国外企业掌控"（欧阳崚，2017）。在小汽车制造方面，也有类似的情况。我国制造的小汽车数量庞大，但多是与外国公司合资制造，自主品牌刚刚兴起，"从总体上看，中国汽车制造技术与国际先进技术有较大差距，核心技术仍然被日本、美国、德国等发达国家的企业控制。……国产汽车技术处于中端和低端水平"（欧阳崚，2017）。

按照党的十九大报告，我国发展的总体目标是，到本世纪中叶，把我国建成富强民主文明和谐美丽的社会主义现代化强国。现阶段我国经济发展的任务是"贯彻新发展理念，建设现代化经济体系"。当前，"我国经济已由高速增长阶段转向高质量发展阶段，正处在转变发展方式、优化经济结构、转换增长动力的攻关期，建设现代化经济体系是跨越关口的迫切要求和我国发展的战略目标"；而建设现代经济体系对创新提出了迫切要求，因为"创新是引领发展的第一动力，是建设现代化经济体系的战略支撑"。国家近年来推出了一系列鼓励创新的政策措施，如发布和实施《中国制造2025》，推进大众创业和万众创新，开展高等学校的"双一流"建设，设置各种重大科研专项，等等。正如有的学者分析的，"从模仿创新走向自主创新，这是中国从经济大国走向经济强国的必由之路。……后发国家要赶超先发国家，实现产业升级和经济转型，必须从模仿创新为主转向自主创新为主"（欧阳崚，2017）。

二、新时代我国社会发展对课堂教学变革提出的要求

时代发展和社会变迁，对我国教育发展、新型人才培养和课堂教学变革提出了很高要求。分析这些要求，是深入理解课堂教学过程变革的前提。

（一）培养新人：新的时代对教育发展提出的总的要求

1. 国际上关于培养新人的研究

面对第四次工业革命给人类生活带来的挑战，不同学科领域的研究者都在关注人的发展问题。比如，施瓦布基于自己对第四次工业革命的深入研究，提出必须培养四种智慧来适应当今的工业革命的挑战：一是情境判断智慧（思维），主要是指预测新趋势及整合零散信息的能力和意愿。二是情绪管理智慧（心灵），即情商，它是对情境判断智慧的一种补充。三是自我激发智慧（精神），即塑造共同使命感和集体道德意识的能力，其核心理念是共享。四是身体素质（身体），即塑造和保持自己及身边人身心健康的能力（施瓦布，2016）[1]。

国际上从教育学视野出发研究培养新人的成果更多，其中最为典型并产生广泛国际影响的是关于核心素养的研究。20 世纪末，经合组织率先开展核心素养研究，之后，美国、英国、芬兰、澳大利亚等多个国家开展了大规模的研究。核心素养研究关注的焦点是：为适应当今全球化、信息化和知识经济时代的新要求和新挑战，教育应突出培养学生的哪些核心素养（key competency）或关键能力，才能实现学生个人生活的成功和社会的健全发展？以下以经合组织的 DeSeCo 项目为例，看看在国际核心素养研究中形成了哪些看法。

经合组织于 1997—2002 年实施了大型跨国研究项目——DeSeCo 项目。该项目由瑞士联邦统计局主持，在美国教育部国家教育统计中心及加拿大统计局协作下进行，历时 6 年，至少调动了 12 个国家的社会学家、

哲学家、人类学家、心理学家、教育学家、经济学家、雇主等。该项目于2003 年发布了最终报告《为了成功人生和健全社会的核心素养》（Key Competencies for a Successful Life and Well-functioning Society）（Rychen et al., 2007；张娜，2013）。

DeSeCo 项目的研究思路是：首先，确定核心素养的功能是实现个体生活的成功和社会的健全发展；然后，基于此分析社会的愿景和个人生活的需求；进而研制核心素养的要素，并形成核心素养体系（张娜，2013）。

何谓核心素养？DeSeCo 项目是从功能论的角度界定核心素养的，它认为核心素养是一个动态和整合的概念。核心素养有三个特征：首先，核心素养是能够应对复杂情境中工作的要求并成功开展工作的能力；其次，核心素养是比知识、技能更宽泛的概念，它是相关知识、技能、态度、价值观和情感的集合体；最后，核心素养是基于行动和情境导向的，即偏向于从具体生活情境中成功行动的角度界定素养概念和确定素养要素的；同时，核心素养的获得是一个持续的、终身学习的过程（张娜，2013）。

哪些素养是核心素养？DeSeCo 项目认为，确定核心素养的标准包括三个方面。首先，核心素养是对每个人都具有重要意义的素养（是所有素养中最重要的素养）；其次，核心素养是帮助个人满足各个生活领域（家庭生活、职业生活、政治领域、卫生领域等）的重要需求并带来益处的素养（具有广泛的迁移性）；最后，核心素养是能产生经济和社会效益，即能实现个人成功和社会良好运行的素养（是能导致生活成功的素养）。按照这些标准，DeSeCo 项目提出如下核心素养的结构（Rychen et al., 2007；张娜，2013），具体指标见表 2-1。

表 2-1　DeSeCo 项目提出的核心素养指标体系

一级指标	二级指标	描述
使用工具的素养	使用语言、符号和文本	有效地运用口头和书面语言、计算及其他数学技能

续表

一级指标	二级指标	描述
使用工具的素养	使用知识和信息	识别和确定未知知识领域；识别、寻找和调用适当的信息来源；评价信息的质量、适当性和价值；组织知识和信息
	使用信息技术	具有在日常生活和学习中应用信息技术的意识；运用信息技术获取信息
在异质群体中协调沟通的素养	与他人建立良好的关系	善于移情地理解他人；有效地调控情绪
	团队合作	善于表达观点并倾听他人想法；容忍彼此之间各持己见，遵守一定的议程来达成一致；善于与人协作结盟；善于与人协商妥协；善于在综合各种意见后做出决策
	管理与解决冲突	分析与冲突相关的事物与利益、冲突的根源及各方的观点、冲突各方处境等；寻找各方观点中相同及相左的内容；重新界定问题；对需求和目标进行排序，了解各方如何妥协
自主行动的素养	在复杂情境中行动	理解社会发展总趋势；了解社会运行的各种规则、文化；识别自身行动的直接和间接后果；综合考虑个人及社会因素，选择不同的行动路线
	形成并执行个人计划或生涯规划	把握每一个发展机遇，提出适切的目标；鉴别和评估已有的资源及所需的资源；对行动的轻重缓急进行排序；协调实现不同目标所需的多种资源；汲取过去行动的经验或教训，积极面对未来；监控行动进展，依据实情做出调整
	保护自身权利、利益和需求	识别和评估自身及他人的权利、利益、需求，并主动申明和加以保护

联合国教科文组织在其 2015 年发布的报告《反思教育：向"全球共同利益"转变?》中，对于新时期教育进行了讨论。该报告强调从如下两个方面理解教育目的。第一，强调应从可持续发展观的角度理解教育目

的。报告指出，"应该根据新的公平而又可行的可持续的人类社会发展的愿景来重新讨论教育的目的"（UNESCO，2015）[31]。这种可持续发展愿景必须考虑人类可持续发展的社会、环境和经济等各个方面，以及它们与教育关联的不同方式。报告强调，一种强有力的教育应该是那种能够开发我们所需要的人力资源的教育，"这种人力资源是生产性的、能持续学习、能解决问题、有创造性、能共同生活并具有和平与和谐的性质。……教育能够也必须有助于一种新的可持续的全球发展愿景的形成"（UNESCO，2015）[32]。第二，强调使用人文主义教育的思维方式来建构教育目的。这种方式反对仅仅关注教育在经济发展中的作用，强调"教育不仅仅事关获得各种技能，它还事关形成在一个多元世界中为了社会和谐而尊重生命和人的尊严的价值"（UNESCO，2015）[37]。人文主义教育认为，"维持和提高人在与他人及自然的关系中的尊严、能力和财富，应该成为21世纪基本的教育目的"（UNESCO，2015）[38]。作为教育的基础和目的的人文主义价值应该包括"对生命和人的尊严的尊重、平等的权利和社会公正、文化和社会多样性、人类团结感、为人类共同的未来承担责任"（UNESCO，2015）[38]。基于这些伦理基础，报告认为，"批判性思维、独立判断、问题解决、信息及媒介素养，是发展有变革能力的态度的关键"（UNESCO，2015）[38]。在此基础上，该报告重申1996年的报告《教育——财富蕴藏其中》所提出的学习的四大支柱——学会求知、学会做事、学会做人和学会共处，认为"这四个支柱由于当今社会的挑战，面临严重的威胁，尤其是学会做人和学会共处。这两个支柱最好地反映了教育的社会化功能"（UNESCO，2015）[40]。

2. 我国的核心素养研究

我国的核心素养研究开始于2012年。党的十八大报告指出："坚持教育为社会主义现代化建设服务、为人民服务，把立德树人作为教育的根本任务，培养德智体美全面发展的社会主义建设者和接班人。"为贯彻党的十八大精神，2014年，教育部发布了《关于全面深化课程改革落实立德树人根本任务的意见》，其中首次提到"核心素养"一词。该意见将研究制订学生发展核心素养体系作为深化课程改革、落实立德树人根本任务的首要环节，并提出把核心素养体系作为研究学业质量标准、修订课程方案和课程标准的依据，用于统领课程改革的各个环节。之后，由北京师范大学林崇德教授领衔的团队，对我国学生发展核心素养问题进行了系统、深入的研究，并于2016年9月发布了最终研究成果——"中国学生发展核心素养"结构体系，该体系将我国学生发展核心素养的结构概括为"三大领域、六个方面、十八个要点"（汪瑞林 等，2016）（表2-2）。与国际上核心素养研究仅关注新时期少数核心素养不同，这个研究所建构的是我国学生身心全面发展的素养结构，实际上是对新时期我国学校培养目标的建构。

表2-2 "中国学生发展核心素养"框架

领域	文化基础				自主发展				社会参与			
核心素养	人文底蕴		科学精神		学会学习		健康生活		责任担当		实践创新	
基本要点	人文积淀	人文情怀	审美情趣	理性思维	批判质疑	勇于探究	乐学善学	勤于反思	信息意识	珍爱生命	健全人格	自我管理	社会责任	国家认同	国际理解	劳动意识	问题解决	技术应用

（二）教学生学会学习：新时期教育的核心追求

为适应当代急剧变化和复杂多样的社会生活，人类所采取的主要对策是建立学习型社会、终身教育制度和学习型组织，并将学会学习当作新时期人的发展的核心目标。

联合国教科文组织在1972年公布的报告《学会生存——教育世界的今天和明天》中，首次提出学习型社会（the learning society）和终身教育（lifelong education）的概念（Faure et al.，1972）[160-165]，并将终身教育当作学习型社会的基石（Faure et al.，1972）[181-182]。

1996 年，在另一份报告《教育——财富蕴藏其中》中，联合国教科文组织又重申，"把终身教育放在社会的中心位置"（国际 21 世纪教育委员会，1996）[8]。该报告强调，"终身教育是进入 21 世纪的关键所在，也是必须适应职业界的需要和进一步控制不断变化的个人生活的节奏和阶段的条件"（国际 21 世纪教育委员会，1996）[90]。该报告同时提出，"教育应围绕四种基本学习加以安排；可以说，这四种学习将是每个人一生中的知识支柱"（国际 21 世纪教育委员会，1996）[75]，这四大支柱是学会求知、学会做事、学会做人、学会共处。

《反思教育：向"全球共同利益"转变?》则以分析核心素养的本质和知识的特征为基础，重新强调学会学习的重要性。报告在分析评论国际上关于核心素养多种理解的基础上，对核心素养进行了这样的界定：核心素养是指"在特定情境中为满足需要而使用知识（应广义地理解为包括信息、理解、技能、价值观和态度）的能力"（UNESCO，2015）[40]。或者说，核心素养是指"在某种情境中创造性和负责任地使用合适的知识（信息、理解、技能、价值观）寻找解决问题的方法和与他人建立新的联系的能力"（UNESCO，2015）[41]。可见，该报告将核心素养与知识的实际运用联系在了一起。

报告认为，知识具有如下特征：这种知识不是由某一个权威规定的，而是由学校、教师和社区共同确定的；这种知识不是仅仅通过传递就可以获得的，而是需要通过探索、研究、实验以及按照人的需要来创造的；这种知识是用于发展多种技能的知识，如基本的语言和交际技能，解决问题技能，以及包括分析、综合、演绎、推理、归纳和假设性地思考等在内的高阶技能；它是一种使用能培养获取信息和批判性加工信息能力的方式获得的知识，这种能力在所有能力中是最重要的（UNESCO，2015）[41]。

基于上述对新时期学生核心素养的培养以及学生应掌握的知识特征的认识，报告指出，"学会学习从来没有像今天这样重要"（UNESCO，2015）[41]。因为，在今天，通过互联网获得的信息量是惊人的，教育的挑战变成"如何教学习者理解他们每天所遭遇的大量的信息，以及确认这些信息的可信性，评估所看到的信息的可靠性和正确性，质疑信息的真实性和准确性，将新的知识与先前的学习联系起来并领悟它的意义"（UNESCO，2015）[41]。

学会学习在教育中的重要性已引起很多研究者的关注。美国著名的教育研究者阿伦兹（R. I. Arends）提出："教育的最终目标是帮助学生成长为独立、自我调控的学习者。这一目标并不否定其他教育目标，但它是首要的或能支配其他一切的目标，在这个目标之下，所有其他目标和教师活动都能被设定。……学生应该学习的最重要内容就是如何学习。"（Arends，2007）[17]

为适应当代社会的急剧变化，美国著名学者彼得·圣吉（P. M. Senge）提出，要将各种社会组织建设成为学习型组织。所谓学习型组织，按照彼得·圣吉的观点，是指一种"不断创新、进步"的组织，在这种组织中，"大家得以不断突破自己的能力上限，创造真心向往的结果，培养全新、前瞻而开阔的思考方式，全力实现共同的抱负，以及不断一起学习如何共同学习"（圣吉，1998）[3]。因此，学习型组织实际上是指一种面对环境变化，团体成员一起主动积极地进行自我改造、自我变革和自我发展的组织。

彼得·圣吉认为，"五项修炼"有助于建立学习型组织。第一项修炼：自我超越。自我超越是指学习者不断厘清自己真正的愿望，并集中精力、全力以赴实现自己的愿望。"精熟'自我超越'的人，能够不断实现他们内心深处最想实现的愿望，他们对生命的态度就如同艺术家对艺术作品一般，全心投入、不断创造和超越，是一种真正的终身'学习'。"（圣吉，1998）[8]第二项修炼：改善心智模式。心智模式是指存在于内心之中，影响我们如何了解世界，以及如何采取行动的假设、成见、图像、印象。改变心智模式，首先需要自我发掘和审视内心的世界图像；其次要有效地表达自己的想法，并以开放的心灵容纳别人的想法（圣吉，1998）[9]。第三项修炼：建立共同愿景，即形成团队成员共同拥有并衷心想要实现的目标。共同愿景是基于个人愿景并对个人愿景进行整合而形成的。第四项修炼：团体学习。"团体的集体智慧高于个人智慧，团体拥有整体搭配的行动能力。当团体真正在学习的时候，不仅团体整体产生出色的成果，个别成员成长的速度也比其他的学习方式为快。"（圣吉，1998）[11]团体学习的修炼从"深度汇谈"开始。所谓深度汇谈，是指一个团体的所有成员，悬置心中的假设，而真正一起思考的能力（圣吉，1998）[11]。第五项修炼：系统思考，即强调对事物进行整体把握。

彼得·圣吉认为，学习型组织追求的是"真正的学习"。何谓真正的学习？真正的学习涉及心灵的根本转变。"真正的学习，涉及人之所以为人此一意义的核心。透过学习，我们重新创造自我。透过学习，我们能够做到从未能做到的事情，重新认知这个世界及我们跟它的关系，以及扩展创造未来的能量。"（圣吉，1998）[14]真正的学习不仅仅是"为适应与生存而学习"，它必须与"开创性的学习"结合起来，这样，"才能让大家在组织内由工作中活出生命的意义"（圣吉，1998）[14]。

总之，学习型社会和终身教育时代对人的学习与发展进而对教育变革提出了要求。其中最为核心的是，教育不仅要完成发展学生当下（从学校毕业后）参与社会生活所需要的知识、技能、能力、情感态度等素养的目标，还要从学生未来乃至终身学习与发展的需要着眼，将培养学会学习的素养当作自身的核心目标。

（三）新教学的特征：学为中心，教为学服务

新教学强调将学会学习当作教学的核心目标，要求重新认识和定位学习在教学过程中的地位以及教育对学习的作用。

以教学生学会学习为核心目标的教学，要求将教学过程从以教师及其讲授为中心调整为以学生及其学习为中心。因为，学生只有在独立自主的学习实践中，才能学会如何独立自主地学习；如果在日常教学实践中，学生没有经历自主学习的过程并积累丰富的自主学习的感受和体验，就不可能形成自主学习的意识和能力。所以，从教学生学会学习来看，现代教学

应以学习为中心。在这种教学中，教师的作用仍然不可或缺，但其主要作用或功能在于，引导学生能动地参与学习活动和促进学生有效完成学习过程，教师不能代替学生完成学习过程。学为中心、教为学服务，是现代以促进学生学会学习为核心目标的教学过程的基本特征。

陈建翔教授对信息化时代教育的特征有过深入的分析。他认为，信息化时代的教育相比于工业化时代的教育发生了质变。工业化时代的教育体现了"模具制造—批量生产"的特质，而信息化时代的教育则是一种"新教育"。新教育具有不同于工业化时代教育的新质："所谓新教育的本质，就在于它具有了前所未有的鲜明的服务性质，它是为学习服务、为学习者服务的。学习，是新教育的核心。新教育要围绕着每一个人的学习，采用信息技术，充分发挥它的'帮助'功能、'服务'功能。服务意识，是新教育最重要的意识。"（陈建翔 等，2002）[15]新教育将教育的重心由教转向了学，"有几百年了，在教育与学习的关系中，教育主宰着学习，支配着学习，使学习变异；学习一直处于次要的、从属的、被动的地位"，而现在，"当高扬个体的突破与创造的信息社会出现的时候，沿袭了几百年的以教育为中心的教—学关系将产生一次革命性变化"，学习开始成为教育的中心（陈建翔 等，2002）[35-36]。在新的社会条件下，教育的功能发生了重大的变化："在信息社会，教育不能做的，是直接塑造人；教育能做的，是间接地帮助学习者，为人的学习和成长服务。教育的塑造功能是有限的，而教育为学习服务的空间是无限的。"（陈建翔 等，2002）[41]

三、建构学习中心教学：我国课堂教学转型的基本取向

何谓课堂教学转型？课堂教学转型是指课堂教学从一种形态转变为另一种形态。具体而言，是指课堂教学的价值取向及过程组织发生了根本性调整或结构性的改变。课堂教学转型与聚焦于课堂教学某个方面或环节的局部性的改革不同，它是对课堂教学进行总体性和格局性的变革。课堂教学转型的根本目的，是要培养新时代所需要的新型人才，并从根本上提高

人才培养质量和课堂教学的有效性。

(一) 课堂的多种形态

课堂教学形态是指组成课堂教学活动的基本要素，如教师、学生、教学内容、教学手段、教学时间、教学空间等，以某种关系或结构构成具有某种教学功能（完成某种教学任务或实现某种教学目的）的教学活动总体形态。

课堂教学的形态具有多样性。从不同的角度观察和区分，课堂教学的形态有不同的类型。例如，从学生规模区分，有大课堂（大班教学）和小课堂（小班教学）；从使用的技术手段看，可分为智慧课堂、多媒体课堂、传统课堂；从学生的选择性来看，有固定课堂和走班课堂；从价值取向来看，有知识课堂和生命课堂，前者以传递和掌握知识为主，后者则以促进学生生命发展为主（王鉴，2006）；等等。在本书中，我们主要依据课堂构成最重要的因素即人的因素去分析课堂的结构和形态。在课堂中，人的因素包括教师和学生两个方面。虽然任何形态的课堂都包含教师和学生两方面的作用，但在不同的课堂中，教师与学生发挥的作用并不是一样的。按教师和学生在课堂教学过程中所占地位与所发挥作用的不同，可以将课堂区分为教师中心课堂与学生中心课堂。由于教师和学生在课堂教学中的地位和作用是通过他们的活动体现和落实的，而国内外已经出现的"教师中心"又主要是通过教师讲授活动体现和落实的，所以，与教师中心课堂相关联或对应的是讲授中心课堂，与学生中心课堂对应的则是学习中心课堂，故后面我们会使用"教师（讲授）中心课堂"和"学生（学习）中心课堂"这样的说法。

教师（讲授）中心课堂与学生（学习）中心课堂是课堂的两种典型形态。这两种课堂对课堂教学活动的中心的理解和处理正好是相反的。

在教师（讲授）中心课堂中，课堂教学的中心是教师及其讲授活动。其最直接的理由是，课堂教学的内容是由教师选择和安排的，课堂教学的过程也是由教师组织和调控的。因此，在教师（讲授）中心课堂中，教师及其讲授活动一般占据教学过程的全部或大部分时间和空间，对应地，学生学习活动只能顺应或跟随教师的讲授活动而存在，它没有自己独立、能动表现的时空；教师主要是作为讲授者即知识或信息的提供者存在的，"教师中心的教学通常聚焦于对学生解释和重复材料——教学即告知（teaching as telling）。教师被当作专家和信息资源"（雷浩，2017）[61]。

而学生（学习）中心课堂对教师及其教导活动和学生及其学习活动在教学过程中所占地位的理解则不同。在学习中心课堂中，学生独立、能动的学习活动是教学过程中的本体性或目的性活动，而教导则是引起学生能动参与学习活动、促进学生有效完成学习过程的条件性活动或手段性活动。也就是说，在学习中心课堂中，课堂教学过程的中心（本体、目的）应是学生的学习，而不是教师的教导；教师的教导仍然是必要的，但教导是为学习服务的，是教学过程的条件或手段。

（二）学习中心教学的含义及其意义

要准确理解学习中心教学的含义，我们需要对与学习中心密切相关的一些概念或说法进行辨析。在中外教育史上，先后形成了一些突出学生及其学习的某些特质或特性的说法，如：尊重学生（其实质含义是尊重学生已有的发展基础，如天性、本能、知识、经验、兴趣、需要等）；重视学生学习的能动性（主体性）；突出学生的自主学习；强调以学生为中心；等等。那么，这些说法与我们强调的学习中心到底有何区别和联系呢？

1. 学习中心与学生中心（学习者中心）

西方流行讲"学生中心"（student-centered teaching/education）或"学习者中心"（learner-centered teaching/education）。前者如罗杰斯将心理咨询和治疗中的"以人为中心"原则移植到教育中，强调教育要"以学生为中心"（Rogers et al.，1994），后者如韦默提倡"以学习者为中心"（Weimer，2002）。

韦默认为，她所说的"以学习者为中心"与学生中心及学习中心均不同。学生中心意味着重视学生的需求。它容易使人产生这样的观念：教学是产品，学生是顾客，教师的角色是服务和满足顾客。但是，教师有充分的理由反对把学生比作顾客，因为，作为顾客的学生不一定总是正确的，教师也没有返还钱的保证，学费也不是用来购买想要的分数的（Weimer，2002）[xvi]。而"以学习者为中心"则"将注意力直接放在学习上：学生在学习什么？学生是如何学习的？学生在什么条件下学习？学生是否保持所学和应用所学？当下的学习如何为学生未来的学习做准备？"韦默强调，"以学习者为中心""承认、培养和依靠学生对学习的最终责任。教师不能代替学生做。也就是说，教师可以为他们搭建舞台，排练时帮助他们解决问题，但是只能由学生去表演。当他们真正学习时，是学生，而不是老师，应该接受赞美"（Weimer，2002）[xvi]。同时，与学生中心和学习中心不同，"以学习者为中心"将重点同时放在学生和学习上（Weimer，2002）[xvi]。

学习中心与学生中心到底有何区别？我们认为，学习是一种活动，学习中心是从学生的活动角度来讲学生的地位的，它是相对于教导中心而言的；而学生中心是相对于教师中心而言的，它从学生作为人的角度来讲学生在教学过程中的地位。学生中心既可能是指以学生的现有发展基础、个性特征、学习需要（起点）为中心，也可能是指以学生发展（终点）为中心，还可能是指以学生活动为中心，因此，学生中心的含义比较丰富、复杂。假定学生中心是指以学生的现有发展基础或学习需要为中心，那么可能会导致对学生的简单顺从，而反对教师对学生的干预甚至忽视教师的作用。而学习中心仍然肯定教师的引导作用。当然，学习中心与学生中心存在着天然的联系。从教育的目的来讲，学生中心比较合适，即教育要以学生的发展为目的；而从教育过程来讲，以学习为中心似乎更为明确，且能抓住实现学生发展这个目的的最重要的环节，毕竟，学生自身的学习活动是实现学生发展的基本机制。学习中心比学生中心更为具体和更具操作性。真正的学习中心（即以能动自主的学习为中心）一定是学生中心的，但学生中心不一定是学习中心的。

2. 学习中心与尊重学生已有的发展基础

在教育史上，有很多教育家强调对儿童天性本能、已有知识经验、学习兴趣需要等发展现状的尊重，其中最为著名者当推卢梭和杜威。当然，对学生已有发展基础的尊重既可用于传统的以教师为中心的教学，也可以用于学习中心的教学。在以教师讲授为中心的教学中，要做到有针对性的讲授，教师也不得不依据学生已有的发展基础，来决定讲什么和如何讲。就如奥苏伯尔所提出的有意义的言语接受学习理论，其核心观点是："假如让我把全部教育心理学仅仅归结为一条原理的话，那么，我将一言以蔽之曰：影响学习的唯一最重要的因素，就是学习者已经知道了什么。要探明这一点，并应据此进行教学。"（奥苏伯尔 等，1994）[扉页]而学习中心教学虽然也强调教师尊重学生已有的发展基础，但是，其目的不在于教师依据学生的现有基础进行有针对性的讲授，而是依据学生的现有发展基础，来决定引导学生参与什么样的学习活动和如何促进学生完成学习过程。

3. 学习中心与学习的能动性（主体性）

从学习与发展的机制来看，内化的、建构性的学习必须具有能动性（主体性），能动性是内化的、建构性的学习最为基本的特性。正因为学习必须是能动的，所以，在好的教学（有效的教学）的全过程中学生学习都是能动的，而不仅仅在某些时候或环节是能动的，即要求能动学习占据教学过程的绝大部分时空，或者说，能动学习应该成为教学过程的中心。但是，强调学习能动性可能只是关注学生在某些时候和环节的主动性的表现，如在以讲授为主的教学过程中，学生也可以有学习的能动性，如主动地去接受、记忆，主动地去顺从教师的教导，等等。而学习中心，一方面强调学生不仅仅是能动地接受或配合教师的教导，更应能动地去选择、批判、建构、创造；另一方面它还要求在整个教学过程中突出和落实学生的能动学习，其最主要的表现是，在学习中心教学中，学生能动学习活动要占据教学的大部分时间和内容空间。

4. 学习中心与自主学习

学习中心与自主学习对学习关注的角度或者说谈论的学习问题是不同的。学习中心谈论的是学生的学习在教学过程中的地位，它是相对于教师的活动（尤其是讲授）在教学过程中所占用的时空大小而言的。而自主学习谈论的则是学生学习的形态，如学习过程是由他人安排和控制的，还是由学习者自我调控的。自主学习是一种学习方式，学生可以选择自主学习，也可以选择其他的学习方式。学习中心和自主学习这两者之间并不必然是一致的。因为，作为教学过程中心的"学习"，既可能是"自主的学习"，也可能是"他律的学习"。从应然的角度来看，以发展为本的教学过程，尤其是关注学生学会学习素养培养的教学过程，要求学生学习成为教学的中心，并要求学生能独立自主地参与和展开学习过程（即自主学习）。从这个意义上讲，我们所倡导的学习中心的准确说法应该是"以学生的自主学习为中心"，而学生自主学习的真实含义是学生独立自主地调控学习过程并自主建构知识的意义。

综上，所谓学习中心教学（学习中心课堂），是从教师教导和学生学习在教学过程中的功能、作用角度所观察到的区别于讲授中心教学的另一种教学形态。学习中心教学强调，课堂教学应以学生能动、独立的学习作为中心（本体、目的）；对应地，教师的教导是作为引起和促进学生能动、独立学习的条件或手段存在的。在学习中心教学中，教师的角色主要是学生学习的引导者和促进者，而不是讲授者（知识或信息的提供者）；教师教导的主要功能是，引起学生能动参与学习活动，并促进学生独立完成学习过程。简言之，学习中心教学是教师努力建构的以学生能动、独立的学习作为教学过程的中心的教学。

值得说明的是，不能以为学习中心教学只突出学生学习的重要性，而轻视或忽视教师教导的意义。学习中心教学虽然强调以学生的学习作为教学过程的中心，但由于学习中心是由教师主动、自觉地引导和促成的，而不是学生自然天成的，也不是由其他外在力量造成的，因此，学习中心教学同时包含了对学生学习和教师教导功能的强调，只是认为两者功能不同而已。

另外，我们所倡导的学习中心教学中的"学习"是指特定形态的学习，而不是泛指一切形态的学习。因为，学生的学习有多种状态，既有消极、被动、他律的学习，也有积极、主动、自主的学习。学习中心中的

"学习"是指学生能动、独立（自主）的学习，因为只有能动、独立（自主）的学习才可能是内化的、建构性的、发展性的学习，也才是我们今天所要追求的学生学习的状态。

为什么说学习中心教学是我国课堂教学转型的基本取向？我们认为，学习中心教学是撬动整个课堂教学结构改变的支点。因为，教学中心从教师讲授到学生学习的转换，必然涉及教学价值取向、教学机制、教学关系、教学方式、教学组织形式、教学程序（流程）等主要教学要素的调整，或者说，是在这些教学要素根本改变的前提下才可能实现的（详见本书第五章）。也可以说，正是因为教学中心的转换会从根本上带动教学关系、教学方式、教学组织形式、教学程序（流程）等各种教学要素的调整，所以，这种转换是一个象征或标志，它标示着整个教学结构或教学格局的改变。

因此，可以说，建构学习中心教学是回应当今时代对培养新人的需求并解决传统课堂诸多问题的一个基本选择。当然，对这个问题，还需要从对学习中心教学思想与实践发展的历史回顾和学习中心教学的学理分析中去把握。

第二部分

学习中心教学思想与实践的历史回顾

课堂教学变革是相当复杂而艰巨的工作。因为，课堂教学变革涉及的因素众多，且变革显现成效的过程比较漫长。回顾历史，吸收国内外课堂教学变革，尤其是建构学习中心教学方面已经积累的经验和教训，对于今天我们理解和实践学习中心教学具有重要的意义。实际上，国外关于学习中心教学的理论研究和实践探索已有多年的积累，国内改革开放以来对学习中心教学相关的问题也进行了很多探讨，并形成了一些重要的理论成果和典型的实践经验。国内外的这些理论成果和实践经验是我们今天思考和推进学习中心教学实践可以凭借的宝贵资源。

第三章　国外学习中心教学思想与实践的发展过程概观

在西方，很早就出现了重视学生学习能动性和自主性的教学思想，如古希腊苏格拉底的"产婆术"就是典型的代表。但是，对与学习中心思想密切相关的学生学习的能动性、独立性等问题的自觉和系统的研究，则开始于近代一些教育家的探索。

一、近代学习中心教学思想

西方近代的学习中心教学思想以卢梭、裴斯泰洛齐和第斯多惠等人的相关思想为突出代表。

（一）卢梭的儿童中心教学思想

一般认为，卢梭是西方儿童中心教学思想的奠基者。卢梭的儿童中心教学思想根源于他的人性观。针对当时欧洲盛行的"原罪说"，卢梭针锋相对地崇尚人的自然天性。卢梭宣称："出自造物主之手的东西，都是好的，而一到了人的手里，就全变坏了。"（卢梭，1978）[5]基于这样的人性论，卢梭对儿童及其教育采取了一种与当时流行观念完全不同的看法。卢梭认为，由于人的天性是善的，因此对儿童的教育要采取"自然主义"的态度，即要尊重儿童的天性，顺应儿童的自然倾向，使其天性能获得自由的成长和自然的发展；教育不应按照成人的需要和社会的规范，限制、约束儿童的天性，对儿童灌输道德和书本知识，而应创造条件，让儿童能自然、自由地学习与发展。

卢梭的儿童中心教学思想集中表现在他突出儿童能动活动的"活动教学观"上。这种活动教学观首先主张儿童应在大自然中，通过观察和身体活动来学习。他说："不要对你的学生进行任何种类的口头教训，应该使他们从经验中去取得教训。"（卢梭，1978）[94]他对年轻教师提出这样的忠告："在任何事情上，你们的教育都应该是行动多于口训，因为孩子们是容易忘记他们自己说的和别人对他们说的话的，但是对他们所做的和别人替他们做的事情，就不容易忘记了"（卢梭，1978）[107]，"如果不叫孩子去啃书本，而是叫他在工场干活，则他的手就会帮助他的心灵得到发展：他将变成一个哲学家，虽然他认为他只是一个工人"（卢梭，1978）[232]。其次，卢梭还特别突出儿童学习的能动性，强调让儿童通过自身能动活动去学习："你提出一些他能理解的问题，让他自己去解答。要做到：他所知道的东西，不是由于你的告诉而是由于他自己的理解。不要教他这样那样的学问，而要由他自己去发现那些学问"（卢梭，1978）[217]，"问题不在于教他各种学问，而在于培养他有爱好学问的兴趣，而且在这种兴趣充分增长起来的时候，教他以研究学问的方法。毫无疑问，这是所有一切良好的教育的一个基本原则"（卢梭，1978）[223]。最后，卢梭同时强调要让儿童在接触有用事物的活动中学习。他说："重要的是，要使他们惯于把时间花在有用的事物上，不过是按照他们那样的年龄看来和以他们的智慧理解起来是有用的事物。"（卢梭，1978）[233-234]"如果你尽量教孩子学习在他那个年龄看来是有用的事物，你就发现，他的时间是充分利用了的。"（卢梭，1978）[234]因为，只有在接触实际事物的活动中，儿童才能感到学习是有用的。卢梭强调："用实际的事物！用实际的事物！我要不厌其烦地再三指出，我们过多地把力量用在说话上了，我们这种唠唠叨叨、废话连篇的教育，必然会培养出一些唠唠叨叨、废话连篇的人。"（卢梭，1978）[237]

卢梭在历史上第一次鲜明地倡导儿童在教育中的中心地位。尊重儿童的天性，突出儿童在教育过程中的能动性，主张儿童在自身能动活动中学习和发展，是卢梭自然主义教学思想的主要特征。卢梭的自然主义教学思想为西方的学习中心教学思想奠定了坚实的基础，它深深地影响了西方后来教学思想的发展，包括裴斯泰洛齐、第斯多惠等人的教学思想。

（二）裴斯泰洛齐的儿童自我主动发展思想

在人性论和儿童观上，裴斯泰洛齐深受卢梭的影响。裴斯泰洛齐相信，所有的人生来就蕴藏有各种能力和力量的种子，它们渴望并要求得到发展。裴斯泰洛齐经常将人的成长类比于树的生长，他说："甚至在儿童还没有出世时，未来能力的萌芽就已经具备了。人的能力在他的一生中不断发展，这和树的情况是一样的。"（裴斯泰洛齐，2001）[330] 同时，裴斯泰洛齐认为，树木完全受自然力量的控制，而人则具有树木所不具有的"自由的天性"（即能动的特性）（裴斯泰洛齐，2001）[332-333]。人是三个因素的产物：人生来具有的力量和才能的种子的自然"生长"；人在环境中所受到的锻炼，即人的"偶然境遇和交往"的影响；人所受到的教育的作用。裴斯泰洛齐特别强调，在这三种影响因素中，人的锻炼和教育必须与支配人成长的自然法则相一致，"只有当这两者与支配人成长的法则相一致时，人们的锻炼和教育才具有它们本来意义上的价值。如果它们不一致，那么人的天性就会被扭曲"（裴斯泰洛齐，2001）[334]。

基于上述理解，裴斯泰洛齐认为教育要遵循人的天性发展的规律。他将教育的艺术类比于园丁的艺术："园丁对树木的实际生长并不能有所作为，生长的原理存在于树木本身。园丁植树，浇水，而上帝则让树增高。……教育者也是如此。他没有传授给人们一点能力。他既没有提供生命也没有提供呼吸。他只是看守着，以防任何外部力量的伤害或干扰。他关照着让人们的发展沿着与其发展的法则相一致的轨道进行。……他懂得大众教育的正确方法必须与人类能力发展所遵循的永恒法则相一致。"（裴斯泰洛齐，2001）[336]

可见，在儿童发展机制上，裴斯泰洛齐实际上坚信一种儿童自我主动发展的原理。在他看来，儿童具有自然的天性，这些天性是各种能力和力量发展的种子，具有如同植物的种子一样的自我生长、自我发展的倾向。教育者的工作就如同园丁的工作，即为儿童自我主动发展提供条件、给予帮助或做出引导。显然，裴斯泰洛齐的这种思想与卢梭的思想是一脉相承的，卢梭同样反对成人对儿童的束缚和干预，认为儿童是凭借自发、自由的活动，实现自我发展的。

（三）第斯多惠的儿童主动学习思想

第斯多惠的儿童主动学习思想源于他所持的人性论和教育目的观。基于对人的本质的理解，第斯多惠在西方教育史上最早明确提出要突出培养人的主动性："人的固有本质就是人的主动性。一切人性、自由精神及其他特性都从这一主动性出发；……教育延伸的范围很广，但超不出这一主动性，超不出主动性所达到的程度"（第斯多惠，1990）[21-22]，"教育的最高目标就是激发主动性，培养独立性。从广义上讲这就是一切教育的最终目的"（第斯多惠，1990）[85]。

在发展的实现机制上，第斯多惠强调，人的发展主要取决于人自身的能动性。他认为，人的发展依赖于两个条件，即"天资的存在和激发的存在"。所谓"天资"，是指"一定发展的可能性，而不是已经完成的发展"；"激发"是指促进天资发展的外界刺激和条件。天资是发展的推动力，"是一种以完全明确的方式发展的推动力"，激发必须符合天资发展的方向。（第斯多惠，1990）[75-77]因此，发展主要依赖自身的努力。他说，"发展与培养不能给予人或传播给人。谁要享有发展与培养，必须用自己内部的活动和努力来获得。从外部只能受到激发"，"人必须主动掌握知识，占有知识。因此认识、思想、意见、原理、虔诚、道德和意志可以传播的说法，纯是无稽之谈，这是不言而喻的。一个人要不主动学会些什么，他就一无所获，不堪造就，真可谓'朽木不可雕也'。一切教育和培养的艺术都是一门激发艺术。'人便是自我'"（第斯多惠，1990）[78]。

综上可以看出，以卢梭、裴斯泰洛齐、第斯多惠等人相关思想为代表的西方近代教学思想，非常鲜明地强调教育要尊重儿童的天性，并认为儿童具有自我主动发展的倾向和能力，教只有基于、利用儿童的天性，才能实际影响儿童的发展。至此，西方已经形成鲜明的儿童（学习）中心的教学思想，这种教学思想对后来西方学生（学习）中心教学思想的发展产生了奠基性的影响。

二、现代学习中心教学思想与实践

到了 19 世纪末 20 世纪初，西方学校教育实践出现了重大转型，形成了以欧洲"新教育运动"和美国"进步主义教育运动"为代表的现代教育运动。现代教育运动的产生有两个重要基础：其一，其产生的直接动因是对以赫尔巴特为代表的传统教育思想的批判和改造；其二，其产生的教育思想渊源是由卢梭开创继而由裴斯泰洛齐、第斯多惠、福禄倍尔等人发展的儿童中心主义的教育传统。

（一）欧洲新教育运动

欧洲新教育运动产生的标志是美国人雷迪（C. Reddie）于 1889 年在英国开办了"新学校"。雷迪谈到了他开办新学校的宗旨："我们的目的是造就人类一切能力的圆满发展。儿童要变成一个完人，使他能成就一切生活的目的。要达到我们这个目的，学校即不应成为一块人工造成的地方，专靠书本为媒，而不与生活相通连。学校应成为一个真实的、实际的、儿童能在该处发现自己的小世界。只有理论是不够的，同时必须有实际。理论和实际这两个原素应同存在学校里，正如他们常在我们身旁。……人不仅是一种智慧，他实是一种附在身体上的智慧。因此，我们要训练儿童的能力、智力和体力，以及手工的技巧与敏捷。"（王天一 等，1985）[166]在这里，雷迪清晰地揭示了新学校区别于旧学校的特点：重视儿童实际活动；强调教育与生活的联系；反对单纯学习书本知识。

在欧洲新教育运动中，产生了很多典型的新学校。比如，比利时的德克罗利（O. Decroly）创办的"隐修学校"。德克罗利在创办隐修学校时，提出了"兴趣中心"和"整体化"的教育原则，即以个人生活中的营养、居住、自卫和活动四种需要和兴趣为中心，将儿童和与之相关联的家庭、学校、社会环境、自然界等各方面的知识联系起来，组成整体化的教学单元进行教学，而不是进行分科教学。儿童在每一个教学单元中，通过观察、联想和表达三种形式的活动来展开学习。再比如，意大利蒙台梭利的"儿童之家"。蒙台梭利以她在"儿童之家"积累的教育经验为基础写作了《蒙台梭利方法》，其核心思想是强调儿童的自发冲动或内在生命力、重视儿童的自发活动和个体自由。"自发冲动、自发活动和个体自由"是蒙台梭利教育方法体系中的基本因素（戴本博，1990)[50-51]。

（二）美国进步主义教育运动

美国进步主义教育运动以帕克（F. W. Parker）的教育改革和杜威开办实验学校为先导。这两人的教育实验及其理论主张对后来的进步主义教育运动产生了深远影响。

帕克深受裴斯泰洛齐和福禄倍尔注重儿童自己的活动，尤其是儿童游戏作业思想的影响。帕克的一个基本思想是尊崇儿童及其在教育中的地位。他认为，教育中的"一切问题中的问题"是对儿童的认识。他指出，"我们应该研究儿童，通过他的活动及活动倾向来研究"（张斌贤，1998)[47]，"首先，我们应该承认儿童的崇高地位，儿童的非凡力量和神奇的能力；其次，我们要为他们从事充分活动提供条件"（张斌贤，1998)[47]。帕克是美国教育史上倡导儿童中心论的第一人，其思想是进步主义教育运动中儿童中心倾向形成的一个重要来源。

杜威于1896—1904年在芝加哥开办的杜威学校，在进步主义教育运动中占有很高的地位。杜威学校的基本特征从其开办学校的宗旨中可见一斑。在一次对实验学校的家长和教师的演讲中，杜威谈到，他开办实验学校是为了检验他提出的一些教育假设。这些假设是：第一，如何在学校与儿童日常生活之间建立密切的联系；第二，如何使儿童在学校里所学的知识与他已有的经验建立联系；第三，怎样激发和调动儿童内在的学习动机，以代替外在的动机；第四，怎样通过指导儿童参加实际活动使儿童获得教育（梅休 等，1991）[18-21]。

杜威的教育教学思想极为丰富，其中与学习中心思想密切相关的主要观点有以下三方面。

第一，教育哲学观。"经验"是杜威哲学的中心范畴。杜威主要的教育观念都是以其教育经验哲学为根基的。杜威认为，他的教育哲学"最基本的统一性可以在这样的观念中找到：实际经验的过程和教育之间有着紧密的和必要的联系"（Dewey，1997）[20]。杜威指出，"在各种不确定性之中，有一种可以永久参照的思想框架，那就是教育与个人经验之间的有机联系；或者说，新教育哲学信奉某种经验的和实验的哲学"（Dewey，1997）[25]，"教育是在经验中、由于经验、为着经验的一种发展过程"（Dewey，1997）[28]。

第二，儿童观。杜威对传统教育以教师、教材、课堂为中心的做法进行了深入的批判。他认为，传统教育的主要弊端在于"消极地对待儿童，机械地使儿童集合在一起，课程与教学法的划一。概括地说，重心是在儿童以外。重心在教师，在教科书以及在你所喜欢的任何地方和一切地方，唯独不在儿童自己的直接的本能和活动"（杜威，1994）[43-44]。杜威明确提出："儿童是起点，是中心，而且是目的。儿童的发展、儿童的生长，就是理想所在。只有儿童提供了标准。"（杜威，1994）[118]因此，要彻底消除传统教育的弊端，就要实行重心转移。杜威说："现在我们的教育中正在发生的一种变革是重心的转移。这是一种变革，一场革命，一场和哥白尼把天体的中心从地球转到太阳那样的革命。在这种情况下，儿童变成了太阳，教育的各种措施围绕着这个中心旋转，儿童是中心，教育的各种措施围绕着他们而组织起来。"（杜威，1994）[44]

第三，学习观。杜威的学习观最为核心的内容是，突出儿童的能动活动在儿童学习与发展中的关键作用。他说："一切教育活动的首要根基在于儿童本能的、冲动的态度和活动，而不在于外部材料的呈现和应用，……儿童无数的自发活动、游戏、竞赛、模仿的努力，甚至婴儿的显然没有意义的动作——从前被看作微不足道的、无益的而被忽视了的表现——都可能具有教育上的用途，更确切地说，都是教育方法的基石。"（杜威，1994）[86] "儿童自己的本能和能力为一切教育提供了素材，并指出了起点。除教育者的努力同儿童不依赖教育者而自己主动进行的一些活动联系以外，教育便变成外来的压力。"（杜威，1994）[4]正是因为突出儿童的基于本能或天赋的活动在儿童发展中的作用，杜威在教育内容的组织上才特别重视儿童的主动活动或"主动作业"（杜威，1990）[146]。

在理解能动活动与人的发展的关系时，杜威不是抽象、笼统地谈论能动活动，他还特别从"社会性的活动（联合活动、共同活动）""身心统一活动（反省经验）""探究性的活动"等方面，对学生能动活动的特征或形态及其在儿童学习与发展中的作用进行了深入论述（陈佑清，2011a）[37-38]。

杜威教育思想在实践中得到了广泛应用。基于杜威思想所提出的教学组织形式和教学方式，如设计教学法、道尔顿制、文纳特卡制等，在西方曾十分流行。20世纪上半叶，这些教学组织形式和教学方式也曾传入我国并被一些学校所采用。

三、20世纪中期至80年代的学习中心教学思想

在西方，20世纪中后期形成了许多以学生及其学习活动为中心的教学思想，如罗杰斯的"非指导性教学"、关于自主学习的理论等。另外，斯金纳创造的"程序教学"提供了一种帮助学生实现自主学习的方法或技术，它实际上也是与学习中心密切相关的。限于篇幅，我们在此不做介绍。

（一）罗杰斯的"非指导性教学"

作为人本主义心理学的开创者之一，罗杰斯的学习中心思想主要移植了他所创造的以来访者（患者）为中心的心理咨询和治疗的理论与方法。

"非指导性教学"是从教师的角度讲的，其立论的基础就是他所倡导的"以学习者为中心"或"自由学习"的理论。

1. 对教育目标、教学任务、有意义学习等问题的理解

罗杰斯对教育目标提出了自己独特的看法。他认为："我们面临一个全新的社会情境，如果我们想在这种情境中生存，那么教育的目标就应该是促进改变和学习。真正受过教育的人是那种学会了如何学习的人，那种学会了怎样适应和改变的人，那种认识到没有知识是可靠的，只有获取知识的过程才能奠定可靠的基础的人。"（Rogers et al.，1994）[152]

与对教育目标的这种看法相对应，罗杰斯认为教学最核心的任务就是促进学生学会学习。对应地，他将教师的身份或角色界定为"促进者"。他高度认可哲学家海德格尔关于教师教导（teaching）的如下理解："教导比学习更难，……为什么这样说呢？并不是因为教师必须有更多的知识储备并要时刻准备好。教导比学习更难是因为教导需要让学生学习。事实上，对于真正的教师而言，没有什么比让学生学习更为重要的了。"（Rogers et al.，1994）[34]对于海德格尔的这种观点，罗杰斯做了进一步的阐释："教师的首要工作就是让学生学习，以满足他的好奇心。仅仅吸收一些事实性的知识在当下只有很小的价值，于将来价值更小。学会如何学习对于现在和将来都是有价值的。"（Rogers et al.，1994）[34]

罗杰斯对学习也有独到的理解。他说他所探讨的不是那种了无生气的、枯燥的、无用的、很快会被遗忘的学习，而是真正的学习，"这种学习就是青少年在永不满足的好奇心的驱使下，去吸收他所见、所闻、所读的与某个主题有关的所有一切有内在意义的东西"（Rogers et al.，1994）[35]。他认为，学习有两种，即无意义的学习和有意义（价值）的学习。无意义的学习只有脑的参与——它是一种发生在"脖子以上"的学习，它没有涉及情感和个人意义，它与整体人没有关系（Rogers et al.，1994）[35]。与此不同，有意义的学习是一种有价值、有意义、体验性的学习。这种学习具有如下特征：其一，整体参与。整个人包括情感和认知均成为学习过程的一部分。其二，自发或主动地参与。在这种学习中，即使

学习的驱动力或刺激来自外部，但发现感、获得感、掌握和理解仍然来自学习者内部。其三，渗透性。这种学习能影响学习者的行为、态度甚至整个人格。其四，学习者了解评价的标准。学习者清楚学习是否满足了自己的学习需要，是否导向他想知道的地方，是否照亮了他忽视的黑暗区域。评价应始终聚焦于学习者身上（Rogers et al.，1994）[36]。

罗杰斯认为，有意义的学习只有在自由学习中才能实现。他的著作经常提到"自由学习"的概念。自由学习强调学习者在学习过程中的自由选择和对自己的学习负责，并强调自由与承担责任的统一。而且，自由学习只能在以人为中心的教育环境中才有可能出现。

2. 对以人为中心的教育的理解

罗杰斯认为，对以人为中心的教育方式的最大误解是，认为这种方式仅仅适用于某些学科或某种特定的情境。相反，他认为以人为中心"不仅仅是一种方法或技术"。以人为中心具有这样一些特征："某种教育情境中的以人为中心的方式，是一个人要逐渐学会做得更好的某种东西；以人为中心的方式是一套不易实现的价值观，它重视个体的尊严、个体选择的重要性、责任的意义和创造的快乐；以人为中心的方式是一种建立在民主基础上的哲学，它赋予每个人以权力。"（Rogers et al.，1994）[123]罗杰斯认为，以人为中心的教育模式是与传统教育模式相对立的另一端。

关于以人为中心的教育的特征，罗杰斯通过对比其与传统教育模式的特点进行了揭示。他认为，传统教育模式主要有如下特点：教师是知识的拥有者，学生是可预测的接受者；讲授、教科书或其他使用语言智力的教学手段是使知识被接受者吸收的主要方法，考试是测量学生接受知识程度的主要方式；教师是权力的拥有者，学生则是服从者；依靠权威进行课堂管理被普遍认可；信任被减少到最低限度；教育主体（学生）被间歇或持续地置于恐惧的状态；民主及其价值观在教学实践中被忽视或践踏；在教育系统中，只重视学生的智力发展，而忽视学生作为全人的发展（Rogers et al.，1994）[210-211]。

罗杰斯认为，从哲学、方法及其被应用的政策来看，以人为中心的教育模式与传统教育模式有显著的不同。他认为，以人为中心的教育模式具有若干个特征，其中具有前提意义的特征是，被学生当作权威的某个领导者或某个人，应对学生自己思考和自己学习的能力表现出实质性的信任，并将学生看作值得信赖的有机体。教育者对学生学习主要起促进性的作用，其身份就是促进者。在这样的前提下，以人为中心的教育模式呈现出以下特征：促进性的领导者会带来连锁效应，即促进其他人成长的领导者自己也会获得进步；促进性的教师能和学生甚至家长、社区成员一起承担组织学习过程的责任；促进者会将自己、自身经历、书本、各种资料、社团经验等作为学习资源，提供给学习者；学生会独立或与其他人一起制订学习计划（通过调查自己的兴趣、自己所拥有的资源，学生决定自己的学习方向，并对自己选择的后果负责。他们在一种促进性的学习氛围中学习，在全班或全校作为一个整体的聚会中，会明显形成一种真实的、关心的和理解性倾听的气氛）；促进者首先注重保持学生学习过程的持续性，而不是将学习内容放在首要位置；学生通过自律实现个人目标，并将认同纪律看作自己的责任；学生对学习进行自我评估；在这种促进成长的学习氛围中，相比于传统课堂，学习会更深入、进程更快并遍及学生生活和行为的各个方面（学习方向是自我选择的，学习活动是自我驱动的，学习过程是智力和情感整体投入的）（Rogers et al.，1994）[212-213]。

罗杰斯还论证了以人为中心的教育的意义。基于相关研究，罗杰斯得出结论："如果学生得到了高水平的理解、关注和真诚的对待，那么相比于接受低水平的支持，他们学习的东西更多，行为表现也会更好。"（Rogers et al.，1994）[253]他引用的一项研究结论表明，高水平的促进性教师对学生的学习产生了如下影响：学生一年中不上学的天数减少；学生具有更好的自我概念和更积极的自我关注；学生的学业成绩有很大的提高；学生的纪律问题更少出现，较少有故意破坏学校财物的行为；学生行为更加主动，更多地使用高层次思维（Rogers et al.，1994）[254-255]。罗杰斯说："我坚信，当教育者坚持人文主义的、以人为中心的观点时，教育的任何方面都会彻底地改变。教育革命——或大或小——就会出现。"（Rogers et al.，1994）[146-147]

3. 教师如何成为学生自由学习的促进者

罗杰斯研究的焦点是，通过改变教师对待学生的态度，并建立教师与学生之间的尊重、关注、移情式理解等关系，实现以人为中心的教育或学生的自由学习。因此，罗杰斯花了很多精力和时间，探讨如何通过改变教师、教育管理政策、学校制度等，创建以人为中心的教育所需的外部环境（即以人为中心的教育实现的现实条件），而不仅仅是讨论微观的以人为中心的教学过程问题（Rogers et al.，1994）[43-44]。

罗杰斯特别看重并探讨了对学生学习有促进作用的促进者的品质问题。他认为，"对有意义的学习的促进，是以存在于促进者和学习者之间的人际关系中的某些态度方面的品质为基础的"（Rogers et al.，1994）[153]。教师要促进学生学习，所需要的最重要的品质有以下几个方面。第一，真实、真诚。罗杰斯认为，真实、真诚是促进者最基本的态度。"当促进者是一个真实、真诚的人，一个是其所是的人，并且不用伪装地与学习者建立关系时，她更有可能发挥有效的促进作用。"（Rogers et al.，1994）[154]第二，珍视、接纳、信任。"珍视学习者——珍视她的感受、她的观点和她整个人——这也是对学习者的关注，一种非占有性的关注。它是一种对独立的并具有自己价值和权利的其他个体的接纳。它是一种基本的信任，一种认为他人从根本上是值得信任的信念。"（Rogers et al.，1994）[156]第三，移情式理解。这种态度要求教师站在学生的立场、以学生的眼光来看待世界。"当教师具有理解学生行为的内在含义的能力，并能敏感地意识到要对学生采用某种特定的教育方式时，有意义学习发生的可能性就会增加。"（Rogers et al.，1994）[157]

罗杰斯还详细研究了教师促进学生自由学习的途径或操作策略问题。基于对已经形成的以人为中心的教育经验的总结和反思，他提出如下能促进学生自由学习的途径或策略：从真实的问题开始，即要让学生面对真实生活中与他们相关且有意义的问题；提供各种学习资源；重视体验性学习目标，而不是仅仅关注行为目标；提供多种教学方式，使学生以多种方式学习；使用契约管理以促进学生的自由学习；利用社区资源帮助学生自由学习；在项目学习中实现自由学习；此外，还可以利用团队教学、分组学习、探究性学习、自我评估等来促进学生的自由学习（Rogers et al., 1994）[186-206]。

作为区别于行为主义心理学和认知心理学的一个西方现代心理学独立流派——人本主义心理学的主要代表人物，罗杰斯对学习中心的理解植根于他的人本主义心理学思想。罗杰斯对学习中心教学思想的论证是深刻而又系统的。他从当代教育应突出培养学会独立主动学习的人出发，从民主、平等的学习环境营造，以人为中心的教育条件的创设，教师作为学生独立、主动学习的促进者等方面，全面分析了学习中心教学的特征及其实现问题。这对西方学习中心教学思想与实践的发展产生了重要影响。

（二）自主学习理论的兴起

一般而言，西方自觉的、专门化的自主学习（self-regulated learning）研究开始于20世纪60年代。20世纪60年代以来，认知心理学和人本主义心理学提出了对于深入理解自主学习有重大影响的一系列思想，如罗杰斯的"非指导性教学"的思想、班杜拉的"自我调节理论"及"自我效能感"概念、布鲁纳和加涅等人首创的"认知策略"、弗拉维尔（J. H. Flavell）提出的"元认知"概念等。

在这些理论研究的基础上，20世纪80年代末至90年代，西方形成了关于自主学习的系统性的理论研究成果。有人总结发现，迄今为止，西方自主学习的理论研究形成了七个流派：操作主义学派、人本主义学派、信息加工学派、社会认知学派、意志学派、言语自我指导学派、建构主义学派。这些学派虽然观点各异，但基本上是围绕如下几个问题对自主学习进行了理论建构：①激励学生自主学习的动机；②学生对学习的自我意识和自我反应的过程；③学生实现学业目标的关键过程；④社会和物质环境如何影响学生自主学习；⑤学生如何获得自主学习能力（庞维国，2003）[30]。

在当代西方的自主学习研究中，齐默尔曼（B. J. Zimmerman）的研究最具代表性。齐默尔曼提出了系统的自主学习理论，全面论及了自主学习的主要问题，如自主学习的特征、构成要素、心理机制、影响条件等。以下我们主要介绍齐默尔曼对自主学习的特征及学习机制的理解。

1. 如何理解自主学习

齐默尔曼主张从多个维度理解自主学习的含义和特征，并提出了一个界定自主学习的分析框架（Schunk et al., 1994）[8]（表3-1）。

表3-1 自主学习的判断框架

问题	心理维度	自主的任务	自主的实质	自主过程
为什么学	动机	选择参与	内在的或自我激发的	自我目标、自我效能、价值观、归因等
如何学	方法	选择方法	有计划的或自动化的	策略使用等
何时学	时间	控制时限	定时而有效	时间计划和管理
学什么	学习结果	控制学习结果	对学习结果的自我意识	自我监控、自我判断、行为控制等
在哪里学	环境	控制物质环境	对物质环境的敏感和随机应变	选择和组织学习环境
与谁一起学	社会性	选择社会环境	对社会环境的敏感和随机应变	选择榜样、寻求帮助

齐默尔曼认为，应该依据此框架来判断学生学习是否是自主的。比如，根据第二列的六个心理维度，如果学生在这六个方面均能进行选择和控制，则其学习就是充分自主的。具体地说，当学生的学习动机是内在的或自我激发的，学习方法是有计划的或经过练习已达到自动化的，学习时间是定时而有效的，对学习结果有自我意识，并对学习过程进行自我监控，能主动营造有利于学习的物质和社会环境，那么这样的学习就是自主学习。按照齐默尔曼的理解，自主学习是指学习者自主调节、控制学习全过程的学习。这种学习与我国过去所谈论的学生在学习过程的某些环节按

照教师的安排进行的"自学"是不同的。

2. 对自主学习的过程或机制的理解

齐默尔曼提出了自主学习的过程模型。他将自主学习分为三个阶段，即计划阶段、行为或意志控制阶段和自我反思阶段。每个阶段又包含若干个过程或成分（庞维国，2003）[80-81]（表3-2）。

表3-2　自主学习涉及的子过程及其包含的因素

计划阶段	行为或意志控制阶段	自我反思阶段
任务分析	自我控制	自我判断
目标设置	自我指导	自我评价
策略计划	心理表象	归因分析
自我动机性信念	集中注意	自我反应
自我效能感	任务策略	自我满意/情感
结果预期	自我观察	适应性/防御性反应
内在兴趣或价值	自我记录	
目标定向	自我实验	

第一，计划阶段。它主要涉及任务分析和自我动机形成两个过程。任务分析过程又包括目标设置（指确定具体的、预期性的学习结果）和策略计划（指为完成学习目标而选择合适的学习策略）两个子过程。自我动机来源于对学习的信念，如关于自己有能力学习的自我效能感、个人对学习结果的预期、对学习的内在兴趣（价值）和目标定向。

第二，行为或意志控制阶段。它主要包括自我控制和自我观察过程。自我控制过程帮助学生把精力集中在学习任务上，它包括自我指导、使用心理表象、集中注意、运用任务策略（如将任务分解）等环节。自我观察是对学习行为的某些具体方面、条件和进展的跟踪了解。准确、及时、全面的自我记录是自主学习者常用的自我观察手段。当自我观察不能提供有关学习方向的确切信息时，个体还会启动自我实验过程，即通过主动改变或尝试运用新的学习的过程、策略、条件，以求达到最终的学习目标。

第三，自我反思阶段。它涉及自我判断和自我反应两个过程。自我判断包括自我评价和归因分析两个环节，前者是指对学习结果是否与预期目标一致以及学习结果重要性的评判，后者是指对学习结果形成的原因进行分析，如学习效果不好是由于自己努力不够造成的还是因为自己能力有限等。自我反应有两种形式：一是自我满意，即当学习成功时，基于对自己学习结果的积极评价而形成的心理反应；二是适应性或防御性反应，指面对学习失败的反应。前者是指在学习失败后调整学习策略，以便在后继的学习中获得成功；后者是指为避免进一步学习的失败而消极应付后继的学习任务。

总之，在齐默尔曼看来，尽管自主学习过程包含复杂的环节，但是其中的自我效能感、目标设置、策略的选择和使用、自我观察、自我评价等最为重要，也更容易操纵。因此，应着重从这些方面入手培养学生的自主学习能力。另外，按照齐默尔曼的看法，自主学习是指学生自主支配、调控学习的全过程，包括自主制订学习计划、自主实施学习计划、自主反思评价学习过程与结果等。这种含义的自主学习与过去我国所谈论的学生自学是不完全一样的，后者通常是指学生对学习全过程中的某些环节的自主学习，如在课堂上，学生按照教师布置的学习任务、给出的学习方法和规定的学习时间，自己看书或做作业。

关于自主学习的研究对于学习中心教学具有重要的意义。首先，自主学习是学习中心教学突出的"教学生学会学习"的价值取向的核心内涵。学会学习的实质性含义是学会自主学习，即在没有他人教导的条件下，学生能独立自主地学习，包括独立自主地确定学习目标、选择学习资源、调控学习过程（时间及精力的花费、方法或手段的选用、求助他人等）、反思评估学习效果。其次，自主学习也是学习中心教学过程的基础和首要的环节。学习中心教学所突出的学习中心，是指以学生独立、自主的学习为中心。为落实学习中心，学习中心教学一般采用先学后教的教学流程进行教学。

四、20 世纪 90 年代以来的学习中心教学思想与实践

20 世纪 90 年代以来，两种力量强力推动了学习中心教学思想的深化发展：一是建构主义学习观的兴起，二是现代信息技术的迅猛发展和广泛使用。建构主义学习观突出了学习者自身能动加工和自主建构在学习和发展中的作用，这为学习中心教学思想提供了强有力的理论依据；而现代信息技术则为学习中心教学思想的落实或现实化提供了便捷和有效的工具。实际上，二者不仅各自促进了学习中心教学思想的发展，而且以交互作用或联合作用的方式深入地促进了学习中心教学实践的发展，后者以翻转课堂的产生和流行为代表。所以，到此，学习中心教学思想已经得到广泛的接受和深度的实践应用。

（一）建构主义的学习观及其对学习中心教学的影响

20 世纪，西方学习理论的发展经历了从行为主义到认知主义再到建构主义的转变过程。建构主义兴起于 20 世纪 80 年代末 90 年代初的美国，目前已形成了包括社会建构主义（social constructivism）、激进建构主义（radical constructivism）、控制论系统观（cybernetic systems）、社会建构论（social constructionism）、信息加工建构主义（information processing constructivism）等在内的不同的建构主义取向（斯特弗 等，2002）[1-2]。与行为主义和认知主义以客观主义认识论为基础不同，建构主义的认识论突出强调认识者在认识过程中的能动性和主观建构作用。

西方当代教学论的发展深受建构主义的影响。如阿伦兹认为，在 21 世纪，教师的教学面临多种挑战，其中之一就是"为学生建构意义而教"（Arends，2007）[11-12]。这不仅表现在观念上对知识特性、学习机制等问题的理解已经超越了传统客观主义的视角，开始重视以建构主义的视野看待知识与学习问题；而且，在教学实践中已经开发和形成了很多应用建构主义思想的新的教学模式，如基于问题的学习、抛锚式教学、支架式教学

等。建构主义的思想和实践深入地推动了传统教学内容和教学方式的变革。

尽管建构主义具有不同的取向，但它们在认识论基础和对学习的过程、目标、条件等问题的看法上有许多相近的观点。

1. 对学习过程的理解

建构主义的学习过程观是建立在其认识论基础之上的。建构主义认识论的总的特征可以从它与客观主义认识论的差异角度来认识。客观主义认识论以为，世界和事物是在人的主观意识之外而客观存在的，它不以人的主观愿望或意志为转移；认识是客观事物在人脑中的主观印象或摹写，认识的真理性取决于这种主观印象或摹写与客观事物本来面目相符合的程度。建构主义认识论则认为，事物虽然是客观存在的且不以人的主观意志为转移，但是人对事物的认识或事物在人脑中的意义却与人的主观意识作用有极大的关系；认识不是对客观事物的简单摹写，认识的结果不是事物原封不动地进入人脑，而是认识者能动地在自己的头脑中建构事物的表征及其意义；认识过程中存在着主体意识与客观事物之间的相互作用，认识的结果既使主体形成对客观事物的"主观印象"，同时也使主体已有的心理结构获得调整和改造。

基于新的认识论，建构主义对学习过程中的主要因素，如作为学习对象的知识、学习中的主客体相互作用的过程以及学习者自身因素等，提出了自己的看法。

（1）对知识特性的理解

客观主义认识论认为，知识是外在于学习者而客观、独立存在的，尤其是科学知识，是前人在长期的社会生活或科学研究中发现和积累起来的，是经过实践检验和证明了的客观真理。学习就是对现成知识的直接接受，并且这种接受和学习要尽量与知识的本来意义相符合。与客观主义认识论不同，建构主义一般强调，知识与现实是两种不同的东西，知识只是特定的人在特定的情境中对现实的一种假设和解释，是主体在大脑中建构出来的"主观的现实"。它并不是对现实的完全客观和准确的表征，相反，它会随着人类认识的进步而不断得以调整和丰富。另外，知识并不能精确地概括世界的普遍法则，也不能被直接用于解决某种具体问题；相反，它需要针对具体的情境进行再创造。

（2）对学习过程的理解

建构主义认为，人类创造的知识虽然能以一定的符号形式存在于学习者之外，或者说，能先于学习者而存在，但作为学习对象的知识与学习者最终掌握的知识并不是完全一样的。因为，学习者在学习知识的过程中，要以自己已有的经验、认知结构和认知方式为基础，对知识进行选择、改造、加工，从而建构起知识在自己头脑中的意义。学生学习知识的过程并不是教师直接传递、学生被动接受的过程；学生不是被动的知识接受者，相反，他要能动地建构知识的意义。在学习者能动地建构知识的过程中，一方面，外在的知识被学习者重新建构进而被吸收到学习者的认知结构中；另一方面，学习者原有的知识经验也会由于新知识的进入而获得调整和改变。因此，建构知识意义的过程实际上是新、旧知识经验之间相互作用的过程。

（3）对学习者自身因素在意义建构中的作用的认识

在学习知识的过程中，学习者已有的基础（知识、经验、认知方式、学习动机等）对建构知识意义起着重要的作用。学习者总是基于自己已有的心理，去与外在的知识相互作用。不同的学习者由于已有的知识经验、认知倾向和认知方式的差异，对同样的知识可能产生不同的理解，建构出不同的意义："情人眼里出西施"说明了人的需要对人的认识的影响；"盲人摸象"的寓言反映了人对事物所具有的经验对认识结果的直接影响（不同的触摸经验导致不同的盲人对大象形成不同的看法）；"井底之蛙"的寓言及"横看成岭侧成峰"的说法，意味着看问题的角度或立场不同，看到的结果就有差别。

因此，按照建构主义学习观，学生的学习具有建构的特性。学习的建构特性意味着，在理解学生的学习时，应注意以下几个方面的问题。第一，重视学生在学习过程中主动参与和能动加工及改造的作用。知识的意义或者说知识在学习者大脑中的表征不是由他人直接给予或灌输的，而是学习者自己能动建构的。第二，充分重视学生的兴趣或需要、已有知识经验、看问题的角度、思维方式等因素在建构知识意义中的作用。学习者总是在其已有心理结构的基础上去建构知识的意义，进入学习过程的学习者不是空无一物的容器或"白板"，相反，他以自己整个身心参与知识意义的建构。第三，尊重和接受学生在学习过程和结果方面的独特性和个性。基于学习者兴趣和经验的能动建构必定是个性化和独特的。

2. 对学习目标和促进建构性学习发生的条件的看法

不同的建构主义者对学习的目标持有相似的看法。他们看重"能够使用的知识"，而不是对惰性的事实、概念和技能的记忆或储存，并认为建构性学习的目标应包括培养发现和解决结构不良问题的能力，以及批判性思考、探究、自我决定和对多种看法开放的能力（伍尔福克，2007）[348]。可见，建构主义学习观之所以对学习过程有不同的理解，首先源于它所追求的学习目标的改变。

很多建构主义理论建议，为促进学生的建构性学习，应提供以下五种教学条件（伍尔福克，2007）[348-350]。

（1）复杂的学习环境和真实的任务

学校以外的世界很少有简单的问题或一步一步解决问题的指南，学校应该确保每一个学生都有解决复杂问题的经验。复杂问题并不一定是难的问题，它包括很多部分，存在多个相互影响的因素，因此往往具有多种可能的解决方法。教学应将复杂问题深深地置于真实的任务和活动的情境中，这种情境应是学生将其所学应用到真实世界时所面对的情境。

（2）社会协商和人际互动

许多建构主义者都接受维果茨基的观点，认为高级心理过程是通过社会协商和互动形成的，因此非常重视学习中的合作。教学的一个主要目标是发展学生这样的能力：既形成和维护自己的观点，同时尊重他人的观点并与之一起协商和建构意义。

（3）多样性的观点和内容表征

当学生只用一种模式、一种类比或一种方式理解复杂的内容时，他们会经常过于简单化地将那种单一的方式应用到每一种情境之中。课程应利用不同的类比、例子和隐喻，为学生提供内容的多种表征。

（4）培养自我意识和对知识建构过程的理解

建构主义强调，应使学生意识到他们自己在建构知识中的作用。我们所提出的假设、我们的信念和我们的经验，形成了我们各自对世界的认识。不同的假设和经验导致不同的知识。如果学生能意识到那些影响其思维形成的因素，那么他们会在尊重他人观点的同时，变得更善于选择、形成和维护自己的观点。

（5）学生成为学习的主人

尽管对建构主义有几种不同的解释，但大多数人都同意，建构主义涉及教学中心的显著变革，它将学生自己努力去理解置于教育事业的核心。

3. 建构主义的教学模式

在西方，已经形成了许多体现建构主义思想的教学模式，这些模式也很好地体现了学习中心教学的特征。

（1）基于问题的学习

基于问题的学习（problem-based learning，简称 PBL）源于 20 世纪 50 年代的医学教育，如今，很多领域都在运用这种模式教学。

PBL 强调把学习置于复杂的、有意义的问题情境中，通过让学生合作解决真实性的（authentic）问题，学习隐藏于问题背后的知识，形成解决问题的技能，并培养学生自主学习的能力。它实际上是一种通过解决问题来带动学生学习相关知识的教学模式。其目标主要是，"帮助学生形成能应用于多种情境的灵活性的知识（flexible knowledge），而不是惰性的知识（inert knowledge）"。其他的目标还有"发展学生的内在动机，以及解决问题、合作、自主终身学习的技能"。（伍尔福克，2007）[352]

PBL 在实施过程中大体有这样一些环节：首先，学生被置于一个问题情境之中。然后，学生根据问题情境中的事实确定和分析问题。接着，他们开始构思解决问题的假设。当构思假设时，他们发现有些用于解决问题的知识需要学习，这引发学生进入一个自主学习与研究的阶段。之后，学生应用新的知识修改或完善假设。如果需要，这个过程可以循环进行。最后，学生反思他们所获得的知识和技能。（伍尔福克，2007）[353]

PBL 有几个典型的特征。①关注问题的设计。例如：问题必须能引出与所学领域相关的概念原理；问题应该是结构不良的、开放的、真实的，具有足够的复杂性；问题要能激发学生的学习动机。②小组合作解决问题。PBL 反映了建构主义学习的一个基本观念，即强调利用学生之间的合作、交流来促进学习。③教师是学生学习的促进者。在 PBL 中，学生是积极主动的学习者，教师的工作主要表现为引导、帮助、支持、鼓励等。④重视反思概括。在 PBL 过程中以及结尾，学生需要对自己及他人的思维过程和结果进行反思（张建伟 等，2005）[77-79]。

（2）抛锚式教学

抛锚式教学（anchored instruction）是由美国范德堡大学认知与技术研究小组（Cognition and Technology Group at Vanderbilt，简称 CTGV）在 20世纪 80 年代研发的一种建构主义的教学模式。该模式主要体现在 CTGV开发的"贾斯珀·伍德伯瑞（Jasper Woodbury）问题解决历险系列"课程之中。该课程包括以录像形式呈现的 12 个历险故事（含录像片段、附加材料和一些教学插图），旨在促进五年级以上学生的数学思维发展，进而帮助他们建立与科学、历史和社会等学科的联系（美国温特贝尔特大学认知与技术小组，2002）[1]。

抛锚式教学主要是针对传统教学中普遍存在的惰性知识问题而提出的一种改进措施。所谓惰性知识，是指"人们刻意记忆时能够回忆起来的知识，但这种知识却不能被自发地用来解决问题"（美国温特贝尔特大学认知与技术小组，2002）[19]。惰性知识的形成与传统的教学模式有关。在这种教学模式中，教师一般先向学生传授基本的知识技能，然后通过作业训练，让学生熟练地掌握这些知识技能。而用于训练的作业往往是人为设计的"假问题"，要回答的问题以及所需要的条件都在其中明确地呈现出来，条件既不多也不少。这样的作业训练无法让学生掌握灵活的知识和习得解决实际问题的能力。

有鉴于此，CTGV 提出，为了解决惰性知识问题，实现所学知识能灵活迁移应用的目的，应实行抛锚式教学。关于抛锚式教学的含义，CTGV做了这样的解释："抛锚式教学代表了我们克服惰性知识问题的尝试，我们试图创立允许学生和教师持续探究的有意义的问题解决环境。一个主要目标是帮助人们理解不同领域专家遇到的问题和机会并观察专家如何把知识作为工具来明确、表征和解决问题。一个相关的目标是帮助学生通过从多个视点（如作为科学家、数学家、历史学家）探索相同的情境（锚）来整合他们的知识。"（美国温特贝尔特大学认知与技术小组，2002）[24]抛锚式教学实际上是借助真实的问题情境，将学生置于该问题情境之中，引导学生从中去发现问题、界定问题和解决问题，使学生在真实的情境中，通过发现和解决实际问题，学习知识和技能。如此学习的知识和技能能灵活地迁移到不同的情境中，用于解决实际问题。CTGV 认为，传统教学的一个共同特性是"新信息被当作要学习的事实而不是要运用的知识"（美国温特贝尔特大学认知与技术小组，2002）[25]，而它则希望帮助学生"把知识从事实转化为有用的工具"（美国温特贝尔特大学认知与技术小组，2002）[26]。

（3）支架式教学

支架式教学（scaffolding instruction）是在维果茨基的社会交往发展观的基础上提出的一种建构主义教学模式。搭建支架（scaffolding）是指由更有能力的同伴或者成人给学习者提供帮助。搭建支架通常意味着在儿童学习的早期阶段给他们提供大量的支持，然后再减少这种支持。只要儿童有能力，就让他们自己逐渐地承担起越来越多的学习责任（斯莱文，2004）[44-46]。

支架式教学的一个典型范例是交互式教学（reciprocal teaching）。交互式教学最早是由帕林克萨（A. S. Palincsar）提出的专门用于教学生学习阅读理解的策略。这种教学的主要特点是，教师和学生轮流承担教的工作。"交互式教学提供机会让学生通过课堂对话来探索所要学习的内容。交互式教学的核心是小组讨论，在这种小组讨论中，教师和学生轮流负责组织对课文进行讨论。"（Borich，2017）[329]

交互式教学的具体操作步骤是：首先，教师要求学生默读一段课文，然后结合这段课文向学生示范如何在理解课文时运用四种阅读理解策略（预测、提问、总结、澄清）。比如，如何根据课文的标题、某些关键词等信息来预测课文的内容，如何针对课文的中心议题提出问题，如何抓住课文的主题进行总结，如何对课文中不清楚的要点进行澄清，等等。接着，在后续的段落，教师让学生轮流做"小老师"，像老师那样，带领其他学生一起运用上述四种策略，讨论和分析课文的内容。在这个过程中，教师为学生提供具体的反馈、提示或帮助，所有这些都是在学生的讨论、对话中进行的。因此，在交互式教学的开始，教师是教学的主导，他要更多地、更具体地示范各种理解策略的使用。随着教学的进行，教师逐渐过渡到引导学生自己使用这些策略，当学生对这些策略比较熟悉以后，教师便放手让学生独立地运用这些策略。这典型地体现了支架式教学的特点（张建伟 等，2005）[87-88]。

（4）认知师徒制

认知师徒制（cognitive apprenticeship）是借鉴古老的手工作坊中的师傅带徒弟的方式，让学生在真实的工作场景中，通过观摩他人的行为和接受他人的指导而进行学习的一种教学模式。在这种教学模式中，学习者从最初站在旁边观察师傅工作、帮助师傅打打下手，到慢慢开始做些辅助性的工作，最后进入工作的中心，学习过程成为一个"合法的由边缘到中心的参与的过程"。显然，认知师徒制集中了实际情境、真实任务和支架式教学等建构主义所强调的学习因素。因此，可以将认知师徒制看作情境教学、支架式教学等教学模式的综合。

上述教学模式充分地体现了建构主义教学的核心观念，如重视学生在学习过程中的能动作用和独立性，强调在具体情境中通过解决实际问题组织教学，强调利用人际互动促进学生的学习，等等。

（二）现代信息技术对学习中心教学的影响

进入 21 世纪以来，信息技术飞速发展，对社会生活产生了广泛而深刻的影响。课堂教学是以信息传递和接受为基础的育人途径，信息技术在其中具有广泛的应用空间。

现代信息技术是如何促进学习中心教学的呢？这要从现代信息技术所具有的独特信息功能说起。与传统的信息技术相比，现代信息技术的信息功能主要表现在，它以多媒体、快速、海量、交互的方式，实现对信息的存储、传输、查询、加工或再造。基于这些功能，现代信息技术通过影响学习环境、学习资源、学习方式、学习评价等方面，为学习中心教学提供了最为适切的实现条件。

1. 超时空的学习环境

现代信息技术利用各种学习网站、网络学习平台（如云课堂）、远程视频会议系统等，为学习者提供了一种在任何时间和任何地点、以任何方式获取学习资源、知识建构工具和学习指导服务的学习环境。

2. 丰富的学习资源

现代信息技术提供的学习资源相比于传统课堂教学提供的资源，具有丰富、海量、多媒体呈现、能交互、易于查询等特点，这为学生的自主学习和个性化学习奠定了资源基础。

3. 多样的学习方式

基于新的学习环境和丰富的学习资源，学生学习的最大变化是学习方式的多样化、自主化和个性化。自主学习（自定步调、自选方式、自控过程的学习）、探究性学习、社会性学习（与他人密切互动的学习、远程协作学习）、游戏化学习、仿真环境下的学习、移动学习、泛在学习等成为学生学习的新方式。同时，将线上学习与线下学习、校内学习与校外学习结合的混合式学习形式开始广泛流行。

4. 基于大数据的过程性评价

在信息技术条件下，学生学习的过程会被客观记录或留下数据痕迹，这为对学生学习进行过程性、形成性评价，改变单纯的结果性评价和基于直观经验的评价打下了基础，为促进学习而评价开始成为现实。

很多应用现代信息技术的教育教学实践表明，现代信息技术对教育教学过程产生的突出影响是，它为促进学生使用自主学习、个性化学习和随时随地学习等新型学习方式，提供了便捷、有效的学习环境和丰富、易得的学习资源。而这些正是学习中心教学所要求的学习方式。因此，现代信息技术是使学习中心教学的理念得以落实，并广泛推广的最为便捷的工具或手段。很多过去很难解决的问题，如大班额教学导致教师无法兼顾学生的个体差异、学习资源的单调和有限、学习时间和空间的固定等，在现代信息技术条件下则很容易得到解决。

（三）翻转课堂：融合现代信息技术的学习中心教学

翻转课堂（flipped classroom）产生于 21 世纪初期，其标志性事件是美国科罗拉多州的林地公园高中（Woodland Park High School）的两位化学教师伯格曼（J. Bergmann）和萨姆斯（A. Sams）于 2007 年开始尝试翻转课堂并取得良好效果。2011 年，两人一起出版了《翻转你的课堂：时刻影响每个班上的每个学生》（*Flip Your Classroom：Reach Every Student in Every Class Every Day*）。后来，可汗学院（Khan Academy）的出现进一步推动了翻转课堂在全球的传播。迄今，翻转课堂无论在实践应用还是在理论研究上都得到了全球范围内的高度关注。

翻转课堂迅速流行最直接的原因是，它借用新时期勃兴的现代信息技术手段，将过去多年倡导但未能很好落实的学习中心理念，方便、彻底地现实化了。可以说，翻转课堂是学习中心理念与现代信息技术完美融合的一种教学模式。或者说，翻转课堂是借助现代信息技术，以更全面、深入和便捷的方式，实现了以学习为中心的一种教学模式。

1. 翻转课堂的学习中心特征

翻转课堂是如何体现学习中心理念的呢？谈到翻转课堂，有些人首先想到的是教师制作微视频和学生课前通过看微视频自学。实际上，"翻转学习的本质，不是要求教师学会使用微视频，而是要求教师更好地利用课堂学习时间，创造出一个以学生为中心的教学环境"，"翻转课堂的本质是让学生更为主动地参与到学习过程，让教学围绕着学生的学来展开"（田爱丽，2014)[78]。

总的看来，翻转课堂是从课堂教学结构的调整上落实学习中心教学的。翻转课堂主要通过将传统课堂教学的"课堂先传授知识，课后再内化知识"的教学流程颠倒为"课前先自学知识，课中再内化知识"的教学流程，来落实"学习中心、教为学服务"理念的。其中，"学习中心"表现为：首先，在课堂教学之前，先让学生独立主动地自学，如通过观看微视频或学习其他课程资源来了解和掌握知识。课前教学体现出"学在教前"或"先学后教"的特点。其次，在课堂教学中，教师依据学生自学后存在的问题，有针对性地组织教学活动，以帮助学生解决自学中遇到的疑难问题、深入理解知识和内化知识。课中教学体现出以学定教和为学而教的特点。"教为学服务"表现在：在课前，教师通过制作微视频、提供自学指导及其他学习资源等，为学生学习服务；在课中，教师围绕学生自学中不能很好解决的问题，通过组织有针对性的学习活动，如安排学生讨论、与学生互动、反馈评价、解答疑难、案例教学等，帮助学生解决问题和内化知识。因此，从课堂教学的基本结构来看，翻转课堂是典型的以学习为中心的教学。

2. 翻转课堂中信息技术的运用

翻转课堂从其诞生起，就与信息技术的使用联系在一起。目前见到的典型的翻转课堂，在课前自学部分，都会使用教师制作的微视频作为学生学习的主要资源。另外，利用网络平台或社交媒体，组建便于学生交流的学习社区，也是翻转课堂经常采用的手段。尽管有人认为，翻转课堂不一定非要使用信息技术，如课前自学也可以让学生阅读教材和其他文字材料，但是，现代信息技术提供的多媒体资源和便捷的交流互动工具，使得翻转课堂在改变传统教学结构和落实学习中心理念上，变得更为方便、彻底和有效。例如，学生可以选用自己喜欢的资源类型和呈现形式自主学习，也可以选择自己偏好的场合、时机、方式和步调自主学习，还可以通过学习社区或社交媒体与教师及同学互动。这使得学生自主学习的过程变得更为自主、方便、有趣，也更加有效。

(四) 韦默关于学习中心教学的研究与实践

美国学者韦默（M. Weimer）对学习中心教学有过深入、系统的研究。韦默在其专门研究以学习者为中心的教学的著作中指出，要实现以学习者为中心，教学实践需要在五个方面进行改变：权力的平衡、内容的功能、教师的角色、学习者的责任、评价的目的与过程。

1. 权力的平衡

权力的平衡，是指由过去教师全面控制教学过程向教师与学生分享权力转变。在以教师为中心的课堂里，教师控制了学生的学习内容、学习进度、学习方式、作业及测试、学习环境等，而"当教师控制学生学习的过程时，学生的动机、自信心和对学习的热情都会受到负面的影响"（Weimer，2002）[23-24]。在以学习者为中心的教学中，"教师仍然对学习做关键性的决策，但是他们已经不再做全部的决策，而且也经常会有学生参与决策。…… 权力按照学生使用权力的能力分配给学生"（Weimer，2002）[28-29]。韦默认为，教师放权或授权给学生的目的是，将学生培养成为自主和负责任的学习者："为了培养积极、自信、负责任的学习者，教师应该自愿地和负责任地放弃某些控制权。"（Weimer，2002）[30]

韦默认为，分享教学的决定权有多方面的意义。权力分享既有利于学生及其学习，也有利于教师、班级及学校的学习环境。其中，"权力分享最大和最重要的受益者是学生"。权力分享导致学生的学习出现了很多变化："学生融入了课程及其内容中，课堂里有了活力，有了一种热情。……他们被激发更努力地学习课程。……他们能把学到的内容应用到他们自己的交流中。"（Weimer，2002）[30-31]韦默还提出，教师可以尝试从作业布置、课程活动选择、课程内容决定、评价活动等方面给予学生更多的决定权。

2. 内容的功能

韦默认为，过去的教学太过于强调覆盖全部内容，以为教学内容越多越好，导致教学中安排了太多内容（Weimer，2002）[46]；甚至，在过去的教学中，"是内容，而不是教师或学生，被置于教学世界的中心"（Weimer，2002）[50]，而"过分忠实地依赖于教材内容阻碍了以学习者为中心的教学的发展"（Weimer，2002）[46]。因为，如果教学执着于覆盖全部内容，在许多情况下会产生相反的效果，如：使一些教师失去了对少教一些内容的判断力；过分注重内容对学生会产生同样的消极影响，因为它强调了注重记忆、机械重复的学习策略；对课程内容的执着阻止了教师使用可以提高学习效果和发展学习技能的多种方法与活动（Weimer，2002）[47-48]。

韦默主张，在以学习者为中心的教学中，内容的功能应体现为两个方面：为学生后续的学习建立知识基础和促进学生学会学习。其中，内容可以从三个方面促进学生的学习。第一，把内容作为培养学习技能（包括学习策略、方式等）的工具；第二，使用内容来提升学生在学习方面的自我意识，使学生成为自信、自主和自我调控的学习者；第三，当学生能够运用所学习的内容做某种实际工作时，内容才能促进学生的学习（Weimer，2002）[51-52]。

3. 教师的角色

韦默认为，在以学习者为中心的教学中，教师的角色应该改变："如果教学的目标是促进学生学习的话，那么教师为实现这个目标而承担的角色应有显著的改变。教师不再作为单一的内容专家或课堂管理权威而起作用，也不再为了改进教学而去发展复杂的讲授技能。……以学习者为中心的教师对学习过程有实质性的贡献，但是他们的贡献与目前教师所做的贡献有显著的差异。"（Weimer，2002）[14-15]韦默通过对多种关于教师角色隐喻的分析提出，在以学习者为中心的教学中，教师应该是"促进和指导的角色"，"教师把自己置于学习者旁边，并将注意力、重点和焦点放在学生的学习过程上"（Weimer，2002）[76]。教师为何要发挥这种角色作用呢？原因在于，一方面，学生的学习不是自动发生的，它需要教师的指导和帮助；另一方面，学生学习的过程是需要学生自己完成的，教师不能代替："如果学生没有亲自去'做'一些能促进他们掌握内容的工作，那么学生'学习'内容和作为学习者的发展就不会太有成效。"（Weimer，2002）[77]学生不可能被强迫去学习，教师也不能代替学生学习任何东西。（Weimer，2002）[78-79]

韦默通过对美国以教师为中心的教学的反思，提出在以学习者为中心的教学中，教师活动应遵循七条原则：原则一，"教师少替学生完成学习任务"，教师必须停止替学生完成各种各样的学习任务；原则二，"教师少讲，学生多发现"，教师要改变"想把什么都告诉学生的嗜好"，而将精力放到引导学生自己去发现上；原则三，"教师做更多的设计工作"，即设计能引导和促进学生学习的任务和活动；原则四，教师做更多的示范；原则五，教师应该给学生创造更多的互相学习、共同学习的机会；原则六，教师创造和维持有助于学习的氛围；原则七，教师做更多的反馈工作。她认为，"遵循这些原则，有助于教师成为学习的促进者、智者、导师、教学设计者和熟练的学习者"（Weimer，2002）[82-90]。

4. 学习者的责任

韦默认为，上面所讨论的权力的平衡、内容的功能、教师的角色等，涉及的是以学习者为中心的教学中教师的改变。在以学习者为中心的教学中，学生的改变更为重要。学生的改变主要表现在，"学生必须承担学习的责任。这包含达到作为独立、自主的学习者所必须具备的智力上的成熟、发展学习的技能和意识"（Weimer，2002）[95]。现行教育之所以不能培养负责任的学习者，是因为它主要使用两种方法，即依赖各种制度规定和外部激励（如评分激励）去促使学生学习。如此，只能导致眼前短期的学习效果和学生的依赖性，而培养不出"智力成熟、有责任心又有动力的学生"（Weimer，2002）[96-97]。

要培养负责任的学习者，需要按照以下原则开展教学（Weimer，2002）[102-107]。第一，明确教学过程中教师和学生各自应承担的责任。比如，教师的责任主要是：展示学习的价值和必要性；选择恰当的内容，这些内容对学生有吸引力并能够解决问题；提供学生学习所需要的资源；监控学生学习过程并提供建设性的反馈和评价。第二，让学生经历或体验自己所选择的学习行为造成的后果。一旦教师"开始让学生对自己的行为负责，他们就会开始为自己的学习承担更多的责任。……但出发点在于，让学生清楚他们的决定和行为会使他们自己经历由此引发的必然后果"（Weimer，2002）[106]。第三，教师必须言行一致。韦默指出："期待学生有更多的负责任的行为不能靠我们的说而要靠我们的做。……对于学生的期望需要通过行动来传达；我们可以用可预料的必然的后果和教师的言行一致来结束依赖和不负责任的循环。"（Weimer，2002）[106-107]

5. 评价的目的与过程

以学习者为中心的教学要求评价的目的和过程做出调整。在评价目的方面，过去学生、家长、教师更为关注学生的分数而不是他们的学习，以学习者为中心的教学则强调，"评价既要给学生打出成绩，同时应促进其学习"（Weimer，2002）[119]。因为分数并不能完全衡量学习的状态，分数反映的可能是记忆性的、依赖性（依赖教师学习）的学习结果，而非全面发展性的和自主性的学习结果。为此，教师要让学生理解"学习比分数更有意义，尤其是对于人的一生而言"。评价要让学生形成丰富的并具有转变作用的经验。这些经验不仅改变了学生学习的结果（"学生学到了什么"），而且也改变了学生学习的方式（"学生是如何学会的"）（Weimer，2002）[125]。如何实现这样的评价目标呢？韦默认为，可以采用四种方法：制定关注学习过程的评价体系、减少评价过程中的压力和焦虑、不使用评价来完成一些隐蔽的日常工作（如利用评价来树立教师的权威形象）、引入更多的形成性反馈机制等（Weimer，2002）[126-130]。

在评价的过程方面，针对过去只有教师一方对学生的学业进行评价的状况，以学习者为中心的教学要求学生也参与评价活动："学生学习怎样评价他们自己的学习，同时还参与对同学学习的评价。自评和互评活动能培养学生独立、自我调节学习所需的技能。"（Weimer，2002）[119]

韦默对学习中心教学的研究是系统、深入的。这表现在，她从教学决定权的分享、教学内容的功能、教师的角色、学生承担学习责任、评价的目的与过程等五个维度，全面探讨了建立学习中心教学应该做出的教学改变。韦默的研究具有这样几个明显的特征：首先，在教学价值取向或目标追求上，强调培养当代社会发展所需要的终身学习者。在对学习中心教学应实现的五个转变的论述中，韦默反复强调，学习中心教学在价值取向或目标追求上的一个核心理念是将学生培养成独立（independent）、积极（active）、自主（autonomous）、负责任（responsible）、有能力（empowered）的学习者（Weimer，2002）[29-30]。其次，她对问题的分析具有很强的现实针对性，并以改进美国学校的教学实践为旨趣。这源于她对美国学校中大量存在的教师中心教学实践的实际观察和亲身体验。最后，她对学习中心教学的理论主张，也与她在思想观念上受到批判教育学、女性主义教育研究、建构主义学习观、自主学习研究、当代社会强调培养终身学习者等的影响有关（Weimer，2002）[8-16]。韦默提出的学习中心教学的分析框架在美国产生了比较大的影响。在这一分析框架的基础上，美国的布伦贝格（P. Blumberg）进一步将教师角色、学习责任、内容功能、权力平衡以及评价目的和过程等影响学习中心教学实践的五个维度的变量加以细化和具体化，形成了在美国比较有代表性的学习中心教学的理论模型（雷浩，2017）[86]。

此外，近年来还有一些国家也在关注学习中心教学的建设。比如，新加坡在 21 世纪初开始提倡"少教多学"的教学改革。2004 年，新加坡总理李显龙在国庆大会上演讲，提出要对教育进行改革，做到"教师少教一点，让学生多学一点"。2005 年，新加坡教育部启动"少教多学"的教学改革。从 2012 年开始，新加坡教育进入一个被称作"以学生为本，以价值为导向"的发展新阶段。针对 21 世纪世界呈现出的不稳定、不确定、复杂、模糊等特点，"以学生为本，以价值为导向"的教育旨在让整个教育系统更加以学生为中心，更加强调价值观和品格的发展，以帮助学生更好地应对未来的挑战（苏红，2017）。

第四章　我国学习中心教学的典型经验及其反思

我国系统的教学改革探索主要开始于20世纪70年代末80年代初。这些系统的探索积累了宝贵的经验，其中很多经验是与学习中心教学密切相关的，有些改革经验甚至是以学习中心教学为旨趣的——虽然这些改革并未冠名为学习中心教学改革。因此，对这些经验进行深入的考察和分析，对于我们今天思考和建构学习中心教学，具有重要的参考或借鉴意义。下面主要以其中产生比较大影响的三个方面的改革经验为例，对这些经验进行梳理和反思。区分这些经验的主要标准是它们产生的时间、研究的主体、探讨的问题等。

一、20世纪80年代学科范围内的课堂教学改革实验

20世纪80年代学科范围内的课堂教学改革实验，是新时期我国开展的大规模教育实验的一个重要组成部分。它产生于特殊的历史背景下，并形成了一些典型经验。

（一）学科课堂教学改革实验的背景

这类实验主要兴起于20世纪70年代末80年代初国家改革开放之后。十一届三中全会以后，国家工作重心转移到经济建设上来，人们的思想获得了极大解放，这是这一时期教学改革实验研究兴起的大背景。同时，由

改革开放的大背景所催生的一些因素，对课堂教学改革实验产生了直接的推动作用。

首先是对教育实验研究方法的倡导。1979 年，在教育界关于真理标准的讨论中，《教育研究》发表了一篇特约评论员文章。文章尖锐地指出：30 年中教育界很少在实验的基础上独立地进行教育理论的研究，大多数研究是对本本的注解或首长指示和政策条例的汇编，有的只是一些判断，没有科学的论证。文章提出，要在实验的基础上独立地进行教育理论的研究。（本刊特约评论员，1979）1980 年 2 月，《教育研究》编辑部组织召开了"教育实验座谈会"，来自大中小学和中国科学院、中央教育科学研究所的教师和研究人员共 30 余人参会。会上，有学者提出"教育科学的生命在于教育实验"的观点，引起与会者的强烈共鸣。与会者基于中国教育研究曲折的发展历史，以及世界教育实验研究成果，明确将教育实验当作我国教育科学发展的生命（刘松涛 等，1980）。

其次是对一些教育教学问题的深入研讨和国外教育教学思想的引进。改革开放以后，与其他社会科学一样，我国教育研究变得非常活跃，教育研究者对教育教学中的一些基本问题，如教育的本质和属性、人的全面发展、教学的本质、知识教学与学生身心发展的关系、教师教与学生学的关系等，进行了深入的反思和探讨。这对教学改革实验起到了理性启蒙甚至理论指导的作用。同时，我国也开始引进国外的教学思想，如布鲁纳的发现教学、赞可夫的教学与发展思想等，这些思想对我国的教学研究产生了重要的影响。另外，20 世纪 80 年代初，国内对当时国际上风行的新技术革命、知识爆炸等问题进行了热烈的讨论，这一讨论直接引发了人们对"如何将知识教学与学生智力发展加以统一"问题的关注。

在这个背景下，20 世纪 80 年代初，教学实验研究开始在我国蓬勃兴起。当时最被关注的实验研究主题是如何将知识教学与学生智力开发及非智力因素培养统一起来，很多围绕这一问题开展的教学过程改革实验研究兴起，并形成了多种后来在全国产生重要影响的课堂教学模式。

（二）学科课堂教学改革实验的典型代表

在这一时期，国内所形成的教学改革实验研究成果非常丰富。有人曾经对我国 1977 年到 1992 年期间，坚持多年的中小学教学改革实验进行了粗略的统计，发现代表性的教学实验有 120 项，其中效果显著、操作性强、推广面广的有 18 项（苏春景，1992）。这些实验大多重视发挥学生学习的主动性，突出学生自学在教学过程中的地位。以下几个教学改革实验即是其中的典型代表。

1. 魏书生的语文课堂结构改革实验

魏书生特别重视学生自我教育能力的培养。他在激发学生学习兴趣、培养学生自学能力和习惯方面尤其下功夫，并创立了一套训练学生自学能力和习惯的方法体系。

在语文教学中，魏书生创立了"六步教学法"。第一步，定向，即明确教学要求，确定本节课的学习重难点。第二步，自学。学生独立学习，自己解决问题。第三步，讨论。学生前后左右每 4 人为一组，讨论自学中不懂的问题。第四步，答疑。学生自己解答疑难问题，每一个小组回答教材中的一个问题。第五步，自测。由学生拟出一组自测题（时间约为 10 分钟），让全班同学回答，学生自己评分、自己检查学习效果。第六步，自结。先由每个学生自己口头总结这一节课的学习过程和主要收获，再从各类学生中挑选一到两名学生单独进行总结（魏书生，1995）[2-5]。

此教学模式中所包含的基本的学习活动类型有学生独立学习、同学之间相互讨论、学生的自我评价和同学评价，尤其是突出了学生的独立学习（含自学、讨论、自测、自结等）的活动和环节。在教学程序的设计上，此教学模式运用了信息论和控制论的思想。

2. 邱学华的小学数学尝试教学法

尝试教学法主要借鉴了布鲁纳的发现教学思想，重视教师指导下的学生的探索发现学习。其核心原则是"有指导的尝试原则"，即教师不把现成的结论教给学生，而是引导学生先自己尝试解决问题，在解决问题的过程中获得教材上的知识技能；学生尝试后，教师再有针对性地讲解。"先练后讲"是其基本精神。

尝试教学法的基本教学程序是出示尝试题—自学课本—尝试练习—学生讨论—教师讲解（邱学华，2005）[78]。

在尝试教学法中，学生学习的基本活动有自己阅读教材（自学）、探索性地解答尝试题、同学之间相互讨论等。这种教学模式的独特之处在于，它突出了学生在教师指导下的探索发现学习活动，并以探索发现学习带动学生自学教材；另外，在教与学的先后顺序上，使用了"先学后教"的做法。

3. 卢仲衡的中学数学自学辅导教学法

该教学法将自学当作学生学习的主要活动形式。为方便学生自学，卢仲衡等人首先依据九条心理学原则精心编写了一套适合学生自学的教材，即"三个本子"——课本（附练习答案）、练习本和测验本。然后，对课堂教学过程进行了改革。

在教学过程上，该模式设计的教学程序如下：一是启，即由教师启发学生从旧知识进入新的问题情境；二是读，就是学生以"粗—细—精"的方式阅读课本；三是练，即学生在练习本上做练习；四是知，即让学生当时知道练习结果，修改答案，自行纠正错误；五是结，即教师面向全班学生做小结，概括讲解课本内容，并就学生自学中的问题展开讨论（卢仲衡，1998）[70-74]。

该模式在实验之前，先要分阶段专门训练学生阅读教材的方法、自学的习惯和独立学习的能力，所以学生在用上述程序学习时，已经具备了必要的自学能力。

此模式以学生的自学（自己阅读、练习、评价）作为学习活动的主要形式。教师对学生的指导主要体现在事先培养学生自学能力和启发、总结上，教学程序设计使用了先学后教的策略，同时运用了及时强化的原则（受斯金纳程序教学影响）。

4. 黎世法的异步教学法

异步教学以"学生学习的个体化和教师指导的异步化的有效统一"为其主要特点。异步教学突出了学生的个体自学，强调教师根据学生自学的情况和存在问题的涉及面，按班级、部分学生和个别学生三种情况进行分类指导。

异步教学有严格设计的学习和指导程序，并将两者糅合在一起。学生学习的程序有六步，即"六步学习法"：自学—启发（指学生自己对自己的启发）—小结—作业—改错—总结。教师指导的程序有五步，称为"五步指导法"：提出问题—启发思维—明了学情—研讨学习—强化效应。学习程序和指导程序耦合为异步课堂教学总程序：提出问题—启发思维—学生学习（自学—启发—小结—作业—改错—总结）—明了学情—研讨学习—强化效应。（黎世法，1992）[103-104]

此教学模式的特点是突出学生的自学（包括阅读教材、自己解决问题、作业、小结、改错等），并将学生的自学程序化了；教师的指导也被程序化了，并突出了学生与教师之间的研讨学习。

5. 上海育才中学的"八字教学法"

此教学模式看似简单，实际上，它突出了学生的自学（自己看书）和在自学基础上的讨论学习和课堂练习。

其设计的教学程序是：第一，读读，即学生自己阅读教材；第二，议议，即同桌或邻桌同学相互提出疑问、讨论；第三，练练，即让学生在课堂上做必要的练习，做到当堂理解、消化和巩固；第四，讲讲，它贯穿教学全过程，主要是由教师针对学生提出的问题进行点拨、解惑、总结，指导学生读、议、练。（王敏勤，1993）[259-267]

显然，在该教学模式中，学生的学习活动主要是自学，包括阅读、讨论、练习等。另外，该模式也使用了先学后教的教学过程设计。

综观上述五种教学模式，它们虽然各具特色，但在教学活动结构的组织上也存在若干个共同点。第一，最为突出的是，这些教学模式基本上放弃了传统教学中单一的教师传递—学生接受的教学活动结构，尤其是教师一讲到底的教学活动结构。在很多模式中，教师面向全班学生的讲授是最后出场的（即采用了先学后教的流程）。第二，普遍运用了学生自学活动，突出强调了学生的学习主体性。第三，在学生自学的基础上，将个体学习与交往性学习（如讨论、研讨）结合起来。第四，在教学程序设计上，普遍注意了学习的反馈和强化的环节，如自我评价总结或教师、同学评价。

但是上述五种教学模式也存在共同的问题。第一，在教学目标上，绝大多数教学模式偏向于认知性的学习，包括知识获得以及认知技能、认知能力的培养等，对教育目标的其他方面并未组织相应的教学活动去完成或落实。第二，与追求认知性学习相对应，学生的学习活动主要是言语符号性的活动，普遍缺少感知性和动作性的学习活动。第三，普遍缺少探索性学习活动（小学数学尝试教学法例外），大多数学习活动是接受性的。

这个时期的教学改革实验研究，从研究的主题（关注知识教学与学生发展的统一）、研究的方法（突出实验研究）以及形成的研究结论（强调学生学习主动性、突出学生自学在教学过程中的地位）等方面，深深地影响了我国后来的教学改革研究。

二、学校自主开展的课堂教学过程改革探索

这类探索始于 20 世纪 80 年代，最为典型的代表是江苏洋思中学和山东杜郎口中学自主进行的大力度的课堂教学过程变革。从教学过程改革的深入程度、课堂教学面貌的根本改观、学校教学质量的极大提升及在全国产生的广泛影响来看，这两个学校的探索无疑都取得了巨大的成功。区别于 80 年代的课堂教学模式改革，这两所学校的教学改革都带有综合、整体的性质，不仅改革课堂教学流程，而且为使新的教学模式能顺利推行并产生实效，还改变了学校教学管理制度（如洋思中学的"日日清、周周清、月月清"制度，杜郎口中学的学科组集体备课制度）、教学组织形式（如杜郎口中学的小组合作学习）等。

（一）洋思中学的课堂教学改革

洋思中学原是江苏省泰兴市的一所偏僻的村联办中学，创办于 1980 年。该校原来物质条件、师资水平都十分薄弱。自 1982 年起，在校长蔡林森的带领下，学校开展"先学后教，当堂训练"的课堂教学结构改革，至 1991 年，该校学生的入学率、巩固率、合格率和优秀率连续九年居泰兴市首位，其中入学率、巩固率、合格率一直为 100%（周德藩，2003）[5-6]。1994 年，洋思中学的经验引起了江苏省教委的关注和《中国教育报》《人民教育》等媒体的报道，并开始在全国传播。1999 年，江苏省教委出台《关于学习洋思初中改革课堂教学模式，全面提高课程实施水平的指导意见》。此后，洋思中学的经验开始在江苏和全国产生广泛的影响。

洋思中学课堂教学改革的核心是提出了"先学后教，当堂训练"的课堂教学结构。其主要特点是，在教学的全过程突出学生的独立、主动学习。其设计的教学基本环节如下（周德藩，2003）[73-80]（蔡林森，2011）[63-69]。

第一，揭示教学目标（辅助环节 1，时间约为 1 分钟）。此环节的目的是使学生在上课一开始就明确学习的目标和方向。教学目标一般用投影或板书呈现给学生。

第二，指导学生自学（辅助环节 2，时间约为 2 分钟）。自学指导一定要具体，它包括四个方面的内容：自学的内容、自学的方法、自学的时间、自学的要求（即自学后如何检测）。自学指导的内容，中学和小学高年级常用屏幕呈现，小学低年级可由教师口述。

第三，学生自学，教师巡视（5—8 分钟）。学生按照自学指导要求认真阅读课本、思考或动手操作，并准备参加检测。当学生看书时，教师主要进行巡视、督促，如对自学速度快、质量高的学生予以肯定；对不够专心的学生，说上一两句悄悄话给以提示，但教师尽量不要干扰学生的自学。

第四，检查学生自学效果（5—8 分钟）。教师采用提问、板书演示、书面作业等方式，检查学生自学的效果，并最大限度暴露学生自学后存在的问题，为后续教学提供线索。教师一般采用书面作业的方式进行检测，并让后进生进行板书演示，后进生板书演示中暴露的问题往往最典型和最有代表性。

第五，学生更正、讨论，教师点拨（8—10分钟）。"更正"是指教师点名让学生对板书演示中做错的问题进行更正。一般先让后进生更正，后进生更正错了或没有发现错误，再依次让中等生、优等生更正。要尽可能让更多的学生更正。"讨论"是指在学生更正之后，教师组织学生围绕疑点、难点、重点问题，进行交流和讨论。"点拨"以教师讲解为主，主要就学生讨论当中理解不深、不到位的地方，或者学生在自学、讨论中没有注意的一些重要的规律、方法等，进行总结、提炼。凡是学生在自学、更正、讨论中掌握了的内容，教师都不做讲解。

第六，当堂训练（不少于15分钟）。教师在每节课的最后要留下不少于15分钟的时间让学生当堂做作业。当堂完成作业的目的有二：一是检测每个学生是否当堂完成了教学目标，做到"堂堂清"；二是引导学生通过练习把知识转化为解决实际问题的能力。

洋思中学所提出的课堂教学结构具有鲜明的特点。其中最为突出之处在于：第一，从课堂教学时间的占用上看，真正落实了学生学习的本体或中心地位。在45分钟的课堂教学时间中，完全由教师面向学生组织的教的时间一般控制在15分钟以内，其中包括教师组织学生进行更正和讨论的时间，实际每堂课由教师讲解的时间一般为五六分钟（蔡林森，2011）[67]。其余时间用于学生自学、做检测练习、更正、讨论、当堂训练。杨启亮教授在考察洋思中学以后认为，洋思中学经验最核心之处是，该校历经多年实验研究，"走出了一条以自主学习为根本的教学改革与发展道路"（周德藩，2003）[37]，"真正难能可贵的是洋思人创造了一种自主学习的精神，从实质上把教学创造成了学生主体自主学习的活动"（周德藩，2003）[40-41]。第二，在教与学的先后次序上实现了先学后教。教师的教是在学生自学、做检测练习、更正及讨论之后进行的。先学后教的意义有二：

首先，教师的教是针对学生自己解决不了的问题进行的，即以学定教，因此教师教得虽少但更有针对性，也更为有效；其次，从时间和内容上看，先学后教能优先保证学生的自主学习和相互学习，凡是学生能学习的内容教师都不教，并给予学生时间以自学。第三，它综合运用了自主学习、合作学习与全班教学三种教学组织形式。自主学习体现在自学、做检测练习、当堂训练等环节，合作学习主要体现在更正和讨论环节，教师的点拨则体现为教师面向全班学生的讲解。三种教学组织形式既能充分发挥各自的优势，同时又能相互补充以克服各自的局限。第四，当堂完成作业是洋思中学课堂教学改革的一个重要特色。当堂训练能有效地将学生掌握知识与运用知识解决问题能力的培养结合起来，同时又能有效地减轻学生过重的课外作业负担。实际上，洋思中学教学模式的形成是从试行当堂完成作业起步的。为了当堂完成作业，必须减少教师的讲授；而要减少讲授但又不降低教学效果，就应针对学生的问题来讲，于是就开始探索先学后教（蔡林森，2011）[29-30]。

（二）杜郎口中学的课堂教学改革

杜郎口中学是一所位于山东省茌平县杜郎口镇的乡镇中学。学校创办于1968年，1991年迁入新址，原为濒临撤并的"双差校"。自1997年4月崔其升调任校长以来，学校强力推进课堂教学改革，取得了显著的成效。2005年11月，山东省在该校召开了全省农村初中教学改革现场会，推介了该校的改革经验。之后，杜郎口中学开始在全国产生影响。

杜郎口中学课堂教学改革的主要成果被归纳为"三三六"模式。其核心是突出学生的自主学习，具体内容包括：课堂自主学习呈现出三个特点，即立体式、大容量、快节奏；自主学习的过程包含三大模块，即预习、展示、反馈；课堂展示有六个环节，即预习交流、明确目标、分组合作、展现提升、穿插巩固、达标测评（李炳亭，2006）[135-138]。该模式也被概括为"'10+35'模式"。这种概括反映了教与学在该校教学全过程中占用时间方面的结构关系。杜郎口中学规定，每节课教师面对全班学生讲授的时间应控制在 10 分钟以内，学生活动时间则要在 35 分钟以上（崔其升 等，2011）[45]。

实际上，"三三六"模式是对杜郎口中学课堂教学改革总的特征的描述，其课堂教学模式或教学流程主要体现为自主学习的三大模块或三个环节，即预习、展示、反馈。

1. 预习

预习是课堂教学过程的基础环节。该校坚持，"没有预习的课不准上，预习不好的课不能上"。预习与否、效果如何，直接决定后续的展示课能否获得成功（李炳亭，2006）[117]。预习的主要任务是初步达成学习目标，生成（暴露、发现）本节课的重点、难点，为下一步的展示提供对象。

预习的基本操作步骤是：第一步，师生共同明确预习目标。通过交流，学生明确本节课的学习目标。当学生提出的目标不完整时，教师给予修正、补充。第二步，教师提出预习要求和方法。预习要求包括学生在知识、技能方面需要达到的目标，以及对完成任务所用时间的要求。第三步，教师出示预习提纲，做好预习指导。预习提纲是学生预习的"指向标""方向盘"。预习提纲的编写一般遵循以问题为线索的原则，即把学生在本节课应该掌握的知识、技能、规律等编成一个个问题，让学生通过解决这些问题获得新知。预习问题的设计要有利于学生掌握思考方法、形成知识规律、激发学生求知欲，并要由易到难、由简到繁。第四步，学生搜集各种信息，按照预习提纲完成预习任务，并做好双色预习笔记。第五步，教师发现学生预习中的问题。如在数学课中，教师在学生预习过程中搜集预习错例，作为"数学医院"中的"数学病例"，让全班学生进行"会诊"、分析"病因"、提出预防措施。这种做法极大地提高了学生预习的兴趣和效果。第六步，学生反馈预习疑难，并通过小组合作解决问题。预习结束后，学生在小组中反馈预习中的疑难问题，并通过"兵教兵"的方式解决问题。同时，教师在此环节发现那些共同的疑难问题，为下一个展示环节做准备（李炳亭，2006）[117-121]。

2. 展示

展示课是杜郎口中学创造的一种新的课型。展示课的主要任务是对预习的成果进行展示，对学生在预习中遇到的小组不能解决的疑难问题，或者本节内容中的关键性的问题，进行集中研讨。例如，该校制定了数学课上选择展示内容的原则：学生在预习过程中都会的不展示；学生出错率高的、困难比较大的、可以一题多解的、能与日常生活相联系的、能培养学生创新能力的内容，是重点的展示对象（李炳亭，2006）[121-122]。

展示内含六个环节。预习交流（5分钟），即全班交流各组预习中存在的主要疑难问题。明确目标（2分钟），即教师对各个小组提出的疑难问题进行汇总、归类，找出全班共同的疑难问题，然后将这些疑难问题分到各个小组，一般每组负责解决一个问题。分组合作（6分钟），即各个小组就分配到的问题进行研讨，并在黑板上板书准备展示的内容。展现提升（18分钟），即以小组为单位，小组成员合作，向全班汇报、展示本组就分配到的疑难问题或重点问题思考的结果，采取的形式有讲解、演讲、朗诵、演唱、歌舞、表演小品等。穿插巩固（8分钟），即各小组结合其他组展示的情况，对本组未能展示的学习任务进行巩固学习。达标测评（6分钟），即教师以试卷、纸条等形式，检查学生对学习任务的掌握情况（李炳亭，2006）[107]。

在课堂展示中，学校尤其注重学生主动、大胆和个性化地展现学习心得、思路、独到的看法等。比如，该校学生特别善于自编口诀、顺口溜，对所学知识进行总结、概括。在该校制定的课堂评价标准中，对学生课堂表现的评价标准是"举手积极，声音洪亮；讨论热烈，辩论激烈；争问抢答，欢呼雀跃；多种角度，创新实践；笑逐颜开，热闹非凡"（李炳亭，2006）[131]。展示课因为利用了学生喜欢在公共场合自由表现的欲望，因此成为激发、调动学生主动、积极完成预习任务及参与合作的一种力量。在该校的展示课上，学生参与面广，并表现出积极、活跃和昂扬的情绪状态，给人留下极为深刻的印象。在教学组织形式上，该校以小组学习为基本形式，学生预习在小组中完成，并以小组为单位向全班展示和交流。

3. 反馈

反馈的主要任务是对学生的认知、体验、感受等予以反思和总结，对预设的学习目标进行回归性的检测。本环节尤其重视薄弱学生，通过让他们说、谈、演、写，进一步检查三维目标的落实情况，达到不让一个弱者掉队的目标。采取的方式是，利用"兵教兵"的方式，对薄弱学生进行帮扶，鼓励较弱的学生主动向优等生请教，让全体学生都能达到学习目标。

从杜郎口中学所采用的课堂教学结构可以看出，该校课堂教学过程变革具有这样一些特点。第一，突出学生的自主学习及其在教学过程中的中心地位。从该校设计和使用预习课型、为保证学生独立自主学习时间而限制教师讲授时间、展示中注重自由表达和个性化表现等方面来看，该模式鲜明地突出了学生自主学习在教学过程中的中心地位。崔其升在接受记者采访时谈道："与其他学校相比，我们的课堂教学改革更扎实、彻底，解决了一个本质性的问题，那就是学生由被动学习转变为自主学习。"（李炳亭，2006）[76]第二，将合作学习当作教学的基本组织形式。合作学习贯穿教学的全过程。比如，在预习环节，学生在预习中遇到不能独立解决的疑难问题时，可通过小组合作解决；在展示环节，小组合作表现得更为典型，无论展示之前的准备，还是展示过程中的呈现，均是通过小组分工和协作完成的；在反馈中，对弱势学生的帮扶，主要采取"兵教兵"的方式。第三，创造了展示课型，为学生个性化的表达、深入的思想碰撞及情感交流提供了舞台。展示课所带动的学生主动参与、大胆表现、激情飞扬、思维碰撞的状态，充分体现了这种课型的创造力和生命力。恰如崔其升等人所说："到过杜郎口中学的人，都会被杜郎口课堂所震撼，为学生争先恐后的精彩展示所倾倒，真正看到了由学生主宰课堂的生动活泼的场面。……学生'展示'是杜郎口课堂的最大特色。"（崔其升 等，2011）[51]

洋思中学和杜郎口中学的课堂教学改革经验在国内具有重要的意义。这首先表现在，相比于国内已有的课堂教学改革，这两所学校的课堂教学改革具有一定的"革命性"和"颠覆性"。两所学校的课堂教学过程改革，已经触及改变传统课堂教学以教师及其讲授为中心的教学活动结构，显现出比较明显的以学生学习为中心的教学特征。其次，这两所学校的课堂教学改革过程的领导或组织具有独特性。两所学校在课堂教学改革之前都是农村薄弱学校，但是在具有改革胆识的校长的领导下，通过大力度变革课堂教学过程，有效地激发和调动学生学习的能动性，从而从根本上提高了课堂教学质量并改变了学校的面貌。两所学校课堂教学改革的成功给我们一个重要的启示：在我国目前的办学环境中，大力度的课堂教学过程变革需要具有胆识的校长的推动和领导，并需要置之死地而后生的改革意志。

这两所学校教学改革经验的重要性还突出地表现在它们对全国很多学校的课堂教学改革所产生的示范效应上。这两所学校的改革经验成型以后，首先由于当地教育行政部门的推动，在当地得到推广；后经全国性的教育媒体，如《中国教育报》《中国教师报》《人民教育》等宣传报道后，引起全国性的关注。很多地方的学校领导和教师纷纷到这两所学校短期参观学习；更有甚者，不少学校多次派教师以长期驻扎的方式到两校学习；还有学校邀请这两所学校的教师到学校进行现场指导。因此，洋思中学和杜郎口中学的课堂教学改革经验被广泛传播到全国各地，深刻地影响了很多学校的课堂教学改革。目前，全国绝大多数省份都有借鉴、模仿这两所学校的经验进行课堂教学改革的学校或实验，其中还产生了一些典型，如笔者直接参观或接触过的山东省昌乐二中、山东省即墨第二十八中学（以下简称即墨二十八中）、河南省沁阳市永威学校，以及深圳市南山区的"卓越课堂文化建设研究"、中国教育科学研究院韩立福博士主持的"学本课堂"实验、福建师范大学余文森教授领导的"自主—指导"课堂教学改革等。在湖北省，笔者实地考察了一些借鉴杜郎口中学经验成功进行教学改革的学校，如荆州市北门中学、武汉市华一寄宿学校、武汉市二桥中学、武汉市第六十四中学（以下简称武汉市六十四中，该校主要借鉴即墨二十八中的课堂改革经验进行教学改革）等。这些课堂教学改革研究首先是受到杜郎口中学和洋思中学的启发，开启课堂教学改革研究的进程；然后，采取移植、改造或再造的方式，形成自己的教学模式。综观这些教学模式，虽然它们的名称及具体的构成环节各不相同，但其核心结构基本上是一致的，即都采用了"个体自学（学案导学）—小组合作—全班展示"这样的教学流程设计。如湖北省荆州市北门中学在借鉴杜郎口中学经验基础上创建的"生本·自主"高效课堂教学模式，就将"三学"（独学、对学、群学）当作其课堂教学实施的基本策略之一（张新汉，2013）。

三、大学研究者主持的课堂教学深度变革

20 世纪 90 年代以后，我国课堂教学改革出现新的动向，开始出现由大学研究人员领导的课堂教学改革研究，并形成了在理性自觉和创新实践基础上的比较深入、系统的课堂教学变革经验。与中小学自发完成的课堂教学变革相比，这种改革的创新成果除了表现在改变课堂教学实践以外，还表现在提出了系统、深入的对新的课堂教学认识的理论成果。这其中最为典型的是华东师范大学叶澜教授和华南师范大学郭思乐教授主持的课堂教学改革研究，以及由裴娣娜和杨小微两位教授主持的促进学生主体性发展的教育实验研究。

（一）叶澜教授主持的"新基础教育"的课堂教学改革

叶澜教授主持的"新基础教育"，以学校整体变革为研究对象，其中关于课堂教学变革的研究尤其深入。此项研究是国内研究过程最为扎实、思考最为深入且时间持续最长的学校变革研究。"新基础教育"研究开始于 1994 年，先后经历了"探索性研究"（1994—1999 年）、"发展性研究"（1999—2004 年）和"成型性研究"（2004—2009 年）三个阶段。"新基础教育"对课堂教学变革所做的主要工作，可归纳为课堂教学价值观重建和课堂教学过程观重建两个方面（叶澜，2006）[247-281]。

1. 重建课堂教学价值观

针对现行课堂教学在价值追求上以让学生掌握应试所需要的知识为核心取向的弊端，叶澜教授提出，"新基础教育"的教学价值观要聚焦在教

学对于师生个体生命的价值上。教学的生命价值具体表现为由"教学共通价值观""学科教学价值观""课堂教学设计中的价值观"构成的"三重结构"。

（1）教学共通价值观

"新基础教育"强调："学科、书本知识在课堂教学中是'育人'的资源与手段，服务于'育人'这一根本目的。"当前我国基础教育的课堂教学，需要从单一的传递书本知识，转为培养能在当代社会中实现主动、健康发展的一代新人。"今日中国的中小学教育，应把形成学生主动、健康发展的意识与能力作为核心价值，并在教育的一切活动中体现，课堂教学不仅不能例外，更是一个主要领域。"（叶澜，2006）[250]

（2）学科教学价值观

针对传统学科教学价值观存在的未能深入开发学科知识育人价值（表现为没有深入挖掘学科知识与人的生活世界的关联，以及与知识形成的创造过程的关联），以及没有深入研究学生成长需要与学科教学的关系等问题，"新基础教育"要求教师分析、把握本学科对于学生成长所具有的独特价值。"学科的独特价值在于育人，在于学生的发展，而不在学科知识自身的创造和突破。此时的学科应具有丰富和发展学生生命的意义。"（叶澜，2006）[254]各门学科对于学生发展的深层次的价值主要表现为：第一，为学生提供认识和改变自己生活在其中，并与其不断互动着的、丰富多彩的现实世界的理论资源；第二，为学生形成和实现自己的意愿，提供不同学科所独具的路径和独特的视角、发现的方法和思维的策略、特有的运算符号和逻辑工具；第三，为学生提供唯有在这个学科的学习中才可能获得的经历和体验，才可能提升的独特的学科美的发现、欣赏和表达能力（叶澜，2006）[254-255]。

（3）课堂教学设计中的价值观

课堂教学价值观重建的第三个层面落实在教师教学的策划中，包括学科教学的整体策划和每节课的教学设计两个方面。

在学科教学整体策划方面，"新基础教育"十分强调对学科教学内容进行结构性重组、生命化的激活以及学期教学时间的整体安排。第一，将学科知识按其内在逻辑进行结构重组，组成由简单到复杂的结构链，以结构为大单元组织教学。因为，"要让学生掌握学习的主动权，最有效率的是掌握和运用知识结构。结构具有较知识点要强得多的组织和迁移能力"。对结构的学习，不仅有利于学生牢固掌握和熟练运用与结构相关的知识，"更为重要的是学生具有发现、形成结构的方法及掌握和灵活使用结构的能力"（叶澜，2006）[255]。第二，将结构化的以符号为载体的知识重新"激活"，使之与人的生命、生活相关联。知识的激活主要是通过书本知识与三个方面的沟通实现的：与人类生活世界的沟通；与学生经验世界及成长需要的沟通；与发现、发展知识的人和历史沟通。具有生命态的知识，最能激发、唤起学生学习的内在需要、兴趣和信心，提升他们主动探求的欲望及能力（叶澜，2006）[256]。第三，在上述对教学内容进行结构性重组和生命化激活加工以后，"新基础教育"在学期教学内容的安排上，打破了过去匀速式的内容安排，实施"长程两段"的教学内容安排。所谓"长程两段"，是将每一结构单元的教学分为"教学结构"和"运用结构"两大阶段。在"教学结构"阶段，主要用发现的方式，让学生从现实的问题出发，逐渐找出知识的结构，体验、学习并形成发现结构的步骤与方法意识。通过总结，形成以知识结构、方法结构、步骤结构为主的，综合某一方面学习内容的"类结构"模式。这一阶段的教学实践可适度放慢，以让大多数学生都能用发现的方式掌握"类结构"。在"运用结构"阶段，学生运用"类结构"，自主学习同类结构的新内容。在此阶段，学生学习速度可以加快（叶澜，2006）[256]。

在每节课的教学设计上，"新基础教育"强调教师要进行弹性化的教学设计，包括在教学目标和教学过程的设计上，要有"弹性区间"。"通过把弹性因素和不确定性引入教学过程的设计，使教学设计为师生课堂教学的实践留出了主动参与、积极互动、创造生成的可能。"（叶澜，2006）[257-258]

2. 重建课堂教学过程观

"新基础教育"在对我国课堂教学理论发展的历史进行回顾和反思后认为，重建课堂教学过程观应主要关注和回答三个问题：如何认识教学过程不可取代的基本任务？如何认识教学过程中的基本要素及其内在关系？如何认识教学过程独特的内在逻辑？（叶澜，2006）[259-262] 对于这三个问题，"新基础教育"做出了自己的解答。

（1）关于课堂教学性质与任务特殊性的认识

"新基础教育"认为，课堂教学的性质主要表现在，课堂教学关注的是"教学过程中的学习成长"，而"教学过程中的学习成长"具有不同于"日常情境中的学习成长"的性质，它是在教师引导下学生通过与符号化的文化精神财富的主动作用实现的（叶澜，2006）[262-263]。立足于课堂教学价值观的要求，"新基础教育"认为，教学过程的基本任务是：使学生努力学会不断地从不同方面丰富自己的经验世界，努力学会实现个人的经验世界与社会共有的精神文化世界的沟通和富有创造性的转换，逐渐完成个人精神世界对社会共有的精神财富具有个性化和创生性的占有，充分实现人类创造的文化精神财富对学生主动、健康发展的教育价值（叶澜，2006）[264]。

（2）关于课堂教学基本要素之间关系的分析

"新基础教育"认为，课堂教学虽然由多种要素构成，但教师、学生、教学内容是其中的"基质性""原初性"要素。课堂教学中的师生关系不是教师中心或学生中心、教师主导与学生主体等关系。"认识教学中师生关系应有前提性转换，应走出'主体—客体'的'人—物'关系模式，走向以'人'与'人'之间在实践中的交往，即主体间性的模式来认识。"（叶澜，2006）[267] 因此，"新基础教育"对师生教与学之间的关系形成了这种看法："教学过程中师生的内在关系是教学过程中主体之间的交往（对话、合作、沟通）关系，这种关系在教学过程的动态生成中得以展开和实现。"（叶澜，2006）[268]

(3) 关于课堂教学的过程逻辑的重建

"新基础教育"围绕着形成有利于学生主动发展的教学过程,从理论和实践两个层面对课堂教学过程进行了重建。

在理论层面,"新基础教育"对课堂教学过程的三个方面进行了重建。第一,教学过程分析单位的重建。"新基础教育"针对过去片面突出教或单向强调学的教学分析思路,提出"教与学在教学过程中是不可剥离、相互锁定的有机整体,是一个'单位',不是由'教'与'学'两个单位相加而成。……分析课堂教学过程的基本单位不是'教',也不是'学',而是'教学'如何'互动生成'"。此处的"互动",不仅指教师与学生之间"一对一"或"一对多"的互动,也包括学生个体和群体之间的各种互动。此处的"生成",一是指因开放式互动产生了新的教学资源,此为"资源生成";二是指基于对新生教学资源的及时分析与重组,形成新的、不同于教学设计中原定的内容或程序的新过程,此为"过程生成"(叶澜,2004)[22-23]。第二,教学过程中师生角色的重建与学生作为教学资源观念的确立。与新的分析单位的确立相适应,师生的角色发生了改变。在教学过程中,学生的角色"不仅是接受者、听者、答者、学习者,而且是发现者、参与者、问者、讨论者、主动活动的策划者、践行者、自控互控和自评互评者";对应地,教师的角色"也不仅是授者、述者、问者、主导者、控制者、评价者,而且是学生信息的捕捉者、发现者、接受者、听者、答者、合作者、反馈者、组织者与策划者"(叶澜,2006)[272]。对于学生在教学过程中的功能,"新基础教育"创造性地提出"学生是教学过程中的重要资源"的观念。学生作为教学过程中的资源有几种类型:学生已有的发展状态或已经拥有的一切构成教学的"原始性资源";学生对将要学习的课程的态度与能力,已有经验、知识、课前预习时所收集的资料等,构成教学过程的"基础性资源";学生之间的差异构成课堂互动过程的"互动性资源";学生之间的互动所形成的不同的角度、思路、看法,构成教学过程中的"生成性资源";等等(叶澜,2006)[272]。第三,"互动生成"式教学过程内在逻辑的确定。"多向互动、动态生成"式教学过程的内在展开逻辑是：①通过开放式的问题、情境、活动，要求学生联系自己的经验、体验、问题、想法或预习时搜集的信息，进行多种形式的交流，开发学生的"原始资源"，实现课堂教学中的资源生成；②教师在初步汇集资源的基础上，生成与教学内容相关的新问题"生长元"；③通过网络式的生生、师生多向互动，形成对"生长元"进行多种解答的"方案性资源"；④教师汇集不同的"方案性资源"，组织学生进行讨论、比较、评价、补充、修正，形成较"方案性资源"更为丰富、综合、完善的新认识，并引出新的开放性的问题。这四个连续的阶段是一个相对完整的课堂教学过程的展开逻辑环。在实际教学中，它们因具体内容的教学需要而占用长短不同的时间（叶澜，2002）。另外，"互动生成"式教学过程还可以概括为由三个相互关联，但在教学过程中承担不同任务的分析单位构成，它们组成教学过程的三个步骤：有向开放—交互反馈—集聚生成。"有向开放"是指教师以指向目标实现的开放性问题，激活学生的相关资源，为全体学生提供参与教学的平台。"交互反馈"是随"有向开放"而生的一个步骤，是师生、生生、学生与班级、组内、组间所发生的多种反馈作用，包括正向反馈与负向反馈，以及启发性反馈、补充性反馈和矫治性反馈等。"集聚生成"是师生将上述两个步骤中形成的多种相对分散、局部性的认识，进行聚类、清晰化和结构化的处理，形成相对完整、丰富和更高一级水平的概括或问题。在"互动生成"式教学过程中，又有"资源性生成""过程性生成""拓展性生成"等三种不同的生成存在（叶澜，2006）[273-274]。

在实践层面，"新基础教育"对课堂教学过程的重建经历了三个步骤或阶段。第一步，降低课堂教学重心，把课堂还给学生。"新基础教育"在课堂教学变革实验的一开始，针对传统教学由教师主宰课堂的局面，主张"新的教学过程的形成，首先必须让学生的内在能量释放出来，让他们在课堂上'活'起来，从原来的静听模式中走出来。如果没有学生的主动参与，就缺乏重建过程的资源"（叶澜，2006）[276]。为此，教师要通过"五还"为学生"活"起来或主动参与创造条件：还学生主动学习的时间，要求每节课至少有 1/3 的时间让学生主动学习，并逐渐向 2/3 时间过渡；还学生主动学习的空间，允许学生在学习的过程中根据需要变动位置和座位的朝向；还学生主动学习的工具，教会学生学习结构和运用结构的方法；还学生主动学习的提问权，让学生在预习、独立思考的基础上提出各种性质和类型的问题；还学生主动学习的评议权，包括自评和评他、发表感受、提意见、表扬和建议。除了这"五还"以外，"新基础教育"还强调根据学生主动学习的需要，灵活运用多种课堂教学组织形式，如个别学习、对组学习、小组学习、大组讨论、游戏、表演等（叶澜，2006）[276-277]。

学生"活"起来之后，课堂产生了一系列问题。例如：时间还给了学生，学生爱发表意见，教学进度完不成怎么办？面对学生的各种问题和意见，教师怎么办？……（叶澜，2006）[277-278]针对这些问题，第二步实践研究的主题是怎样在课堂教学过程中实现师生积极、有效和高质量的多向互动。为此，在实践研究中，"新基础教育"着重从四个方面帮助教师。①加强对课前设计的研究，使教师在设计中有结构意识和形成弹性化方案。②在上课时，要求教师学会倾听，并将注意力放在学生身上。教师要学会及时做出合适的应答（包括评价、追问、启发、判断、组织等），通过组织多向交互作用，推进教学过程。③强调教师在教学过程中的角色的转变，除了作为呈现者、提问者、指导者、评价者和管理者以外，教师要更多地成为教学过程中资源的"重组者"、动态生成的"促进者"。④加强课后的反思与研究。这些要求指向培养教师在课堂教学中不断捕捉、判断、重组从学生那里涌现出来的各种信息，推进教学过程动态生成的能力（叶澜，2006）[278-279]。

第三步，使课堂教学改革行为逐渐走向日常化和系统化。在此阶段主要的任务是，帮助教师更深入地理解和实施新的课堂教学结构，使之能结合具体学科特点在实践中灵活运用；提高每个实验教师在教学实践中重建课堂教学方面的自觉意识与能力。在这个过程中，主要抓手就是开展学科教学改革指导纲要的编制。"新基础教育"经过深入研究，形成了义务教育阶段的语文、数学、英语三个学科的教学改革指导纲要。学科教学改革指导纲要分年级、分内容板块，对学生的基本状态、学科板块内容的育人价值、学科板块内容教学的核心任务、学科板块内容教学的基本结构等，进行了深入、具体的分析。比如，初中语文学科教学改革指导纲要对六至九年级的学生基本状态进行了深入的分析，针对总体教学任务、各文体（散文、小说、议论文、古诗词、文言文）教学的基本结构等，提供了清晰、具体的教学指导（李政涛 等，2009）[249-402]。学科教学改革指导纲要实际上是将"新基础教育"主张的"教结构、用结构"的思想具体化了，它为教师提供了极具指导价值和可操作性的行动指南。

综观"新基础教育"的教学变革经验，我们可以发现其存在几个显著的特点。第一，将新的教学价值取向的形成当作教学变革的首要的和前提性的问题。这在我国基础教育学校应试教育流行，一些民间学校发起的教学改革一味顺应应试教育取向、基本不涉及价值取向调整而只专注教学过程改革的背景下，具有重大的意义。因为，教学价值取向是教学过程变革的最终目的；价值取向片面甚至错误的教学过程变革，就是片面或错误的教学变革。"新基础教育"对教学价值观进行分层理解的思路，以及突出培养学生主动、健康发展的意识与能力的教学价值取向，对我国当前教学变革有重要的启发意义。第二，不是单纯进行教学过程变革，而是结合新的教学过程变革的需要，对课程或教学内容的选择和组织进行了变革。如："新基础教育"所提到的"学科教学整体策划"，关注对学科教学内容进行结构性重组、对学科知识进行生命化的激活；"长程两段"的教学设计，实际上是在研究课程内容的选择和组织问题。另外，将学生当作教育资源、编制学科教学改革指导纲要等，都是在探讨适应新的教学过程的课程或教学内容问题。第三，在对教学过程变革的探讨中形成了许多深入的见解。例如，将"教学"作为分析教学过程变革的单位，并将对话、合作、沟通的交往关系看作师生在教学中的基本关系；提出"多向互动、动态生成"的教学过程展开逻辑，对教学过程中的人人互动以及动态生成的过程研究尤为精细、深刻；等等。第四，将学生的主动健康发展当作教学的核心价值取向、强调焕发学生的生命活力、将学生当作教学资源、重视发挥学生的能动性等，显示出"新基础教育"鲜明的学生立场。

（二）郭思乐教授提出的生本教育的教学改革

郭思乐教授提出的生本教育，是针对"师本教育"而建构的一种新的教育体系。郭思乐教授认为："我们原来的体系基本上是一种师本的教育体系，也就是一切都是为教师好教而设计的，以教师为中心的。过去我们也认为，教师好教就是学生好学，然而现今研究的成果表明，两者并不等价，而且，有许多时候甚至是对立的。我们需要为学生设计一种以学生好学为中心的教育体系，原因很简单：整个教学的目的和教学过程的终端，是学生的主动发展，而不是教师善于教。"（郭思乐，2001）[10]郭思乐教授自 20 世纪末、21 世纪初，在内地、香港和澳门的一百多所中小学进行了包含理念、课程、教材、教学方法，以及教学管理、评价在内的全方位的实验研究，并逐渐形成了生本教育的思想体系。

1. 生本教育的特征与意义

何谓生本教育？生本教育的突出特征是什么？郭思乐教授认为，生本教育"注重了教学的交付。教师尽快地让学生自己活动起来，去获得知识，去解决问题，把可以托付的教学托付给学生。这似乎是一种新的教育思路。此时，学生处在真正自主的状态中，他的潜能得到激发，他的天性得到发展，他的收获像鲜花怒放。我们把这样的依靠学生、为学生设计的教育和教学，称为生本教育体系"（郭思乐，2001）[4]。

郭思乐教授认为，生本教育对于解决我国基础教育的问题具有特别的意义。以生为本是"教育改革的一项有效的思考策略，它为素质教育提供了一种有效的操作体系"，基础教育的许多问题，诸如教师苦教、学生苦学、两极分化、高分低能、教师不足，以及如何培养既具有创新能力和实践能力又有很高学业发展水平的人等等由此可以获得较好的解决（郭思乐，2001）[4-5]。因此，他主张，"从师本教育转向生本教育，把发挥学生的积极性作为当前解决教育问题的最有效和最重要的策略"（郭思乐，2001）[12]。

2. 生本教育体系的核心理念

生本教育体系是建立在一套新的教育理念基础之上的。生本教育的核心理念涵盖教育的价值观、伦理观和行为观三个方面。

（1）生本教育的价值观：一切为了学生

郭思乐教授认为，"学生是教学过程的终端，是教育的本体。生本教育的特征之一，就是真正认识和把握学生这个本体，把一切为了学生作为教育价值原则"（郭思乐，2001）[35]。教育中的很多问题，从根本上看，是由于"对教育以学生为本体的迷失或犹疑不定"。在教育史上，就出现许多偏离学生本体的现象，如知识本体、能力本体、装饰性本体（斯宾塞所批评的装饰性教育）、工具本体、教师本体等（郭思乐，2001）[35-36]。

（2）生本教育的伦理观：高度尊重学生

"对学生的尊重，是生本教育的本质和基本原则，其关键是从内部和外部了解学生。"（郭思乐，2001）[37]从内部了解学生，是让我们认识学生可以被尊重的理由。生本教育从内部观察和分析了儿童的这样一些特性："儿童是天生的学习者""儿童人人可以创新""儿童潜能无限"（郭思乐，2001）[37-52]。从外部认识学生，是了解学生所处的地位，认识学生必须被尊重的原理。生本教育从外部观察儿童的特性时，强调要尊重"儿童的独立性"，认为"为了最充分地发挥学生的能量，我们要保持学生的精神独立性，也要让他们自己保持独立性"（郭思乐，2001）[57]。"始终把儿童的独立人格、独立的精神生命、独特的内部自然规律作为教育的前提"（郭思乐，2001）[58]，就能收到显而易见的教育效果。"尊重了儿童的独立性，就是保护着他们最大发展的可能性。"（郭思乐，2001）[58]

（3）生本教育的行为观：全面依靠学生

生本教育之所以形成"全面依靠学生"的行为观，源于以下三个基本观点。第一，学生是教育对象，更是教育资源。学生作为教育资源主要表现在，"学生的全部既有经验、智慧、知识和学习的内在积极性都应当为教师的教学所用，应当成为动力之源、能量之库。而且，它不仅是教育的一般性资源，更是基础性资源；其他的资源，最终必须同学生资源相结合或相化合，才能发挥效益"（郭思乐，2001）[60]。郭思乐教授认为，把学生作为资源具有重要的意义："我们今天进行的所有改革的指向，其实都是使学生这一过去被忽视的教育资源获得开发，能量得以发挥，……尽可能发挥和利用学生资源的教育，是教育的新的境界。"（郭思乐，2001）[60]第二，只有提供适合的教育生态环境，才能让学生发生"变异"。教育是限制与自由的统一，"生本教育同样要给人施加外部的限制和压力，但这种压力不在于改变学生内部的选择力，而在于保证他的内部选择力更为自由"（郭思乐，2001）[65-66]。生本教育的课堂或整个生本教育体系，追求把社会规范的要求与学生的天性统一起来，生本教育所设计的教学活动既"使得学生乐而忘返"又恰好是"社会希望他们的"，如做班级游戏、做小课题研究、阅读、寻找资料等等（郭思乐，2001）[69]。第三，这是当今儿童发展的要求。今天的儿童具有较强的独立意识，他们的知识比之过去的儿童要丰富得多、现代得多，当今社会发展更需要培养学生的创新意识和能力（郭思乐，2001）[70-72]。

3. 生本教育的课程观

生本教育有一套非常独特的课程观。这种课程观既针对了我国中小学现行课程中的问题，也体现了课程改革倡导的新理念，如它提出"回归符号实践"的课程本体观、"小立课程，大作功夫"的课程内容观、知识的整体学习观、动态的教材观。

（1）"回归符号实践"的课程本体观

郭思乐教授认为，存在两种不同的课程本体，即"符号实践本体"和"符号研究本体"。所谓"符号实践"，是指与符号产生或应用相关的实践，"符号实践本体"强调要以与符号产生及应用相关的实践作为课程的本体。所谓"符号研究"，是指"对符号和符号实践的再探查、描述和审视，它脱离了符号实践本身，形成独立的以研究成果为主的本体"（郭思乐，2007）[208]。实际上，此处的"符号研究"是指在一个学科范围内，基于本学科的逻辑法则，对本学科的符号进行的组合、归类、演绎推理等运演操作，如数学中的公式推导、命题证明、解题等，语文中的造句、写话、作文等。

基于两类本体的课程具有不同的特点与功能。一是关涉的内容不同。以符号实践为本体的课程的基本内容是符号建立和使用的实践，它涉及符号与外部世界和人的内部世界的互动；而以符号研究为本体的课程的内容是符号和符号活动的相关知识，是对符号体系（包括符号及符号化的活动）进行形而上的描写，它着力于似乎是美妙的但对学生来说并非那么必要的，甚至是无用的文字研究、作文研究、语法研究、题型研究，它本质上是研究符号的符号（郭思乐，2007）[210-211]。二是对符号的本质及功能理解不同。符号研究本体课程把给予儿童的东西局限在符号体系及其研究的内部领域，忽视了符号的两个来源，即外部世界与人的内部思维活动；而符号实践本体课程认为，符号来源于外部世界，是人的头脑进行加工的产物。"符号体系存在的终极意义是使用，尤其是用在生活的需要上。"（郭思乐，2007）[211] 三是衍生的课程内容及容量不同。符号实践本体课程由于有实践的界定和筛选，需要的仅仅是基本符号；而符号研究本体课程由于缺少实践的界定和筛选，除了基本符号以外，还会产生大量对基础教育对象不必要的符号以及相关体系，如数学等学科在基本的概念、命题基础之上，可以按照数理逻辑规则推演出大量的符号化的知识（郭思乐，2007）[211-212]。

基于两种本体课程的上述差异，它们在促进学生学习和发展上产生的功效具有重大差异。符号研究本体课程存在的问题主要表现在，它导致"虚体课程膨胀，学非所用，远离人的生活，严重压抑人的学习积极性，阻碍了教育质量与效率的提高"（郭思乐，2007）[214]。对照而言，符号实践本体课程对于学生学习与发展具有多方面的促进功能。第一，课程的符号实践本体促使教育回归人的生命活动、人的生活及人的发展本身。因为，符号实践本体课程关注课程符号产生及应用与人的生命及生活的关联与互动，重视学习者通过自身的符号化活动或自身生命活动发展自身（郭思乐，2007）[216-217]。第二，符号实践本体课程对人类符号系统的形成过程有正确的理解。"人类所使用的符号系统是在大量感受的基础上建立的，并因其代表了广大的事物而获得生命。作为基础教育对象的儿童，不仅仅要直接掌握符号，更要理解符号，并接下人类建立符号的火炬。为了学习符号，应当拥有大量的感受的基础。"（郭思乐，2007）[219]第三，符号实践本体课程体现了符号与人的和谐，符合人的天性，适应学生的成长规律。"符号实践的课程本体实际上是让学生的学习生活化，而符号来自生活，来自人类的需要。通过实践把人与符号连接起来，就把人类在久远历史中创造的符号与人和谐的关系的本质显现出来。"（郭思乐，2007）[220]我们所学的符号化知识本来就来源于实践，在实践中学习它们，就会使这些知识拥有自身的生命，使学习知识的过程变得轻松愉快。

（2）"小立课程，大作功夫"的课程内容观

课程内容如何选择，或者说，在教学中，选择哪些内容作为教师直接教的重点？哪些内容可以放手让学生自主学习？这些是"小立课程，大作功夫"的课程内容观所要回答的问题。郭思乐教授认为，当前我国基础教育教学的一个突出问题是，传授性或接受性课程占据了太大的分量，而学生缺少时间、空间，也没有精力去进行自己能体会其意义的活动，导致学生的学习主体地位落空。生本教育主张，课程改革要体现朱熹所说的"小立课程，大作功夫"。所谓"小立课程，大作功夫"，是指教给学生的基础知识要尽可能地精简，而腾出时间和精力让学生进行大量的活动，在活动中获得透彻的知识、相关的悟感（如语感、数感等）和探索进取的勇气，即在整个教育教学过程中实施"教少学多"（郭思乐，2007）[221-222]。

生本教育认为，师本教育体系体现的课程观是"大立课程，小作功夫"。它表现在：其一，对教材的过度分析，"把教育过程转化为可灌输的条文或步骤，以为只要灌输了这些条文或采取了这些步骤，就可以使学生完整地把握需要认识的客体。于是，对事物的分析性研究，代替了对事物的整体把握"（郭思乐，2001）[109]。其二，把人的知识学习当作一个拼装的过程，先学习部件，再把部件拼成整体。于是，课程整体被肢解为一个个部件，每个部件又都成为一个小体系。其三，滥用科学抽象和科学分析方法，导致在教学中无处不抽象和无处不分析。上述三种做法，使得很多本

来可以通过实体活动或整体感悟来学习的内容，却使用分析化、抽象化的方式学习，导致学生学习结果不理想，且学习负担加重（郭思乐，2001）[109-111]。

为了更好地落实"小立课程，大作功夫"，生本教育将基础知识的主要部分分为三个层次，强调每个层次用不同的方式教学。第一，人类规范的、作为后续学习的工具的知识，如语文中的文字，数学中的基本概念、公式，等等；第二，人类发现的关于客观事物规律的知识；第三，人类积累的活动经验的知识。郭思乐教授认为，对不同层次的知识应采取不同的学习和教导方式，以此来体现"小立课程，大作功夫"的要求。比如，对第一层次的知识，应以教师的直接教为主；而对第二层次的知识，则要求教师引导学生在活动中获得；对第三层次知识的学习，教师的经验仅供学生借鉴，教师要在学生感到有需要时，引导学生通过自己的亲身经验和感悟去获取（郭思乐，2001）[112-115]。

（3）知识的整体学习观

生本教育强调课程知识应以整体知识形态呈现和学习。所谓整体知识，是指围绕人的实际生活的某种情境、活动、事物而形成的知识。整体知识可以是"一部生动的历史、激动人心的活动、美丽的画图或者隽永的故事，它们或是沿着伟大追寻的足迹，或是依据自然形成的逻辑框架，或是观照生活需求的现实模型"（郭思乐，2001）[115]；或者说，整体知识是"由一个游戏、一个情境、一个任务或一个课题荷载的知识"（郭思乐，2001）[115]。学生学习整体知识的意义是，只有学习整体知识，学生才能理解知识的生命意义："知识只有成为整体状态的时候，特别是对儿童的个体有整体意义的时候，它才呈现出其'生命'。"这种知识能"对儿童产生永不枯竭的强大感染力和吸引力"（郭思乐，2001）[115]。郭思乐教授认为，"从整体入手获得意义，是学生的思维发展规律，我们的课程与教材应当尊重这种规律"（郭思乐，2001）[117]。可在现行教材及教学方法中，知识是一点一点地教、一点一点地学，学生只有学到后面，才知道前面所学知识有何用，学生总是处于"盲人摸象"的境地，感受不到知识学习与人的活动及生活的关联，体会不到学习知识的意义和价值。

（4）动态的教材观

生本教育鼓励学生自己借助于原有教材的启示，去观察、收集资料、研究书籍、思考交流。生本教育的教材应当具有以下几个特性。首先，教材具有个体性，每个人实际用到的材料，既有固定、统一编印的部分，更有适合其个体的部分。其次，教材具有动态性。这指的是教材在一定的框架下随着学习者的不同状态而变化的性质。"在生本教育中，我们可以依据学生学习的需要变换一项教学内容的形态，它可以是一个问题、一个课题、一个游戏或者一个有趣的活动，同时，也可以把若干项内容组合起来，容纳在某个课题研究或活动之中。"（郭思乐，2007）[227]最后，教材具有开放性。郭思乐教授认为，"基础教育工作者应当认识到基础知识的外延就是生活的外延，学生的整个生活世界都可以调动起来，利用起来，成为基础知识的载体"。如此，"学生就可以在任何课堂上找到自己熟悉喜爱的事物，或者说，自己喜爱的东西永远具有与课程的联系性"（郭思乐，2007）[228]。此外，教材还具有生成性。教材只是引子、话题，它留有空间，学生大可由此生成新的内容，将一篇变多篇，使课堂内容变得丰富生动。

4. 生本教育的教学过程观

生本教育提出处理教学过程中教与学的关系、教学活动设计和课程内容选择与应用的方法论："先做后学，先会后学""先学后教，不教而教""以学定教与内核生成课程""讨论是学习的常规""感悟：人的精神生命拓展的工作间""读和做，缓说破"。

（1）"先做后学，先会后学"

郭思乐教授认为，儿童与成人学习的规律是不同的。成人的学习可以是"以知御行"或"先知后行"，但儿童的学习一般是"先行后知"或"先做后学"。这主要是由如下两个原因造成的。一是先做后学反映了儿童脑神经活动过程。在儿童没有运用机体和全部感知器官去接触学习对象的时候，他们的头脑是空洞的，因此，应当让学生尽量先做，使他们的头脑充实了，然后再把它们变成理性的条文。二是先做后学反映了儿童的整体意义认识规律（儿童偏向于从整体上认识事物）。"做"加工的是对象的整体，这能给儿童十分鲜明的意义，从而保证了他们充沛的学习热情并使学习得到经验支持。因此，儿童的学习过程是先做，然后领会，之后再学。也即：先让儿童全身心地投入"做"，在做中可能产生"领会"（直觉地、感性地、综合性地把握对象内部和外部的联系），在"做"和"会"的基础上产生"学"（形成对事物理性的、可用符号表述的、比较系统化和理论化的认识）（郭思乐，2001）[132-133]。也就是说，现在学校教育通常所讲的"学"主要是指在理性和符号层面的"学"，而这种"学"要在"做"和"会"的基础上才能产生，儿童的"学"不是一开始就能进入理性和符号层面的。

（2）"先学后教，不教而教"

生本教育将先学后教当作激发、利用学生资源的方式："我们把儿童看做是教育的重要资源，有一个如何激发调动这一资源、最大限度地利用这一资源的问题。先学后教就是调动资源的简单易行的办法。"（郭思乐，2001）[135]为何先学后教能激发和调动学生资源？这是因为：第一，教师把一个学习任务交给学生，就是对学生的极大信任，这会带给学生"开拓感和成就感"；第二，学生是"学生资源"（由学生的学习热情、学习经验、既有知识等构成）的主人，学生只有在一种充分自由的状态下，才能通过他自己无意或有意的安排，把资源利用和发挥得最合理（郭思乐，2001）[135]。在先学后教中，教如何体现？生本教育认为，教师的教可通过教师确定教学内容、进度，给学生恰当而不过分的指导等来体现。但教师的教要坚持这样的原则：只要有可能让学生自己学，教师就不要教；即便表面上学生不能自己学，教师也要创造条件，转变方式，让学生能自己学。如此，"先学后教就不仅是一种时间顺序，更表明了学为根本的地位"（郭思乐，2001）[135]。

（3）"以学定教与内核生成课程"

首先，生本教育从总的原则的角度理解以学定教的含义。生本教育认为，"'教'不仅是由知识本身的性质决定的，同时也是由学生的学习决定的"（郭思乐，2001）[136]。在学生先学的同时，教师可以清楚地、冷静地看到学生学习的情况，并做出教的内容和方法的选择，如此，也就教得更精粹，更切中学生的需要。其次，生本教育探讨了如何从选择和组织教学内容上落实以学定教，为此提出"内核生成课程"的概念。所谓"内核生成课程"，是指以学生的兴趣点、关注点、熟悉点为内核，通过内核带动的活动生成新的课程，并以这样的课程组织学生的学习过程。生本教育强调："先学后教不局限于一般的预习，更多的是通过活动去学习。教师要善于把学生的学转化为活动。这里指的活动，一个基本的要求就是覆盖某些必要的基础知识。"（郭思乐，2001）[136]"内核生成课程"的最大优势是，它能始终保持学生学习的强烈情感和兴趣。

（4）"讨论是学习的常规"

生本教育特别强调讨论在教学过程中的运用。"在生本教育的课堂中，几乎天天有讨论，堂堂有讨论，人人进行讨论，只要是学习需要的，没有什么不可以讨论。"（郭思乐，2001）[144]"生本教育的一个含义，是原来在教育教学范畴中的事情大都可以在教师的引导之下，由学生自己来做——本体在行动中。而讨论，就是普遍地让学生投入到学习活动中去的一种良好方式。"（郭思乐，2001）[145]

（5）"感悟：人的精神生命拓展的工作间"

生本教育对传统教育过于重视训练而轻视感悟进行了分析批判，认为训练"不是学习的核心部分，学习的核心部分应当是感悟"（郭思乐，2001）[148]。生本教育非常重视让学生形成感悟："感悟不仅是学习的重要过程，而且是重要的结果。所有的学习最终归结为感悟。"（郭思乐，2001）[149]

生本教育从多个方面论证了感悟对于学生学习与发展的意义。首先，生本教育将感悟当作学生素质形成、知识内化的基础。生本教育认为，只有采取感悟式的教学，"其效果才能深入到素质的层次，也才能培养和发展人的素质"。生本教育提出"感悟是人的精神生命拓展的工作间"的观点，强调感悟是知识内化的前提："人形成思想，要通过感悟。它是主体对外部知识、信息的深层次的内化。"（郭思乐，2001）[149]感悟犹如人体吸收的食物最终转化成奔流在自己血液之中的物质一样，只有后者才是主体自身的东西。"不通过感悟，外界的东西对主体来说始终是没有意义的；而逐步深入的感悟，则可以使被感悟物———一本书、一篇文章、一个观点或一个事物消化成为主体的思想、精神的一部分。"（郭思乐，2001）[149-150]其次，生本教育还从感悟有助于人对事物的认识"由博返约"及形成精髓式的认识、感悟就是创新、感悟支配着学生的后续学习、感悟成为高级学习的重要动力等角度，论证了感悟对于学生学习与发展的意义（郭思乐，2001）[150-154]。

（6）"读和做，缓说破"

教育如何帮助学生形成感悟呢？生本教育认为，师本教育的教学具有"直白"的特点：教师知无不言、言无不尽，毫不含蓄、一览无余。生本教育主张："感悟只能由学生自己获得，精神生命的拓展别人无法取代。由此，有利于学生的感悟和依靠学生的感悟成为生本教育的显著特征。要使得学生获得更多的更有质量的感悟的一个条件，就是我们不要代替他们感悟，而要为他们的感悟创造条件。"（郭思乐，2001）[154]为此，生本教育提出促进学生感悟的基本原则是"读和做，缓说破"。比如，在生本教育的数学课中，法则总是儿童自己寻找到的，而不是教师直接告诉的（郭思乐，2001）[159-160]。

另外，在教学过程的具体组织上，生本教育主张"我唔话，你讲先"（广东话，意思是"我不说，你先说"），即先做后学、先学后教、教少学多、以学定教（郭思乐，2007）[177]。在具体的教学流程设计上，生本教育形成了"大感受、小认识、勤熟悉"的三步教学模式。第一步，课前自学。要让学生形成感受，就要给学生充分自由的活动时间和空间，这样的时空条件在课堂里是不具备的，因此只能安排在课前。在学生独立自学之前，需要对学生自学进行组织布置，如教师可以提示要注意的问题，学习小组可以交流一下自学的初步想法，等等。第二步，小组交流。生本教育非常重视学生自学之后的小组交流，强调教师应认真对待小组交流，给足学生交流的时间；要求人人参与，注意小组成果的形成，为班级的交流做准备。第三步，全班交流。生本教育的实验学校通常采取"课前自学、课内汇报、小组合作"的教学流程。具体做法是，每节课教师都会在课前留给学生一两个思考问题（前置问题），让学生结合教材进行有目的的自学；在课堂上，以学生汇报对前置问题的思考结果为主要内容，通过汇报和辩论，学生可以掌握大部分所要学习的知识，并可以展示才华、提高自信心、获得成功感；在每个问题的汇报中，小组扮演着重要角色，不少教学活动都是依托小组来展开的。（郭思乐，2007）[178-179]

总的看来，生本教育的课堂教学变革呈现出这样几个特点。第一，核心理念先进。它明确提出我国当下课堂教学变革的焦点是将以师为本的教学过程调整为以生为本的教学过程。应该说，这一理解把握了我国课堂教学变革最为关键的问题。第二，对学生作为教学过程的本体有深入的学理分析和坚定的信念追求。通读郭思乐撰写的生本教育的论著，可以鲜明地感受到这一点。如在教学的价值取向上，超越单纯的知识掌握，突出学生的思维能力、创新精神及情感态度等发展性目标；基于理论分析和各种事实证据，论证儿童天性、潜能、学习兴趣、学习能动性等方面的特征；积极肯定儿童的主体性和能动活动在学生学习与发展中的关键作用；等等。第三，提出了全面体现和落实生本教育核心理念的课程观和教学观，如符号实践本体课程观、"小立课程，大作功夫"的课程内容选择观、知识整体学习观，以及"先做后学，先会后学"、以学定教、将讨论当作学习的常规、突出学生的感悟等教学观。这些课程观和教学观兼收了中外先进的教学思想和教学经验，很有创意，对我国课程与教学改革具有很强的指导意义。第四，生本教育对教学过程的理解和设计，与杜郎口中学和洋思中学的课堂教学变革的经验有很多相似和一致的地方，如都强调先学后教、以学定教、少教多学等。

（三）裴娣娜和杨小微教授主持的主体教育实验研究

20世纪80年代末90年代初，华中师范大学王道俊、郭文安教授率先提出主体教育思想，在国内产生了广泛的影响。之后，北京师范大学的裴娣娜教授和华中师范大学的杨小微教授分别主持了基于主体教育思想的教学改革实验研究。1996 年 12 月，他们分别作为"北片"和"南片"牵头人，组成主体教育理论与实验研究协作组，并于 1996 年至 1999 年连续 4 年召开全国性的协作研究会议，对小学生主体性的发展问题进行了联合研究。

1. 裴娣娜教授主持的"少年儿童主体性发展实验研究"

该项研究始于 1992 年 1 月，2000 年年底结束，历时 8 年。参加实验研究的学校最初是河南省安阳市人民大道小学，1995 年以后又扩展到天津市第二师范学校附属小学、北京航空航天大学附属小学等 6 所小学。

此项实验研究以发展少年儿童的主体性为主要目标，以少年儿童主体性的具体表现、基本结构、发展规律和有效的教育影响为主要研究内容。从该课题研究的总结报告来看，研究取得的主要成果体现在主体教育的教学系统的构建上，具体的成果包括如下几个方面。

（1）学科教学中主体性发展目标

课题组通过研究提出学生主体性发展的三维结构，即自主性、主动性和创造性，并对每个维度的基本特征和具体行为表现进行了分析（裴娣娜，2005）[7-9]。

自主性，也称自我完善性，它是人成为主体的前提和基础，是主体独立自主行使支配自己的权利的能力。自主性发展的目标可分解为这样几个方面：自尊自信、自我调控、独立判断决断、自觉自理。

主动性，集中表现在有目的、有意识地认识世界、改造世界的理性活动中。人不是被动地适应和应付客观世界，而是积极自觉地行动。主动性发展的目标主要表现在如下几个方面：成就动机、竞争意识、兴趣和求知欲、主动参与、社会适应性。

创造性，是对现实的超越，是主体发展的最高表现。创造意味着突破、革新、进步，而不是重复、模仿。创造性发展的目标具体表现在这样几个方面：创新意识、创造性思维能力、动手实践能力。

（2）促进主体性发展的课程改革

为促进少年儿童主体性发展，课题组于 1993 年 9 月至 1996 年 5 月在河南省安阳市人民大道小学进行了课程改革。其内容包括如下方面（裴娣娜，2005）[17-20]。

第一，优化课程结构。改革学校课程计划，依照加强基础、发展个性、优化结构、促进发展的思路，将小学课程整合为四个板块：以语、数为核心的基础性、工具性学科；以获得科学知识为目的的思品、社会、自然、生活劳技等知识性学科；以体育、音乐、美术为内容的艺体性学科；带有综合、整体特色的活动课程。这一课程计划具有如下特点：加强语、数教学，打好基础；从一年级开始尝试开设英语口语和计算机课；将活动课程与地方课程打通；依据一年级新生特点，将大小课、长短课相结合。

第二，建立发展小学生主体性的四条主要渠道。①德育系列。建立新的德育目标体系，通过继承传统美德，培养学生具有"五爱情感"（爱惜生命、孝敬父母、关心他人、热爱集体、报效祖国）、"五好习惯"（勤学好问、勤劳节俭、文明礼貌、遵纪守法、整洁健身）、"五自能力"（独立自主、自觉自理、自我表现、自我调控、自我评价）。编写"四子书"、名言录、故事集等教育读本，对学生进行养成教育。②学科系列。主要改革内容包括：确定各个学科明确具体的发展性教学目标；从学科实际出发，形成各学科的教学特色，如数学学科强调联系学生的生活实际，在活动中学习数学；实施促进主体性发展的六条教学策略，即鼓励学生合作学习、引导学生主动参与、严格教与学的要求、尊重学生的个别差异、鼓励学生大胆创新、帮助学生获得成功体验；将集体教学、小组教学和个别辅导相结合。③活动系列。学校设计了丰富多样的教育实践活动，包括"社会实践活动周""阵地实践活动""利民服务活动"。活动既有统一安排，又有一定的自由度，在活动中强化学生的自主性、实践性和创新性。④家庭教育系列。学校确定了促进主体性发展的家庭教育基本思路，制定和落实儿童在家庭中主体性发展目标，同时确定家庭教育的一些原则。通过成立家长工作委员会、建立家长学校、创办"家校小报"、提供专题讲座和家庭心理咨询等，对家长进行指导。

（3）课堂教学中发展学生主体性的教学策略

经过多年的研究，该课题组构建了在主体性教学中促进学生发展的四个基本策略（裴娣娜 等，1998）[20-27]。

第一，主动参与。该策略提出的理论依据是马克思基于人的实践活动分析的人的本质和人的发展的思想。主动参与策略强调"学生的学习只有通过自身的操作活动和主体参与才能是有效的"（裴娣娜 等，1998）[20]，因为学生能动参与相应的活动是学生身心素质发展的基本原因。学生在教学活动中高的参与度主要表现在两个方面：一是"能动性"，即有明确的参与目的，并有比较强的提出问题、思考问题和动手解决问题的能力；二是"全面性"，即要求所有学生都主动参与。

第二，合作学习。教学活动是一种社会交往活动，具有鲜明的社会性。主体性教学追求以学生的发展为本，因此重视师生间、学生间的合作、民主、平等、和谐的人际关系。这种人际关系不仅能为学生的主体性发展提供良好的气氛和条件，更重要的是，主体性教学承认教学认识的社会性，将主体间的社会交往纳入认识活动过程，并作为学生认识的一个重要内容。

第三，尊重差异。主体性教学强调尊重差异。尊重差异包含两个方面的含义：一是承认学生发展的差异性，要让每个学生在原有基础和不同起点上获得最优发展；二是承认学生发展的独特性，要尽可能发现每个学生的聪明才智，尽力捕捉他们身上表现出来的或潜在的创造力火花，使每个学生形成自己的特色和鲜明的个性。

第四，体验成功。主体性教学不仅强调学生的积极主动参与，而且强调让学生获得成功的体验，这是一种乐观向上、体现强烈主体意识的积极心态。对成功的体验，不仅为学生积极主动的行为提供了强大的动机，而且促进了学生良好的态度、稳定的情绪情感、理想和信念的形成以及人格的养成。

（4）课堂教学组织形式改革与学生主体性发展

"少年儿童主体性发展实验研究"强调通过对教学组织形式的变革，促进小学生的主体性发展。该实验研究着重探讨了如下几个问题。

其一，揭示了集体教学在学生主体性发展方面的弊端。该研究认为，长期以来，在我国的学校教育中，占统治地位的是以知识传递为价值取向的学科中心的教学观。在这种教学观指导的教学中，教师是教学活动的启动者、控制者，学生仅仅被视为承受教学影响的简单客体，是灌输知识的对象和容器，学生学习与发展的主体性受到严重忽视。在主体性教学看来，"学生在与教师的教学交往中不是被动地复制或承受外界影响，而是有选择地接受教师的影响，积极主动地去选择、形成与建构自己的知识经验"（裴娣娜 等，1998）[153]。

其二，探讨了合作学习促进学生主体性发展的功能。该研究认为小组合作学习对学生主体性发展具有多方面的功能。①小组合作学习以主体需要的满足为其基本假设，体现了对学生主体的尊重。学生在学校学习和生活，其主要的需要是获取自尊感和归属感。而在小组合作学习中，通过相互交流、彼此尊重、共同分享等，学生可以获得尊重和归属感。②小组合作学习的分组原则为学生主体能动性的激发提供了制度保障。小组合作实行的"组内异质、组间同质"的分组原则，一方面使各小组人员合理配置，从而在组内产生更多的信息输出及输入并激发对同一问题的多向思维；另一方面又使各小组大体处于均势，从而保证小组参与全班竞争的信心，并激发组内成员合作参与竞争的积极性和主动性。③小组合作学习的目标结构为学生主体性发展提供了动力源泉。合作性的目标能够激发团队成员的集体荣誉感，他们相互帮助、相互鼓励，每名成员都更大程度地感受到被尊重和被其他成员接纳，他们完成任务时更积极主动，成就感也更为强烈。④小组合作学习中的生生互动是学生主体性发展的直接途径。生生互动影响学生价值观、态度、能力和认识世界方法的社会化，有利于学生人格和心理的健康成长，有利于学生学会用他人的眼光来看待问题，有利于促进学生交往能力发展，等等（裴娣娜 等，1998）[147-152]。

其三，强调通过将集体教学、小组合作学习及个别辅导三种教学组织形式相结合，促进学生主体性更好地发展。该研究认为，三种教学组织形式的结合，对于学生主体性发展具有四个方面的独特价值。①集体教学与小组合作学习相结合，有利于和谐、民主、合作的师生关系的建立，能有效地促进学生自主程度的提高；②集体教学与小组合作学习相结合，有利于教学交往的充分开展，而后者是促进学生主体性发展的重要途径；③集体教学与小组合作学习相结合，能发挥两者各自的优势，规避各自的局限；④集体教学、小组合作学习与个别辅导相结合，能充分照顾学生的个别差异，从而促进所有学生在已有发展基础上的差异化发展（裴娣娜 等，1998）[153-157]。

2. 杨小微教授主持的"小学生主体性品质培养的实验研究"

作为全国最早开展中小学整体改革研究的学者之一，杨小微教授自1983年起就与旷习模教授一起走进中小学，进行教育整体改革研究。在王道俊、郭文安两位先生提出主体教育思想以后，自1995年开始，杨小微教授就在原来进行整体改革研究的一些学校进行主体教育实验研究，他也因此成为国内早期专门进行主体教育实验研究的重要代表。下面以湖北省荆门市象山小学进行的主体教育实验为例，对他主持的"小学生主体性品质培养的实验研究"进行简要介绍（湖北荆门市象山小学课题组 等，1998）。

（1）实验假设及其依据

该实验的假设是：建立开放型的学科教学体系、自主型的活动课体系和民主型的班级管理模式，可以有效地促进学生主体性品质的形成。学生的主体性品质包括自主性、自律性、适应性、创造性和效率感。

该实验将学科教学、活动课教学、班级管理当作影响学生主体性发展的主要因素（自变量），并认为学科课堂教学是学校教育的基本形式，传统教学过分的规范性和划一性，是学生主体性表现和发展的严重障碍，必须坚决改革；活动课教学是学校教育的重要组成部分，它的灵活性与开放性为学生表现和发展主体性提供了可能；班级是学校管理的基本单位，是学校中活动与交往的基本空间，因此是开展学生自理、自主、自治活动，培养学生主体性品质极好的场所。

（2）实验目标及评价指标体系

该实验研究的主要目标是在促进学生全面发展的基础上，重点发展学生的自主性、自律性、适应性、创造性和效率感等主体性品质。

为对实验效果进行评价，实验团队还专门研制了针对小学生主体性品质发展的评价指标，具体包括五个方面。一是自主性（包括自主选择意识和主动参与意识）；二是自律性（包括学习的自我规划与监督、道德言行的自我控制、校纪校规的自觉遵守和日常生活的自我管理）；三是适应性（包括自尊自信、交往、竞争与协作、承受挫折和克服困难的意志）；四是创造性（包括求新求异，思路开阔、想象力丰富，敢作敢为、聪慧、知识面广）；五是效率感（包括成就动机、计划性和紧迫感）。

（3）实验研究的主要内容

围绕上述实验目标和研究假设，该实验主要从如下三个方面展开。

其一，实施开放型教学策略，构建开放型教学模式，在课堂教学中培养学生的主体性。其内容包括四个方面。①把学习的主动权交给学生，培养学生的自主性。采取的具体策略是：交给学生自主学习的时间；开放学生自主学习的空间；还给学生自主学习的权利；尊重学生自主探索的意识；教给学生自主求知的方法。②把成功的机会留给学生，激发学生的成就动机。采取的具体策略包括：学习目标分层，不搞统一要求；施教分层；评价分层。③为学生的合作学习架设桥梁。采取的具体策略包括组内交往和组外扩散交往。④为学生创造性思维的发展提供广阔空间。采取的具体策略包括：鼓励学生不唯书、不唯师、求新求异；全方位、多角度地拓展学生思维。

其二，实施自主选择、主动参与策略，构建自主型活动课教学模式，充分利用活动课教学开放、灵活的优势，体现、巩固和发展学生的主体性。其内容包括：①给学生选择队组的权利。学生可以根据自己的兴趣爱好选择自己的队组，在同一个队组，还可以选择不同的班级和不同的教师。②给学生选择学习内容的权利。活动课按兴趣编班，学生走班学习，因此，要求教师分层教学、分类要求，设计的教学活动应有不同的层次。如此，可以为学生选择活动课提供空间。

其三，实行民主型班级管理，实现自理、自主、自治目标，充分利用班级活动培养学生的主体性。为实现自理、自主和自治的目标，该实验在班级管理中强化了如下几个因素。①尝试。鼓励学生主动参与班级管理；创设机会加强小组管理；促进师生及生生平等交流，使每个学生都处于被尊重的地位。②目标。引导学生逐步理解社会、学校和家庭对自己的要求，了解自己的长处、短处，并在此基础上，明确自己和集体的努力目标，然后以此为参照来自我督促，检查平时的言行和思想。③全员参与。遵循"人人有事做，事事有人管"的方针，给每个学生提供为同学服务和锻炼多方面能力的机会。④激励。首先是保持激励的经常性，其次是注意激励对象的多样性（既有个人激励，也有小组激励）、激励手段的灵活性、激励的层次性。⑤自主。要使学生实现由自理到自主、自治的转变，班级管理也必须由扶到放，给学生自主管理创造条件，如试行"无班主任日"等。

应该说，杨小微教授主持的"小学生主体性品质培养的实验研究"，在研究方案的设计和过程操作上，体现了实验研究规范的要求。该实验研究过程扎实，在促进学生主体性发展方面取得了良好的效果。

总的看来，国内主体教育实验研究具有几个显著的特点。第一，实验研究的理论基础明确。主体教育实验研究以主体教育思想为理论指导。王道俊、郭文安教授于20世纪80年代末90年代初提出的主体教育思想，是在借鉴当时哲学上关于人的主体性问题研究成果，并对我国教育弊端进行深入反思的基础上创立的。它将学生的主体性发展当作学生全面发展的核心，并认为学生自身能动活动是其学习和发展的基础。第二，研究主题集中于学生主体性的发展和弘扬上。在目标上，它将学生主体性当作学生全面发展的核心和基础，并以促进学生主体性品质发展作为主体教育实验的核心目标；在教育教学过程上，强调落实学生的主体地位，并重视发挥学生在自身学习和发展过程中的能动作用；在教学活动内容组织上，突出利用学生参与多样化的能动活动来实现促进学生主体性发展的目标。第三，以实验研究的方法对主体教育的思想进行验证和转化。一种教育思想能否在中小学教育教学实践中应用、如何应用，有待于实践的检验。另外，一种教育思想要在实践中应用，需要结合教育教学的情境，将其中的概念、原理、原则等进行转化和具体化。主体教育实验在验证和转化主体教育思想方面做了很多的工作，并取得了显著的成效。

应该说，学生主体性发展的实验研究对于学习中心教学建构具有直接的意义。因为，学习中心教学强调以学生独立、能动学习作为课堂教学过程的中心，因此培养学生主体性品质、突出学生能动活动在学生学习与发展中的作用等，是学习中心教学建构中的基础性问题。主体教育实验研究关于这些问题所形成的结论，为学习中心教学建构提供了直接的理论借鉴和指导。

四、我国课堂教学改革主要经验的反思

上述三个方面的教学过程改革经验，代表了我国改革开放以来课堂教学改革所取得的最高成就。由于它们是由中国人在中国的社会背景下针对中国课堂教学问题所进行的课堂教学变革，对它们进行深入的分析、比较和归纳，从而寻找到我国课堂教学变革的一些规律性的认识和做法，对于今天我国建构学习中心教学具有重要的借鉴意义。

（一）我国课堂教学改革取得的主要进展及存在的突出问题

上述三个方面的经验在形成的时间、研究的主体、关涉的问题、取得的突破等方面存在差异。其中，20 世纪 80 年代学科范围的课堂教学改革实验奠定了我国课堂教学改革的一个基本方向，即通过改变教师的教导方式（尤其是减少教师的讲授），突出学生自学在教学过程中的地位。以洋思中学和杜郎口中学为代表的民间学校自主开展的课堂教学变革，坚持了

80 年代教学改革的方向，但其超越 80 年代教学改革之处在于，它们从学校层面，通过大力度的改革举措（尤其是限制教师讲授时间、将三种教学组织形式结合使用、实现先学后教等），将 80 年代课堂教学改革强调的学生在某些环节的自学，发展为以学生独立自主学习作为整个教学过程的中心，基本建构了以学习为中心的课堂教学结构。而由叶澜教授和郭思乐教授主持的教学变革，一方面继承了国内课堂教学改革的经验，另一方面基于深入的理性思考，对新时期课堂教学的价值取向调整、课程内容改革和教学过程变革进行了整合性的设计和实践。这与前两个方面的教学改革主要关注教学过程改革是不同的。

上述三个方面的教学改革经验也存在不少共通之处。由于前两个方面的改革都没有涉及教学价值取向和课程内容改革，因此，三个方面的改革共同涉及的领域是教学过程。从这个角度观察，尽管三个方面的经验有很多差异，但它们在教学过程改革方面涉及的主要问题和核心取向是高度相似的。研究的主要问题包括教与学的关系调整（主要是指教与学占用教学时间的比重及教与学的先后顺序的调整）、教学组织形式改变（含教学空间布局调整）以及教学活动方式的变革。这些调整和变革指向的核心取向是，通过创设新的教学关系、教学时空和教学活动方式，落实学生在教学过程中的本体地位、主体作用和自主学习方式。

1. 教与学关系的调整

教与学关系的调整是教学过程变革中的核心问题之一。新的改革经验突破过去仅仅从主体与客体关系的视角把握教学关系的局限，而从时空占用、先后顺序、教学决策依据等视角，对教学关系进行了新的建构。

（1）以学为本（少教多学）

上述教学改革实验，无一例外地将落实学生在教学过程中的本体地位、主体作用或自主学习，置于教学过程的首要位置，由此确立了以学为本的教学过程观。相对于过去教学的以教为本，以学为本强调在教学过程中，学生应占据本体或中心地位（直接表现在学生学习占据教学过程的主要时间和空间上），发挥主体作用（学生主动参与学习活动和自主支配学习过程）。如 20 世纪 80 年代的课堂教学改革的核心就是突出学生的自学（自己看书、尝试作业、讨论、自我检测、自我小结等），90 年代的教学过程变革从教与学占用教学时间比重的调整（即少教多学）、教与学的先后顺序变换（实行先学后教）、教学组织形式的变革（将个人自学、小组互学、全班共学三种教学组织形式结合使用）等方面，更加强化和落实了学生学习的主体性，这其中除突出自学以外，还鼓励学生自由选择学习方式、自由展示（如杜郎口中学的展示课）。

以学为本的意义在于：首先，它有极强的现实针对性。我国传统教学的最大弊端是过分突出了教师讲授的作用，轻视了学生在教学过程中的能动作用。以学为本直指这个弊端，并将学生独立、能动的学习置于教学过程的中心。其次，它体现了学生身心发展的基本规律。国内外学习与教学的理论研究表明，学生是自身学习与发展的主体，发展是学生在自身能动活动过程中实现的，任何他人都不能代替学生完成学习与发展的任务。最后，它反映了教与学在教学过程中的功能差异。教学虽然是由教和学这两种活动构成的复合性的活动，但是，在有效的教学中，教与学这两种活动所占的地位、发挥的作用是有很大区别的。总体上讲，对于学生的能动而有效的学习而言，教师的激发、引导、帮助是很重要的，但教是教学中的条件性或手段性的活动，而学是全部教学活动中的本体性或目的性的活动。

（2）先学后教

这是在教学过程理解和组织上的一个重要突破。过去的教学论基本上不讨论教与学的先后顺序问题，而历来形成的教学传统是先教后学。先教后学背后的基本假设是：教是学发生的前提条件，教师不教，学生就不能学。基于这种观念的教学实践的格局是：学生的学习是跟随教师的教而实施的，课堂上基本上没有学生独立、自主学习的时间和空间；同时，这也很容易造成教师对学生的控制，对应地，学生很难表现自己的自主、选择和创造；另外，由于是先教后学，教师的教很容易出现没有针对性和无效的情况，因为，在学生实际学习之前，教师永远无法准确地把握学生学习的问题或困难所在。

改变教与学的先后顺序、实行先学后教有多个方面的重要意义。一是保证教的针对性和有效性。因为教师的教是在了解了学生学习的问题、疑难基础上，针对学生的问题进行的，因此能提高教学的有效性。二是落实了学生学习的本体地位。先学后教的基本理念是：以学生自己的学习为优先，凡是学生自己能学习的，教师一般不教，尤其是讲授式的教；通过提高教的针对性，压缩讲授式的教的时间，给学生更多的独立学习的时间。三是解决面向全体学生教学的问题。在先教后学式教学中，教师往往依据自己已有的教学经验，或者是对学生学情的猜测、临时观察，或者如多数教师所做的，以班上中等程度的学生为标尺，决定教学的重点、难度、速度和方式。这样的教学在大班集体教学中必然造成"好学生吃不饱，差学生吃不了"，无法兼顾全体学生的学习差异。实行先学后教以后，由于教师对学生学情的充分了解，以及教师无须一讲到底，因此教师有精力顾及不同层次的学生，同时小组合作学习发挥了"兵教兵"的作用，多种类型的交流讨论发挥了集体智慧对学生的影响作用，等等，这些新的举措在解决面向全体学生教学问题方面发挥了很好的作用。

（3）以学论教（以学定教、教为学服务）

上述教学改革实验在教学决策的依据和教学成效评价的标准方面，确立了以学论教的观念。教师教什么？如何教？教多快？针对谁教？这些问题是任何教师在做教学决策时都要考虑的问题。只是不同的教师在思考这些问题和决策时的依据或立足点不会相同。比如，很多教师可能主要依据课程标准上规定的教学目标及教学内容，做出如何教学的决策，而很少考虑学生的学习现状与可能性。而在新的教学改革中，形成了以学定教或以学论教的观念。其主要含义和追求是，以学生学习的现状（现有的知识基础、学习需要及学习能力）、应达到的学习目标以及由两者之间的差距造成的学习的困难或问题，决定教师教的范围、重点、难度、速度及方式。先学后教为教师以学定教提供了发现学生问题的机制。另外，在评价教师教的效果方面，新的改革经验也强调要以学论教，即以教师的教所引发和促成的学生在学习过程中能动参与的状态及取得的实际学习效果，来评价教师教的效果，而不是直接根据教师教的行为表现来评价教师教的效果。

强调以学论教，其意义主要表现在如下方面。首先，它体现了教应以学为本和教为学服务。学生能动、有效的学习，是全部教学活动中的本体性、目的性的活动；教是引起学生能动地学和促进学生有效地学的条件，但教本身不是目的，教是为学服务的。离开对学生学的引导和促进，教是没有意义的。其次，它反映了教与学之间的主次、从属关系：不是教决定学（尤指缺少针对性的教不能导致有效的学），而是学决定教（如何有效地学决定了应该怎么教）。不能将教与学看作是同等重要的，它们在课堂中活动时间及空间的占用上，以及在教学过程中发挥的功能上，是有主次、从属、先后之别的。改革开放以来，针对过去教学中严重轻视学生的本体地位和主体作用的现象，我国逐渐形成一种师生平等的教学关系观。强调师生平等应该说是一个巨大的进步，但是"师生关系平等""师生之间合作""教学是教师的教与学生的学两种活动统一的活动"等说法，似乎将很多人引向了另一个误区，即认为教与学的地位及其发挥的功能是一样的，而忽视了它们在地位、功能上的差异以及建立在这种差异之上的关系。其实，师生之间的平等只在伦理道德和法律意义上是成立的，这种平等有助于师生建立相互信任、尊重和合作的关系；而从教学过程中的时间、空间占用以及各自应该发挥的功能作用上看，两者是不应该一样或平等的。道理很简单，因为二者的身份角色、承担的职责、已有的身心发展状态是不相同的。

2. 教学组织形式的调整（含教学空间布局的调整）

近年来国内课堂教学过程改革形成的一个突出经验是，在教学组织形式方面，改变了过去单纯使用全班集体教学的模式，而将个体自学、小组互学与全班共学三种教学组织形式结合使用。杜郎口中学、洋思中学的教学改革，以及叶澜教授主持的"新基础教育"、裴娣娜教授主持的主体教育、郭思乐教授主持的生本教育等都强调和体现了这一点。如"新基础教育"在其"探索性研究"时期，就将教学空间（教学组织形式）的改变作为学生在课堂上主动学习的一个重要条件。叶澜教授认为，"要想增加学生在课堂上主动学习的时间，教学组织形式势必要发生变化"（叶澜，1999）[34]。在"新基础教育"的课堂中，教师根据具体教学的需要和可能，灵活运用六种教学组织形式进行教学：个别学习、对组学习、小组学习、大组讨论、学生执教或情境表演、师生间的问答和教师讲述。"教学组织形式的多样化扩大了单位时间内学生主动活动的空间，而且释放了每个学生的精神活力。"（叶澜，1999）[35]

　　将三种教学组织形式结合起来使用具有重要的意义。这主要表现在以下方面。第一，有利于充分发挥个体自学、小组互学及全班共学各自的优势。个体自学的主要优势是，能充分调动学生学习的主动性和自主性。任何学习要成为内化的、建构性的或有效的学习，学习者的独立自主是前提。因为，学习需要学习者基于自身已有的经验、知识、能力、需要等，对学习对象进行积极主动的思维加工并形成自己的感受、体验或领悟；否则，学习不可能是内化的、建构性的或有效的。但是，独立的学习可能存在理解的视野、方式和结果方面的局限或偏差。而与他人的互动和交流，就可以有效地避免这种局限或偏差。所以，现代的学习和教学理论，一方面强调学习的独立、自主的特征，另一方面又都非常看重对话、讨论、合作等交往学习方式的运用。学生之间的对话、讨论、合作可以在小组和全班两个层面展开。相比于全班的对话、交流和合作，小组内的对话、交流和合作更为直接和密切，且个人参与的频率更高；全班的对话、交流和合作则能集中更多人的观点，因此可能给每个学生带来更为丰富的对问题思考的视角、方式和深入的看法。第二，将三者结合，可以使整体的教学过程充分体现先学后教、以学定教、少教多学等新型教与学的关系。个体自学、小组互学、全班共学三种教学组织形式结合使用，一般采取先个体自学，后小组互学，再全班共学的流程安排。这种流程安排的意图和实现的意义在于：凡是学生个体能自学的内容，先让学生个体自学，对应地，通过自学就可以掌握的内容，就不进入后续的小组互学和全班共学环节；对于学生个体自学中遇到的问题或不能很好把握的内容，就采用小组互学的方式，通过学生之间的交流、互动帮助解决；经过个体自学和小组互学仍然不能很好解决的全班共性的问题，采用全班共同研讨、教师点拨或讲解的方式加以解决。因此，经过"个体自学—小组互学—全班共学"这一流程，可以达到三个方面的效果。一是先学后教。通过这一流程，真正由教师出面组织面向全班的教是在个体自学和小组互学之后进行的，因此，整体教学流程呈现的格局是先学后教。二是以学定教。先学后教之中的"面向全班的教"是针对学生个人和小组不能解决的问题的教，这体现出教师的教学决策依据是以学定教，这种教最大的优点是针对性极强。其实，在小组中，学生之间的互教互学也是针对学生个体自学中的问题进行的，也是一种以学定教。三是少教多学。经过先学后教、以学定教，教师直接教尤其是讲授式的教的东西变得很少，因为，学生个体和小组能学会的东西，都是由学生自己在学，不需要教师教。因此，这一流程很好地达到了以学为本、以学为中心，即少教多学的效果。

3. 教与学方式的变革

以学为本、先学后教、以学论教等理念或原则的落实，是通过教与学的活动方式及其关系的改变而实现的。

教学方式的变革也是新的教学过程建构中必须面对的一个关键问题。我们发现，在教学方式调整方面，国内不同的教学改革所做的工作是高度相似的。这里所说的教学方式的调整是与师生在教学过程中的角色改变密切相关的，如"新基础教育"虽然没有对教学方式的调整进行专门讨论，但在其非常关注的师生角色的调整中，可以看到它对教学方式调整的关注（叶澜，2006）[271-272]。

在教学方式的变革中，教的方式的改变具有前提性的意义。因为教直接控制着学（学是在教的组织和引导下展开的），并左右着教与学的关系。我国现有的教学观念非常重视将教学看作是教与学统一的活动，并形成了同等程度地看待教与学的地位和作用的习惯。因此不难理解，洋思中学和杜郎口中学的教学改革因其明显的重学倾向而招致一个常见的批评或担忧，即它们忽视了教师的主导作用。其实，认真研究这两所学校的经验可以发现，有效的教学改革不是要简单地否定教师的地位和作用，而是要重新认识教师的地位及其发挥作用的方式。众多的改革经验表明，以学习为本位的教学过程，对教师主导作用的要求会更高、更复杂，形式更多样，给教师带来的挑战也更艰巨。也许是因为在新的教学过程中，教师发挥的作用更为隐蔽、间接、随机（具有生成性），而不像以讲授为主的课堂那样公开、直接、刚性（落实预设性），教师的作用更多地表现为课前精心备课（如针对学生的学情设计指导学生自学的导学案），课中专心观察和机智捕捉学生的问题并相机给予适宜的指导。尤其是，当教师面对的是情绪高涨、思维活跃、观点各异的学生，并以促进学生能动、有效的自主学习作为自己的工作中心时，教师再也不能按照事先准备的教案、面向全班学生单向地传授，而是要密切地关注学生学习的过程，发现不同学生的学习问题或困难，并及时而有针对性地给予适宜的帮助、指导。这其中，教师运用的教导方式再也不是简单地"走教案"，而是依据学生学习过程中出现的不同情况，或者给予方法指导，或者进行示范引领，或者给予反馈评价，或者解答学生疑难，或者组织不同形式的交流，等等。显然，这对教师指导作用的要求不是降低了而是提高了，不是简单了而是复杂了。

教的方式的改变本身不是目的，其目的是促进学生学习方式的改变和为新的学习方式的运用提供支持条件。在新的改革经验中，学生学习方式改变主要表现为从单一和被动地听讲、做作业，过渡到主动地学（乐学、趣学）、多方式地学（如看书思考、主动提问、尝试作业、与人交流、自我检测、反思总结等）、个性化地学（自选学习方式、自由表达等），并以这样的学习占据教学过程的主要时空。学生学习方式的另一个变化是，独学与群学密切结合和相互促进。学习不再仅仅是学生个体孤立完成的过程，它还融入学生与他人的讨论、合作等人际互动过程，并以此利用他人和班集体的智慧来促进个体的学习。20世纪80年代卢仲衡等人提出的课堂教学模式普遍重视讨论环节运用、杜郎口中学重视小组合作学习、洋思中学倡导"兵教兵"、"新基础教育"强调"多向互动"、生本教育主张"讨论是学习的常规"等，均体现了这一点。

4. 学生观及学习观的变化

教与学的关系、教学组织形式以及教与学方式的改变是以新的学生观和学习观的确立为前提的。我国近些年来形成的教学改革经验的精髓在于，形成了新的学生观和学习观。如：生本教育对学生本体地位的强调，及其所形成的对学生的尊重、信任和主动发展的信念；"新基础教育"主张以学生主动、健康发展作为教学的核心价值取向，要求教师有学生立场；主体教育实验研究对学生主体地位和能动作用的突出；等等。这些均反映出我国新时期的课堂教学改革已经形成新的学生观和学习观。

崔其升校长教育思想的一个基点，用他的话讲，就是"相信学生，发动学生，利用学生，发展学生"。在杜郎口中学，教师对学生普遍表现出这样的态度：平等，尊重，信任，激励，给予大胆表现的自由和舞台。该校的一位学生这样描述她对学校的感受："我觉得最主要的是老师让我找到了自信。在这里，老师和我们学生是朋友似的关系，没有高低尊卑之分。老师相信我们，尊重我们，关爱我们，变着法子鼓励我们，每天都让我们找到成功的感觉，这种感觉真好！"（李炳亭，2006）[100]杜郎口中学制定的课堂评价标准，对学生课堂表现的评价要求，主要是看学生在课堂上主动参与和活动时的情绪状态。在杜郎口中学的课堂上，学生表现出的主动参与、大胆表现、激情四溢的精神状态，令很多参观者震惊。一位考察过杜郎口中学的专家认为，"杜郎口的课堂真正属于学生。……杜郎口的课堂，学生是主动参与不是被动参与，是全员参与不是部分参与，是实质性参与不是形式参与，是有效参与不是无效参与，是全面参与不是局部参与，是全过程参与不是阶段性参与"（蒋敦杰，2010）[34]。

同样，洋思中学的改革也鲜明地体现出类似的学生观。"在洋思中学的办学经验中，令人感触最深也最难能可贵的是他们充满教育关怀的学生观。他们从不挑剔、不选择学生，而是相信'每个学生都能合格'、'每个学生都能进步'、'没有教不好的学生，只有没尽心的老师'。"（周德藩，2003）[7]洋思中学甚至要求教师将教学的关注点放在后进生身上，讲课的起点、课堂提问和课后辅导的重点都是后进生。在洋思中学，处处都"执着地洋溢着一种教育的博爱精神、对学生的赏识与信任精神，这即是'爱满天下'、'让每一个孩子都抬起头来走路'的精神"（周德藩，2003）[38]。

正是由于教师对学生的深情而又真诚的爱护、尊重、信任和鼓励，学生学习的热情、信心及潜能才被真正激发，这是学生学习能动性产生的根源，也是学生全心投入、主动学习和个性化表现的动力。在这样的前提下，以学为本、先学后教、以学论教才能落到实处。可见，新的教学改革的前提在于学生观和学习观的改变。

值得说明的是，上述教学过程调整和变革的观念和举措并不是割裂的，在很多教学改革经验中它们是集成和整合在具有内在结构和可操作性的教学模式（教学活动流程）之中的。教学模式是沟通教学理论（观念）与教学实践的中介和桥梁。我国新时期成功的教学改革实验的一个共同之处就是，注重将新的教学思想或观念转化为教学模式，并引导教师理解和运用这种教学模式，进而达到改变教师教学行为的目的。如卢仲衡、邱学华、魏书生等人的学科教学改革，洋思中学和杜郎口中学的整体教学改革，都是如此。因此，这些改革经验涉及的是对课堂教学过程具体组织和实际操作的问题，而不仅仅是提出一种新的教学思想或观念。

总之，新时期我国教学过程改革经验总的特点是，通过改变教与学的关系、教学组织形式以及教与学的方式，落实学生在教学过程中的本体地位、主体作用和自主学习方式。新的教学基本上放弃了教师一讲到底的讲授式教学过程组织，取而代之的是以学为本、少教多学、先学后教和以学论教的教学过程组织形式。这种变革在课堂教学过程的组织上具有一定的革命性，基本上颠覆了在我国长期盛行的以教师及其讲授为中心的课堂教学过程组织方式，而构建了以学生及其学习为中心的学习中心教学的教学结构。

但新时期我国教学过程的改革也存在明显的不足。第一，在教学价值取向或目标追求上存在偏差。除了少数改革在自觉追求实现新的教学目标以外，如"新基础教育"以培养主动、健康发展的人为核心目标，主体教育突出学生主体性品质的培养，生本教育强调学生思维能力、创新精神及情感态度等发展性目标，杜郎口中学的教学模式在促进学生自主、合作及大胆表现等意识与能力发展方面客观上有明显的成效，多数学校开展的课堂教学改革所体现出来的价值取向或目标追求没有重大调整，仍然是以培养考试成功者及其所需要的知识和认知能力为核心目标。第二，与上述教学价值取向或目标追求上的偏差相对应，大多数教学改革主要专注于教学过程的变革研究，而未涉及课程及教学内容的调整。例如，"新基础教育"和生本教育将课程与教学进行整体设计，并对课程和教学内容的选择和组织进行了专门研究；杜郎口中学为突出学生自学而编制导学案以及对教师讲授内容进行限制，虽然也涉及对教学内容的调整，但主要是对讲授内容的范围和量的探讨，对其他的课程及教学内容问题则基本上没有涉及。因此，总体看来，我国近年来形成的教学改革经验主要是关于教学过程变革的经验，而对课程及教学内容调整的关注显然是不够的。这大概与应试教育的文化心理和制度安排有关。因为，对于多数学校而言，不论怎么改革，都不能也不敢超越由教育行政部门所划定的升学考试的课程内容范围。第三，与追求考试成功的教学目标相对应，学生的学习活动和方式仍然显得比较单一。在课堂中，学生的学习活动仍然主要是符号性的学习活动（听讲、看书、做作业），而缺少操作性、观察性、合作性（真正的合作学习与讨论学习是不同的）、反思性、实践性的学习活动。其实，新的教学过程所突出的学习中心非常有利于促进学生的全面发展。如果在以学习为中心的前提下，丰富学生课堂学习活动的类型，并将课内与课外、校内与校外的学习活动贯通，就能促进学生身心素养的全面发展。这可能也是未来我国教学变革要关注的一个重要问题。

（二）教育理论研究及相关教育政策导向对我国课堂教学改革的影响

要深入理解我国新时期课堂教学改革经验，还应考察同期我国教育理论研究的进展和国家相关教育政策的导向。因为，新时期我国课堂教学改革实践（实验）探索，并不是以自然自发或盲目尝试的方式进行的，而是深受相关教育理论研究和国家有关教育政策导向的影响。

1. 教育理论研究的引导

我国新时期所开展的课堂教学改革实践其实并不是突然出现的，相反，它有比较长时间的教育理论研究和教育思想转变的准备。改革开放以来，与国家经济及社会发展大势同步，我国教育理论研究也取得了很多进展，其中所形成的很多重要研究成果对教学过程的变革产生了启蒙、引领作用。

（1）关于学生发展取向及目标问题的研究

改革开放以来，为回应新时期国家发展对现代化建设人才提出的要求，教育理论界对学生发展的取向或目标问题进行了多次讨论，如关于学生的智力开发、非智力因素培养、全面发展、素质教育、学生主体性发展、学生创新精神及实践能力培养等问题的研究。为实现新的发展目标，对教学过程变革问题的研究，包括教学内容、教学方式方法、教学手段、教学模式等主要教学过程要素的调整，引起了理论研究者和教学实践者的广泛关注。

（2）关于师生关系及学生主体性问题的研究

20世纪80年代初期以来，国内对师生在教学过程中的地位与关系问题进行了诸多讨论，并形成了一些代表性观点，如单主体论、双主体论、复合主体论、交往关系论、主导主体论等（陈佑清，2011a）[290-292]。这些观点虽然对教师教与学生学在教学过程中的地位及其关系理解各不相同，但也有一个共同之处，就是它们都接受、认可学生在教学过程中的主体地位或主体作用。这对于突出学生在教学过程中的主体地位或能动作用起了重要的推动作用。

到了20世纪80年代末、90年代初，在上述研究基础上，以王道俊先生为代表的教育学者创立了"主体教育论"。王道俊先生认为："主体教育论的前提性人性假设是，人的本质特征在于人的社会实践，人是社会历史活动的主体，同时也是自身发展的主体。"（王道俊 等，2005）[26-27]主体教育论强调，教育的最高目的是把学生培养成社会历史活动的主体，并从新的时代背景下促进国家进步和个体独立人格发展的角度论证了主体发展作为教育目的的必要性；在教育过程方面，主体教育论强调要高度重视学生在自身发展中的能动作用和在教育过程中的主体地位，并将学生活动当作学生发展的基础，详细讨论了不同方式的学生活动与学生发展之间的关系（王道俊 等，2005)[36-38]。主体教育论超越上述师生教学关系研究，突出学生的主体地位，不仅从教育教学过程上强调学生的主体地位或作用，而且在教育目的上强调要把学生培养成社会历史活动的主体；同时，主体教育论还对学生主体活动的过程及方式与学生发展之间的关系进行了深入具体的研究。主体教育论的这些研究成果，对我国教育落实学生在教育过程中的主体地位和能动作用起到了重要的促进作用。

（3）关于学生活动与学生发展关系的研究

20世纪80年代后半期至90年代，在借鉴皮亚杰、维列鲁学派以及杜威等人的相关理论的基础上，我国有学者开始研究学生能动活动与学生发展之间的关系，并将学生自身能动活动看作是学生身心素质发展的主要因素。如叶澜教授于1986年提出了影响人的身心发展因素的新的分析结论。她认为，"正是在使个体发展的各种可能变为特殊的现实发展的意义上，可以说个体的活动是个体发展的决定性因素，没有个体的活动就谈不上任何发展"（叶澜，1986)[93]。同时，国内自20世纪90年代以来对活动课程、活动教学等问题的研究，也推进了对活动与发展关系的认识。如田慧生提出的活动教学理论，主张"活动促发展"的观点，并将学生能动活动当作活动教学的理论基础和实践切入点（田慧生 等，2000)[87]。另外，笔者从学生自身能动活动作为学生素质发展基本机制的角度，对学生能动活动的特征、过程、类型、教学组织等进行了比较深入系统的探讨（陈佑清，2000）。

（4）对西方新的学习理论的借鉴和传播

近些年来，从国外引进的学习理论、教学设计理论以及信息技术支持学生主动学习等成果，对我国学习中心教学观念的形成也产生了重要的影响。比如，西方20世纪90年代以来形成的新的学习理论，如建构主义学习观、情境认知理论、活动理论等，其最为根本的取向就是突出学习者在学习和建构意义中的中心地位。基于新的学习理论而形成的现代教学设计理论，形成了以学习为中心或面向学习者进行教学设计的新思路，并强调利用现代信息技术来支撑和促进以学生为中心的学习方式（自主学习、探究学习与合作学习）和教学模式（如翻转课堂及混合式教学）。

因此，可以说，到了 20 世纪末、21 世纪初，我国已经形成了非常明确和比较系统的突出学生在教育过程中的本体地位、能动作用和自主学习的理论观念。这种理论观念在促进我国教育思想转变和推进课堂教学结构由教师（讲授）中心向学生（学习）中心转变上，起到了重要的启蒙和引导作用。

2. 国家教育改革政策的导向

除了教育理论研究的启蒙和引导作用以外，改革开放以来国家推出的相关教育改革和发展政策，对我国课堂教学改革也产生了重要的导向作用。这些政策中有关新时期我国学生发展的取向和对应的教育教学过程改革方面的政策规定，对学习中心教学的建构有直接的导向作用。

比如，1985 年《中共中央关于教育体制改革的决定》提出"教育体制改革的根本目的是提高民族素质"，由此，素质教育问题开始引起教育理论研究和教育实践探索工作者的关注。1993 年《中国教育改革和发展纲要》明确提出，我国教育要由应试教育向素质教育转轨，素质教育开始被确立为我国基础教育发展的基本方向。1999 年颁布的《中共中央国务院关于深化教育改革，全面推进素质教育的决定》，第一次将学生创新精神和实践能力的培养当作素质教育的重点，由此我国教育开始重视和强调学生创新精神和实践能力的培养。该文件同时提出："智育工作要转变教育观念，改革人才培养模式，积极实行启发式和讨论式教学，激发学生独立思考和创新的意识，切实提高教学质量。"为贯彻第三次全国教育工作会议精神，2001 年，教育部启动了覆盖全国义务教育阶段的课程改革。作为这次课程改革的指导性文件，教育部发布的《基础教育课程改革纲要（试行）》对这次课程改革的目标和主要内容进行了全面的规定。其中，关于这次课程改革目标，该文件特别突出了围绕学生创新精神、实践能力以及终身学习素养培养的要求，在改革课程价值取向、课程结构、课程内容、课程实施、课程评价及课程管理等方面应达到的目标。在教学过程改革方面，文件提出："教师在教学过程中应与学生积极互动、共同发展，要处理好传授知识与培养能力的关系，注重培养学生的独立性和自主性，引导学生质疑、调查、探究，在实践中学习，促进学生在教师指导下主动地、富有个性地学习。"2010年公布的《国家中长期教育改革和发展规划纲要（2010—2020年）》，从全面建设小康社会和建设创新型国家的角度，提出我国中长期教育发展规划。文件提出："把育人为本作为教育工作的根本要求。……要以学生为主体，以教师为主导，充分发挥学生的主动性，把促进学生健康成长作为学校一切工作的出发点和落脚点。关心每个学生，促进每个学生主动地、生动活泼地发展，尊重教育规律和学生身心发展规律，为每个学生提供适合的教育。"文件还提出："坚持以人为本、全面实施素质教育是教育改革发展的战略主题，是贯彻党的教育方针的时代要求，其核心是解决好培养什么人、怎样培养人的重大问题，重点是面向全体学生、促进学生全面发展，着力提高学生服务国家服务人民的社会责任感、勇于探索的创新精神和善于解决问题的实践能力。"

总的看来，上述文件对新时期我国学生发展取向的政策规定，主要集中在强调实施素质教育上，即强调教育应以社会责任感、创新精神、实践能力培养为重点，面向全体学生，促进学生全面发展和主动发展；有关教育教学过程改革的政策规定，主要涉及改革人才培养模式或培养过程，强调在教育教学过程中尊重和调动学生的兴趣、经验、学习主动性，以及重视引导学生运用自主、探究、合作、实践等新的学习方式。显然，这些政策对我国新时期以学习为中心的课堂教学改革实践产生了直接的导向作用。

第三部分

学习中心教学的特质及其教学过程组织

在上一部分，从对国内外学习中心教学思想和实践的历史回顾中，我们对学习中心教学有了一些感性的认识和了解。要全面、准确地把握学习中心教学，还需要从学理上对学习中心教学的一些基础理论问题进行深入的分析。比如，学习中心教学与讲授中心教学相比有哪些基本的特质？学习中心教学何以必要？其存在的基本理由是什么？学习中心教学突出学生学习的中心地位，是否意味着教师作用不重要？如何理解学习中心教学中教师教导的功能、机制并在此基础上把握教导与学习之间的关系？学习中心教学的教学过程应该如何具体组织？在本部分，我们拟对这些问题展开讨论。

第五章 学习中心教学的特质及其存在的学理分析

与讲授中心教学相比，学习中心教学具有自身的基本特质，也有其存在的理由。认识学习中心教学的基本特质，并从学理上分析学习中心教学何以必要，是从理论上把握学习中心教学应该探讨的两个最重要的问题。

一、学习中心教学的基本特质

在我国，虽然改革开放以来形成了一些以学习中心为旨趣的教学改革经验，但对学习中心教学的基本特质并没有做专门的揭示。而在美国，有很多研究涉及对学习中心教学基本特质的理解。

（一）美国对学习中心教学特征的研究

由于美国教育中非常强调学生（学习）中心教学，因此对学习中心教学的特征也有很多研究。此处主要介绍两种具有代表性的看法。

1. 美国心理学会提出的学习中心原则

美国心理学会基于理论与实践研究，对影响学习者和学习的最重要因素专门进行了讨论，并在此基础上提炼和总结了学习中心教学的 14 条原则。这 14 条原则被整合成四个方面：认知和元认知因素、动机和情感因素、发展和社会因素以及个体差异因素（McCombs et al.，2007）[45-63]。这些原则既是对影响学生学习因素的归纳，也可以看作是对学习中心教学特征的一种揭示。

（1）认知和元认知因素

第一，学习过程的本质。当学习是基于已有信息和经验有目的地建构意义的过程时，对复杂内容的学习是最为有效的。成功的学习者是主动的、具有目标导向的、能够自我监控并为自己的学习承担责任的人。

第二，学习过程的目标。随着时间的推移并在他人的支持及指导下，成功的学习者能创建有意义和具有连贯性的知识表征。成功的学习者追求的短期学习目标可能是不完备的，但随着时间的推移，学习者通过弥补理解上的缺陷、消除不一致从而加深对学科内容的理解，将自己的理解进行精炼并最终实现长远目标。

第三，知识的建构。成功的学习者能够以有意义的方式将新信息和现有的知识联系起来。当学习者持续地在新信息、经验与他们已有的知识基础之间建立联系时，其知识得以拓宽和加深。

第四，策略性思维。成功的学习者能够创造和使用各种思维和推理策略来实现复杂的学习目标。学习者通过反思自己的学习过程、接受指导和反馈、观察榜样并和榜样交流等，深化和改进他们的学习策略。

第五，反省思维。成功的学习者通过选择和管理心理活动的高阶策略，来促进自己创造性和批判性思维的发展。成功的学习者能反思他们是怎样思考和学习的，能设置合理的学习或表现性目标，选择合适的学习策略或方法，并管理学习过程以实现学习目标。

第六，学习情境。学习不是发生在真空之中的，相反，它受各种环境因素所影响，包括教师、文化或团体、技术和教学实践。这些因素对于学习者的学习会产生不同的影响。

（2）动机和情感因素

第一，动机和情感对学习的影响。学习什么和怎么学习在很大程度上依赖于学习者的动机。而学习动机又会受到学习者个人的情感状态、信念、兴趣、目标及思维习惯的影响。

第二，学习者的内部动机对学习的影响。学习者的创造性、高阶思维、自然的好奇心等，都对其学习动机有影响。适度新颖与困难的并与学生兴趣相关的学习任务能激发学生学习的内部动机，内部动机能为学生个人的选择和控制提供准备。

第三，动机对努力的影响。掌握复杂的知识和技能需要学生付出比较多的努力。如果没有动机的驱使，要使学生心甘情愿地付出努力是不可能的。

（3）发展和社会因素

第一，发展因素对学习的影响。当学习者的身体、智力、情感和社会性等方面的差异和整体的发展差异都被考虑到的时候，学习是最有效的。

第二，社会因素对学习的影响。社会互动、人际关系以及与其他人的交流都能够影响学习。在完成学习任务时，如果学习者有机会与他人互动和合作，学习效果会提高。

（4）个体差异因素

第一，学习者的个体差异。学习者具有不同的学习策略、学习方式、学习能力，这些都是既有经验和遗传作用的结果。另外，通过学习和社会性的积累，学习者也会形成自己的学习偏好，这些偏好决定了他们以怎样的方式和速度学习。

第二，学习者的多样性。当学习者在语言、文化和社会背景方面的差异被考虑到的时候，学习就是最为有效的。

第三，标准和评价。设置适当的具有挑战性的标准，评价学习者及学习的进展，是完整的学习过程中不可缺少的部分。当学习者感受到自己为实现高目标而学习的挑战时，有效的学习就发生了。

美国心理学会所提出的上述原则，对美国学习中心教学的研究产生了重要的影响。比如，麦库姆斯（B. L. McCombs）及其合作者在这些原则的基础上，对学习中心教学的理论和实践进行了深入研究。他们认为，学习中心教学有两个关注焦点：一是关注个体学习者，即关注他们的遗传素质、经历、观点、背景、天赋、兴趣、能力和需要；另一个是关注学生的学习过程，即关注学生如何最有效地开展知识学习以及这种学习是如何发生的。教学实践要最有效地促进所有学习者的最高水平的学习动机、学习活动和学业成绩（雷浩，2017）[57]。基于这些原则，结合学生发展的年龄特征，麦库姆斯和米勒（L. Miller）分别研制了指导教学实践的 K—3 年级和 4—12 年级两个学段的学习中心教学的要素模型。其中，K—3 年级的学习中心教学主要应从"建立积极的人际关系和创造积极的学习氛围""提供学习动机支持""促进思考和学习技能的发展"等三个方面去推进和落实。这三个方面分别对应美国心理学会提出的学习中心四方面原则中的发展和社会因素、动机和情感因素、认知和元认知因素，此阶段的学习中心教学还不涉及个体差异因素。4—12 年级的学习中心教学则应从"创造积极的人际关系和氛围""尊重学生的声音、鼓励换位思考和提供个人挑战""鼓励高阶思维和自我调控"以及"适应个体发展差异"四个方面进行落实。显然，这与美国心理学会提出的学习中心四方面的原则是相对应的（McCombs et al.，2007）[87-93]。

2. 韦默对学习中心教学特征的看法

韦默在其所著的《学习者中心教学：教学实践的五种关键改变》（2002 年版）中提出学习中心教学实践应在"权利平衡、内容的功能、教师的角色、学习者的责任以及评价的过程与目的"五个方面发生改变，这实际上也是她对学习中心教学影响因素的一种理解，以及对学习中心教学特征的一种看法。

在《学习者中心教学：教学实践的五种关键改变》2013 年修订版中，韦默又提出了指导学习中心教学实践的七条原则（Fahraeus，2013），进一步对学习中心教学的特征进行了描述。

第一，教师让学生做更多的学习方面的工作。也就是说，让他们总结结论，准确说出在阅读等学习中遇到的困难。

第二，教师要更少地告诉或讲述，应在向学生提问方面做得更好。

第三，教师应更仔细地进行教学设计。也就是说，设计更多的课堂作业以帮助学生将认知技能应用到相应的学习材料中。

第四，教师应更准确地模拟或示范专家是如何学习的。教师在回答自己预料之外的问题时要愿意与学生分享他们自己的学习过程和思维过程。

第五，教师鼓励学生向别人学习和相互学习。

第六，教师和学生一起为创造学习氛围而努力。比如，给予学生机会以便他们能承担学习责任。

第七，教师使用评价来促进学习。也就是说，使用同学之间的评价和反馈作为学生参与讨论的成绩。

这七条原则既与韦默提出的学习中心教学所要求的五种教学实践改变相联系，也与她对学习中心教学的界定一致。在《学习者中心教学：教学实践的五种关键改变》2013年修订版的开篇，韦默提出了对学习者中心教学进行界定的五个要点：这种教学使学生主动参与学习，也就是说，不能让学生是被动的；这种教学通过教师与学生分享在课堂中应做些什么和应该完成什么作业的控制权来调动学生的积极性；这种教学鼓励合作；这种教学包含对学生某些学习技能的指导；这种教学促进学生反思他们是如何学习的以及学习到了什么（Fahraeus，2013）。

综上可以看出，美国人主要是从影响学习中心教学的外在要素（如韦默的研究）或心理因素（如美国心理学会的研究）的角度，分析学习中心教学的特征的。

（二）基于我国课堂教学改革经验的看法

我们认为，认识学习中心教学的特质应从理解教师的教导与学生的学习在教学过程中的功能差异及其联系入手。从静态的构成要素来看，教学是由教师的教导与学生的学习两种活动构成的，并且，在有效的教学过程中，教师和学生均要以主体的身份存在并发挥各自的主体作用。但是，从教学的动态展开过程来看，教师的教导与学生的学习在教学过程中发挥的功能并不是一致或对等的，相反，它们之间存在着明显的差异。在以发展为本，或者说，在强调内化学习和建构学习的教学过程中，学生独立、能动的学习应成为学生学习的基本状态，并且学生独立、能动的学习活动应作为教学过程的中心，占据教学的主要时空。

因此，所谓学习中心教学，也可称为学习中心课堂，是指以学生独立（自主）、能动的学习作为整个课堂教学过程的中心（本体、目的）的教学。相比于讲授中心教学，在学习中心教学中，课堂教学过程的组织要尽可能做到让学生独立、能动的学习成为学生学习的基本状态，并让学生独立、能动的学习占据主要的教学时空。在学习中心教学中，教学的中心（本体、目的）是学生的学习，而不是教师的教导；教师的教导是作为引起和促进学生独立、能动学习的条件或手段而存在的。"学为本体，教为条件"，或者说，"学为目的，教为手段"，是学习中心教学的基本特质。以学习为中心（本体、目的）的课堂教学也可以简称为"学本教学"。

学习中心教学的特质具体表现在如下多个方面。

第一，从教学时空占用大小来看，学习中心教学要求少教多学。从教与学占用的教学时空大小来看，学习中心教学要求学生能动、独立（自主）的学习活动占据主要或大部分的教学时间和空间（即少教多学）。由于一堂课的教学时间总量是一定的，因此，在学习中心教学中，应尽可能给予学生更多的独立学习的时间，而这要求以尽可能减少教师单边教的时间为条件。"减少教的时间"主要是指尽可能减少教师单向地面向全体学生讲授的时间，而不是笼统地指减少教师所有的教导行为。相反，由于学生能动、独立（自主）的学习是由教师组织、调控和支持的，因此，在学习中心教学中，那些能引起和促进学生能动、独立（自主）学习的教导行为，如动机激发、方法指导、反馈评价、疑难解答、互动交流等，应该增加而不是减少。学习中心教学坚持这样的理念：凡是学生能独立学习的内容教师要尽量放手让学生自己去学习；教师要将直接讲授控制在必要的范围内，去除多余的和不必要的讲授；教师要将更多的时间用于激发和指导学生能动、独立（自主）的学习。这正是我们在前述卢仲衡等人主持的课堂教学模式改革、"新基础教育"的课堂教学改革以及洋思中学和杜郎口中学的课堂改革中所看到的做法。如果课堂教学仍然以讲授为主或讲授占据全部的教学时空，那么学生能动、独立（自主）学习就没有所需的时空条件，也就不会有真正能动、独立（自主）的学习发生。当然，课堂教学过程中教导和学习各应占据多少时间，不能脱离具体的年段、学科内容和课型，进行机械地划分（如严格规定一堂课教师只能讲授 10 分钟等），而要依照具体情况来确定。少教多学是一个动态的原则，而不是一个固定的公式。

第二，从教学决策依据来看，学习中心教学强调以学定教。从选择教的内容、重点、难度、速度、方式等教学问题的决策来看，学习中心教学要求以学生的学习基础与可能作为教什么和如何教的依据（即以学定教），强调以学生已有的发展现实（学生的兴趣、现有知识、生活经验、思维方式与能力等）及其制约的学习可能性作为教学决策的依据。在传统课堂中，对上述教学问题的决策主要依据教学目标实现的需要，是典型的"目标导向的课堂"。具体表现在：课堂非常看重以目标为导向，且大多是以升学考试所看重的知识技能掌握作为课堂教学的核心目标；教师设计的教学行为和教学过程的组织径直地指向目标，往往不考虑学生的现有学情或状态，以及学生的能动参与和积极主动的信息加工或建构过程；教学过程没有铺垫、过渡，也没有兴趣、动机激发，更不顾学生的情绪反应，因而学生大多是被动参与教学过程。学习中心教学特别强调学生能动参与学习过程，它假定：没有学生的能动参与和主动建构，就不会有真正内化的学习和有效的学习；只有基于学生的问题设计教学的起点，利用学生感兴趣且基于其已有知识经验和思维水平的活动来组织教学过程，教学才可能保证学生活动的针对性、能动性和有效性。

第三，从教与学的先后顺序来看，学习中心教学可以采用先学后教、先教后学、教学同时等多种形式安排教和学的先后顺序。传统教学理所当然地以为，教学一定是先教后学。其实，在教学的不同时段、针对不同的教学任务，教和学的先后顺序不完全一致，具体有三种情况。其一，先教后学。比如，在教学的开始，尤其是在面对激发学生学习动机、引导学生自学、指导学习方法等时机或任务时应先教后学。其二，先学后教。比如，对学生的学习进行反馈及评价、作业讲评、解答学生疑难、有针对性的讲解时应先学后教。其三，教学同时，这最典型地表现在以讲授为主的教学中，教师的讲与学生的学（听讲）是同时发生的。国内近年来成功的课堂教学改革普遍使用了先学后教的安排。使用先学后教的意义有二：其一，实行先学后教，可以优先保证学生自主学习的落实。先学后教的一个基本理念是，凡是学生能独立自主学习的内容，教师都不要教，而是放手让学生独立自主学习。因此，实行"先学"可以优先保证学生自主学习的时间和空间，可以有效地锻炼学生自主学习的能力。其二，"先学"可以为"后教"明确教的对象、内容。通过完成"先学"的过程，学生会暴露、发现自己通过独立自学不能很好解决的问题、疑难，这些问题或疑难正是教的对象和内容。因此，"先学"实际上发挥了准确发现学生问题的作用，它能提高"后教"的针对性和有效性。

第四，从教学评价标准来看，学习中心教学主张以学论教（以学评教）。传统课堂教学评价往往偏重从教学目标定位、教学内容取舍、教学方法选择、教学手段运用等方面，设计评价指标。这些评价指标基本上是从教师教的角度设计的，而很少从学生学习的过程与结果的角度设计，因此，这种评价是典型的以教评教。而学习中心教学主要是从教师教导之下学生学习的状态及结果来评价教师教的效果，即以学论教或以学评教。它偏重于从学生在课堂教学中所表现的学习行为的状态角度，如学习行为的针对性、能动性、多样性、选择性等方面，设计评价指标体系（陈佑清 等，2016）。

由此可见，从教学时空占用、教学决策依据、教与学的先后顺序以及教学评价标准等多方面来看，学习中心教学将教学过程的中心放在了学生学习上面。同时，学习中心教学强调要围绕学习中心地位的落实和学习活动能动、有效地开展的需要，理解教导在教学过程中的功能及地位。

二、学习中心教学何以必要的学理分析

当代课堂教学改革为何要以学习为中心？这需要从学理上进行考察和分析。总的来看，教学到底应以学习为中心还是以讲授为中心，与我们如

何理解教学的价值取向、学习与教导的机制、学习与教导的功能差异及其关系等问题是密切相关的。因此，只有对这些问题进行深入把握，我们才能透彻地理解为何当代课堂教学变革要以建构学习中心教学为基本取向。

（一）当代课堂教学的价值取向：以学生发展为本

课堂教学的价值取向或目标追求可以从很多角度去理解。从我国目前中小学教学的实际来看，有两种教学价值取向最值得关注。一种是以让学生掌握知识为主，这种价值取向在时下我国中小学教学实践中是普遍存在的；另一种是以学生的发展为本，这是我国近年来一直在倡导的教学价值取向。这两种教学价值取向在很多方面存在重要的差异。

1. 两种不同的教学价值取向的特征

（1）以知识掌握为主的价值取向

以掌握知识为主几乎成为我国最为流行的教学价值取向。我国的教学存在明显的知识本位倾向，这既表现在"科学的"教学理论之中，更表现在学校教学实践之中。

教学的知识本位倾向以"科学的形态"存在于现行教学理论之中。我国现行的教学观念体系形成于 20 世纪 80 年代。其中，最为基础的是教学过程本质观。关于教学过程的本质，20 世纪 80 年代初期以来，国内进行了诸多讨论，并形成了很多观点，其中最有代表性、影响最大的是教学认识论。教学认识论是在继承凯洛夫教育学基础上形成的。教学认识论对教学的目的和任务、教学过程的本质以及教学在学校教育工作中的地位等主要的教学问题，都做出了明确的回答。其中，核心的观念是，认为教学是教师通过引导学生学习书本知识而促进学生身心素质全面发展的活动："教学的主要工作就是传授和学习人类社会历史经验，学生德智体诸方面的发展都是在这个基础上，围绕着这个中心，通过或结合这个过程而实现的。"（王策三，1985）[103]

教学的知识本位倾向在我国的学校教育实践中也有鲜明的表现，并被学校教育实践所放大。这突出地表现在中小学的课程设置、教学过程组织以及考评方式的选择上。我国基础教育学校的课程设置绝对地以学科课程为主。中小学尤其是中学的教学几乎全是书本知识教学；而以应试成功为主要追求的知识教学采取的实际教学过程是，教师将学科内容拆分为一个个知识点，并以考试可能涉及的知识点为重点，以对这些知识点的精细讲解、深入理解、反复训练、频繁检测（查漏补缺）为主要活动组织课堂教学过程；教学考评的工具主要是书面考试，这种考评方式着重检测学生对知识点掌握的系统程度和牢固程度，以及某些认知类素质（主要是语言智能和数理逻辑智能）发展的情况，却很难检测学生其他方面素质发展的情况。

这种教学价值取向将学生学习的目标主要定位于掌握基础知识和基本技能（即"双基"），即以对书本知识的理解、记忆、占有、再现作为学生学习或教学的主要目标。在"双基"目标中，基本技能主要是指与知识的感知、思维、记忆、书面运用所对应的认知技能，如语文学习中的听、说、读、写等，数学学习中的识数、计算、逻辑推理等。在实际教学中，由于这些认知技能是渗透在知识的掌握过程之中的，再加上很多教师在教学中片面追求对知识的记忆和再现等低层次的认知活动，学生的思维、知识运用等高层次的认知技能及能力得不到很好的训练，由此，"双基"目标实际上被窄化为仅仅注重知识的记忆和再现。这种情况在我国目前的中小学教学中比较普遍地存在着。

造成我国教学以知识掌握为主要目标取向的原因有多种。首先，"主知主义"教学理论的影响。我国现行的教学理论体系主要是在学习凯洛夫教育学体系的基础上形成的，而凯洛夫教育学直接受到赫尔巴特教育学的影响，后者十分重视系统知识的掌握。其次，我国民族传统教学思想的影响。我国教育已形成明显的以知识为本的传统，这表现为：在价值取向上偏重让学生牢固掌握系统的书本知识，在学习方式上强调"记诵之学"。陶行知先生对中国传统教育的这种弊端有过深刻的揭露。他认为，中国教育的一个"普通的误解，便是一提到教育就联想到笔杆和书本，以为教育便是读书写字，除了读书写字之外，便不是教育。……中国的教员和学生实在太过于迷信书本了。他们以为书本可以耕田织布治国平天下；他们以为要想耕田织布治国平天下只要读读书就会了"（陶行知，1981）[96]。最后，现有的学校教育条件主要是为知识教学服务的。相比于促进学生全面发展的教育，单纯的知识是易教、易学、易评价的，而很多学校现有的设备条件、教师素质、教学评价方式、升学考试制度等，是与单纯的知识教学相适应的，而不利于开展促进学生全面发展的教育。

以知识掌握为本的教学所存在的根本问题是，它使我国教育面临这样的困境：学生掌握的书本知识与其身心发展之间存在严重的分离或脱节的现象。一方面，学生掌握了大量细致、牢固的书本知识，善于应付书面考试；另一方面，他们却普遍表现出不会独立思考、实践应用、创造发明，也缺少为人处世、独立生存与自我发展的能力。

（2）以发展为本的价值取向

在教育学中，"发展"是指学生身心素质（素养）的形成与完善的过程。所谓"身心素质（素养）的形成"，是指身心素质（素养）从无到有的变化过程；所谓"身心素质（素养）的完善"，是指身心素质（素养）从少到多、从低水平到高水平的变化过程（陈佑清，2011a）[80]。以发展为本的价值取向强调，教学应以促进学生的身心素质（素养）的形成与完善作为最终目标或根本目标。

较之以知识掌握为主的价值取向，以发展为本的价值取向具有不同的特征（表5-1）。

表 5-1　两种不同的教学价值取向比较

价值取向	主要特征	对知识的看法
以知识掌握为主	将知识掌握本身当作教学的主要目标或唯一目标	知识目的论
以学生发展为本	将学生素质发展当作教学的最终目标或根本目标	知识工具论；掌握知识是教学目标的一个方面

区别于以知识掌握为主的价值取向，以发展为本的价值取向强调，课

程与教学应以促进学生身心素质的形成或完善作为最终目标。课程与教学虽然要以书本知识作为基本的学习内容和对象，但不能停留在对书本知识的记忆和复现上，而要关注如何通过书本知识的学习促进学生身心素质的发展。这其中一个关键的问题是，如何将外在于学生、作为学生学习对象的前人和他人创造的书本知识，转化或内化为学生的身心素质，使得学生因为掌握了书本知识而变得更会为人处事、生存立世，即形成生活、生存所需要的各种素质或本领。而知识的转化、内化与知识的记忆、复现有着本质的区别。

以发展为本的价值取向对于知识学习的总的看法是：书本知识掌握本身不是教学的最终目标、根本目标，更不是教学的全部目标，掌握基础知识只是教学的目标之一；书本知识学习是促进学生身心素质发展的重要资源、工具或手段，但它只是促进学生身心全面发展所需要的诸多资源、工具或手段中的一种。因此，以发展为本的价值取向所持的知识观是坚持"知识工具论"的观念，而反对"知识目的论"的观念。陶行知先生明确地提出，要将书本知识当作做事、生活、教育的工具："我们对于书的根本态度是：书是一种工具，一种生活的工具，一种'做'的工具。工具是给人用的；书也是给人用的。"（陶行知，1981）[120]同时，陶先生还强调，书本知识只是生活中诸多工具中的一种："文字与书本只是人生工具之一种，'老八股'与'洋八股'教育拿他当作人生的惟一工具看待，把整个的生活都从这个小孔里表现出去，岂不要把生活剥削得黄皮骨瘦吗？……中国教育所以弄得山穷水尽，没得路走，是因为大家专靠文字、书本做惟一无二的工具，并且把文字、书本这个工具用错了。"（陶行知，1981）[59]"书本是个重要的工具，但书本以外的工具还多着呢！……做一件事要想做得好，须用锄头便用锄头，须用斧头便用斧头，须用书本便用书本，须合用数样数十样工具便合用数样数十样工具。"（陶行知，1981）[96]

过去在我国流行这样一种说法：教育或教学的主要任务是传承人类创造和积累的文化知识财富。这种看法是站在文化知识传承和保存的角度来理解教育教学的目的的。而站在学习者的角度看，文化知识的意义存在于它对学习者身心发展的功能和价值上，那些对学习者的身心素质的形成与完善没有产生影响或促进作用的文化知识，是没有发展价值的知识，这种知识对于学习者而言可能具有生活意义，但不具有发展意义。应该说，人类所创造和积累的文化知识对于人类的生活来讲，都具有价值。但是，具有生活价值的知识对于特定学生的学习和发展而言，不一定具有发展价值。

2. 学生发展的当代取向

同样是以学生发展为本，但不同的价值取向却可能有不同的发展取向或内容追求。当代中国教育到底要突出培养学生的哪些素质要素，以培养出与时代发展需求相契合的、能创造成功人生和促进社会进步的人才？这是需要深入讨论的问题。

按照改革开放以来我国形成的有关素质教育的共识，人们对学生发展的具体内容或当代取向已经有一些基本的理解。虽然对于如何理解和界定素质教育，我国缺少应有的研究，也没有形成完全的共识，但是在国家教育政策层面，素质教育自 1993 年以来，就开始成为我国基础教育发展的基本方向。1993 年国家颁布的《中国教育改革和发展纲要》提出："中小学要由'应试教育'转向全面提高国民素质的轨道，面向全体学生，全面提高学生的思想道德、文化科学、劳动技能和身体心理素质，促进学生生动活泼地发展，办出各自的特色。"

应该如何理解素质教育？前国家教育委员会副主任柳斌提出了一种被很多人认可的看法。1996 年柳斌提出，素质教育有三个要义。第一，素质教育强调教育要面向全体学生。这是针对应试教育仅仅关注少数学生（如听话、成绩好的学生）的弊端提出的。第二，素质教育要促进学生德智体美等各方面素质全面发展。这是针对应试教育只突出学生智育的片面性提出的。第三，素质教育要让学生主动、多样化地发展。这是针对在应试教育中学生机械被动学习和发展的问题提出的（柳斌，1996）。2002年，柳斌又对素质教育提出了一个更为简单的解释："素质教育是什么呢？主要的一点就是着眼于帮助学生发展，'应试教育'是着眼于为高一级学

校选拔新生。"（柳斌，2002）[3]

素质教育强调要以学生的发展为本，那么学生身心发展应包含哪些素质要素呢？今天我们在理解学生发展的内容时，应关注以下维度的发展：首先，从面上看，教育不能仅关注某些学生的发展，而应关注全体学生的发展，努力促进全体学生的身心素质在已有基础上获得发展和完善。其次，针对每一个学生的发展，应同时关注学生的全面发展、个性化发展和终身发展的需要。其中，"全面发展"主要关注学生身心素质发展的全面程度，强调要让学生身心素质的各个方面都能获得发展，并且各个方面发展之间能达到协调、统一。全面发展是相对于片面发展而言的。"个性化发展"强调，要让不同学生在作为一个正常和健全的人所需的各方面素质得到基本程度发展的基础上，能充分发展各自的身心潜能、个性爱好，以形成自己的专长。"终身发展"是因应当今终身教育时代的需要，要求学生不仅掌握应对当下生活所需要的知识、技能，还要形成不断应对环境变化和知识激增所需要的终身学习、自我主动改造或发展的意向和能力。

在对学生发展内容的理解中，关于学生全面发展所应包含的素质要素及其结构的理解最为复杂。在我国，关于人的素质结构已形成几种十分流行的分析结论。其中之一是，沿用历来的习惯，将全面发展的人的素质结构归结为德智体美等几个方面。再比如，将人的素质结构划分为生理素质、心理素质和社会文化素质三个方面。1999 年第三次全国教育工作会议以后，在原有的德智体美等素质要素的基础上，又增加了创新精神和实践能力的内容。2001 年启动的新课程改革，将课程与教学目标规定为"三维目标"：知识与技能、过程与方法、情感态度价值观。

近年来，受国际上有关学生核心素养（key competency）问题研究的影响，国内对新时期我国学生发展的核心素养问题也进行了大量的讨论和研究。2016 年 9 月，北京师范大学林崇德教授领导的团队发布了有关中国学生发展核心素养的最终研究报告。该报告将新时期我国学生身心素质（素养）全面发展的内容概括为三大领域、六个方面、十八种具体素养（详见第二章）。相比于我国过去对学生全面发展的素质结构的理解，这个研究有几个重要的进展：第一，突出了当今信息化、知识经济和全球化时代对人的身心发展提出的新要求，如对学生自主发展（如学会学习、健康生活）、创新精神、实践能力、社会参与（如国家认同、国际理解）等方面的素养的强调；第二，相比于过去仅仅从德智体美等方面进行理解，该研究对学生身心全面发展素养内容的把握更加全面、具体，逻辑结构也更清晰。

（二）学生学习与发展的机制

国内外对学生学习与发展的过程有过诸多研究，得出的结论也不尽相同（陈佑清，2016a）[55-58]。此处主要针对我国目前流行的学习过程观，着重从学生自身能动活动的视角，理解素质学习与发展的机制。

1. 我国现行的学习过程观

我国现行的教学论教材一般都未专门讨论学生学习的过程，但都会讨论教学过程的本质问题。在讨论教学过程的本质时，实际上已涉及对学习过程的理解。

在我国，最为流行也最有影响力的教学过程观是教学认识论。教学认识论所讨论的认识过程实际上主要是学生的认识过程（王策三，1985）[133]。教学认识论认为，学生的学习过程是一种"特殊的认识过程"，即在教师的领导下，主要运用接受学习的方式学习间接经验从而获取对世界认识的过程。而且，这种特殊的认识过程是学生身心发展的主要基础，"教学的主要工作就是传授和学习人类社会历史经验，学生德智体诸方面的发展都是在这个基础上，围绕着这个中心，通过或结合这个过程而实现的"（王策三，1985）[103]。

可见，教学认识论着重从学生应该主要学习什么（间接经验）和如何学习（接受性学习）两个方面揭示学生学习的过程，并强调这种学习过程是在教师的领导下进行的。因此，教学认识论理解的学习过程其实主要是以书本知识为对象且以接受学习为主要方式的学习过程。学生在教师引导下学习知识的过程具体来看到底是一个什么样的过程？我国现行教学论和教育学一般偏重从教学过程包含的主要阶段或环节角度来揭示教学过程，而且主要关注的是传递—接受式教学中的学生学习书本知识的阶段或环节。比如，有人认为，现代教学过程应包含六个基本环节：①激发学习动机；②感知教学材料；③理解教学材料；④巩固知识经验；⑤运用知识经验；⑥教学效果测评（黄甫全 等，2003）[77-80]。

由此可见，我国现行的学习过程观讨论的主要问题是学生掌握书本知识的教学过程及其主要阶段。这与西方认知学习理论偏重从内部信息加工的角度揭示学习的过程不同。另外，我国现行的学习过程观也没有进一步揭示，学生的身心素质在其掌握知识的过程中是如何得以发展的。其实，学生学习的过程需要从学习的目标、对象、方式等多方面进行综合把握与全面理解。针对我国教学论已形成的看法，我们尤其要思考：学生学习的过程是否只是以书本知识为对象且主要以对书本知识的掌握为目标，同时又仅仅是使用接受方式学习的过程？如果从落实学生身心素质全面发展目标的角度来理解学习过程，那么学生学习的对象和采用的学习方式应该有何变化？可见，关于学习过程，我们需要重新认识。

2. 素质培育的过程与单纯知识学习过程的差异

按照上述讨论，我国现行的学习过程观实际上将学生学习的过程主要看作是以接受性学习的方式学习书本知识的过程。那么，这样的学习过程观能否用来解释和指导学生素质培育的过程呢？为回答这个问题，我们首先需要认识素质与知识的差异。

素质与知识其实是两种不同的东西。过去，很多人不区分素质和知识。比如，一种流行的看法认为，知识是素质的一种，甚至是人的最重要的素质；还有一种看法强调，知识是素质形成的基础，没有知识就没有素质。其实，素质与知识具有明显的差异，这种差异具体表现在如下几个方面。

（1）从本质上看，知识与素质是不同的

知识是指人类在社会历史活动或科学研究基础上形成的对客观世界、人类生活及人自身的认识。知识有两种存在形态。一是物化形态，如存在于各种实物（如瓷器、碑刻等文物）、印刷媒体和电子媒体之中的知识。物化形态的知识属于公共知识，是人类的共同财富，能为所有人所获取。二是人化的形态，即为人所掌握并存在于人头脑中的知识。人化形态的知识属于个人知识。人化形态的知识本身又由两部分构成：一部分是为人所记忆的知识，一部分是被人真正理解和内化的知识。素质是指存在于人身上的那些内在的、比较概括的、相对稳定的身体或心理方面的特征，是影响人的行为状态及其质量的内在因素。知识与素质的联系表现在，只有真正被内化的知识，才有可能转化为人的素质；而仅仅被记住的知识，与人的素质没有关系。

（2）知识与素质的存在形态不同

知识是可以符号化的，即可以用语言文字、数理逻辑、图形影像等符号加以记录和传播的，因此，知识可以脱离活的人体而存在于一定的物质媒体（印刷媒体和电子媒体）之中。而素质是一种生命化的存在，它内在于人的生命结构之中，只能存在于活的人体身上，而不能脱离活的人体而存在于一定的物质媒体之中。因此，素质本身是不能被符号化的；符号化的素质（即用语言文字描述或表达的素质）与素质本身是不相同的。比如，我们通过看爱因斯坦的传记，可以了解爱因斯坦的创造力具体有怎样的表现、是如何形成的等。但是，通过看书我们获得的只是用语言文字记录的符号化的创造力，而不是爱因斯坦本身的创造力。也就是说，通过看书，我们可以了解一些关于爱因斯坦的创造力的知识或信息，但并不能由此直接获得爱因斯坦所具有的创造力。

（3）知识与素质的评价方式不同

一个人掌握知识的状况，如掌握知识的多少及其牢固、熟练程度，可以用书面考试的方式进行检测。而一个人身心素质发展的状况，除了认知类素质以外，一般都不能简单地以书面考试的方式进行检测和评价。认知类素质之所以可以运用书面考试的方式检测，是因为认知类素质是指人在头脑中运用语言文字或数理逻辑符号分析问题和解决问题的素质，其所依赖的工具与书面考试所使用的工具是一样的，都是语言或数理逻辑符号。

素质所具有的不同于知识的上述特性，决定了素质培育的方式与单纯以掌握知识为目的的教学方式有重要的差异。在教学方式上，由于知识具有可以传递的特性，所以可以用传递—接受的方式去教和学。这也是我们所看到的，在单纯追求让学生掌握知识结论的教学中，教师传递—学生接受的教学方式是十分流行的。而素质具有不可传递性，教师无法简单地用言传口授的方式传递素质，对应地，学生也就无法用听讲或看书等直接接受的方式去获取素质。素质具有自身特定的教与学的机制或方式。

3. 学生能动活动作为学生素质获取与发展的机制

目前有关学生素质获取和发展机制最有影响的看法，是从学生自身活动角度去理解学生素质获取与发展的机制。

(1) 对已有研究的回顾

对于学生活动与学生身心发展之间的关系，国外已有很多研究，其中比较著名的有苏联维列鲁学派，以及杜威、皮亚杰等人的研究。

维列鲁学派（文化历史学派）在理解人的发展时，着重从文化工具使用的角度，揭示人的心理活动及人的发展所具有的特征。首先，维列鲁学派强调，善用符号工具是人的高级心理活动最典型的特征。人的高级心理机能（如思维能力、判断能力、问题解决能力等）要以人造符号（语言符号、数理逻辑符号、信号、编码等）为中介获得发展。符号作为指代实际事物及其意义的代码，使得人能脱离具体事物，并超越当下时空，在头脑中思考和学习大千世界中的一切事物。其次，该学派认为，社会历史文化是促进个体心理发展的主要源泉。也正是因为人善于发明、使用各种符号系统，人的生存生活经验能脱离具体的个人而得以储存、积累和传递，进而汇集成为人类所特有的社会历史文化。社会历史文化又成为新生代学习和发展的资源。最后，个体学习社会历史文化的方式是参与活动。维列鲁学派所强调的"活动"，是指具有社会历史性的活动，而不是纯粹个体的活动。

维列鲁学派的不同学者对于促进人发展的活动形态的理解是有差异的。比如，维果茨基突出的是交往活动。维果茨基认为，个体心理活动发端于个体所参与的集体活动。在集体中，人的高级心理机能以"心理间的过程"的形式存在；随后，在类似的活动情景中，高级心理机能的"心理间的过程"内化为个体的内部心理过程。据此，维果茨基将人的高级心理机能的发展机制概括为："在儿童的发展中，所有的高级心理机能都两次登台：第一次是作为集体活动、社会活动，即作为心理间的机能，第二次是作为个体活动，作为儿童的内部思维方式，作为内部心理机能。"（维果茨基，1994）[403]基于这种理解，维果茨基认为，教学促进学生心理发展的过程是，在教师的帮助或与同伴合作的条件下，学生心理从潜在水平向现有水平转化的过程。列昂节夫将维果茨基的内化思想总结为："人的心理发展的主要机制就是掌握社会的、历史上形成的各种各样的活动并把它们改造为内在心理过程的机制。"（列昂节夫 等，1962）[6]

列昂节夫则特别强调外部感性的实践活动对于人的心理发展的意义。他说："外部的感性—实践活动，从发生上来讲，是人类活动的原始的和基本的形式，这种情况对于心理学具有特殊的意义。"（列昂捷夫，1980）[52]外部活动之所以对于理解人的内部活动是重要的，是因为外部活动使得人的"内部心理过程的领域是面对着客观对象世界而打开着的"，同时外部对象世界也通过外部活动这个环节进入人的心理过程。外部活动具有一种特殊的机能，"这个机能把主体纳入对象的现实中，并把这种现实改变为主观性的形式"（列昂捷夫，1980）[60]。外部活动是主体与客体发生联系的中介环节。据此，列昂节夫认为，人的心理活动从发生角度来讲，是产生于外部活动的内化："内部形式的活动起源于外部实践活动，并不与外部实践活动相分离，也不是在它之上形成的，而是同它保持着根本的并且是双方面的联系。"（列昂捷夫，1980）[67]所谓内化，"指的是一种过渡，由于这种过渡的结果，对付外部物质性对象的外部形式的过程转变为在智慧方面、意识方面进行的过程；在这种情况下，它们经受了特殊的转化——概括化、言语化、简缩化，而最主要的，是能够超出外部活动可能性的界限而进一步发展"（列昂捷夫，1980）[60]。正如加里培林所评论的，列昂节夫的观点总的基础是："对于心理生活力求从它与具体的，外部的，

实物的活动的联系方面来加以研究。"（列昂节夫 等，1962）[447]

达维多夫在综合维果茨基的心理发展的社会历史文化理论和列昂节夫的活动理论的基础上，提出了儿童心理发展是在再现"类活动"中实现的观点。再现是儿童的一种特殊的学习活动，指的是"个人对历史形成的各类活动以及与之相应的那些在其取得过程中得以实现的能力的一种再现"（达维多夫，1996）[序5-6]。再现实际上是个体对人类积累的历史文化成果中所体现的"类活动"及相应的"类能力"的重演。个体通过对"类活动"的再现、重演，实现对"类能力"的掌握："儿童一方面产生并形成一种特殊的'再现性活动'，另一方面他在这种活动的基础上获取或再现各种具体能力。这两种过程构成儿童心理发展的普遍形式。"（达维多夫，1996）[41]

杜威对于儿童发展问题有深入的研究。杜威在其经验主义教育哲学的基础上理解儿童发展的机制，认为他所提出的教育哲学，其"最基本的统一性可以在这样的观念中找到：实际经验的过程和教育之间有着紧密的和必要的联系"（Dewey，1997）[20]，"教育是在经验中、由于经验、为着经验的一种发展过程"（Dewey，1997）[28]，教育是"日常经验内在的各种可能性被理智地指导的发展"（Dewey，1997）[89]。因此，杜威认为，"教育的问题就是要抓住他（指儿童——引者注）的活动并给予活动以指导的问题"（杜威，1994）[45]。可见，杜威对于儿童发展机制的基本看法是，儿童的发展是在他与环境相互作用的经验（活动）过程中实现的，经验（活动）过程是促进儿童发展的基本机制。

杜威还具体讨论了促进儿童发展的活动的特征与形式问题。杜威强调，促进儿童发展的活动从特性上看，是指儿童能动的（即基于儿童的本能和内在需要）、有理智参与的（即反省的经验）、具有探究性的实际活动（如金工、木工、缝纫等活动）。同时，杜威还特别强调，儿童活动是以"社会生活""联合活动"等形式出现的，而不仅是孤立个人的活动。可见，杜威所主张的促进学生发展的活动是交往活动与对象性活动的统一（陈佑清，2011a）[36-38]。

皮亚杰创立的发生认识论，对主体活动与主体认知发展之间的关系进行了系统的揭示。针对经验认识论和理性认识论的缺陷，皮亚杰认为，以主体自身活动为中介的主客体之间的相互作用是主体认识发生、发展的基本原因和机制。他说："认识既不是起因于一个有自我意识的主体，也不是起因于业已形成的（从主体的角度看）、会把自己烙印在主体之上的客体；认识起因于主客体之间的相互作用，这种作用发生在主体和客体的中途，因而同时既包含着主体也包含着客体。"（皮亚杰，1985）[21-22]皮亚杰认为，主客体之间的相互作用是通过一定的中介物实现的，这个中介物就是主体自身的活动。

皮亚杰认为，作为主客体相互作用的中介的活动的形态，随着儿童年龄的增长而发生变化。在表象性概念和言语形成之前，作为中介的活动是感知—运动活动（属外部活动），在言语和表象性概念形成之后，作为中介的活动是"概念化思维活动"（即内部活动）。同时，皮亚杰以同化、顺应及平衡等概念，说明活动中主客体相互作用的过程。

西方课程论发展过程中的代表人物泰勒（R. W. Tyler）同样强调学生获得经验对于学生学习与发展的意义。在分析课程编制的原理时，泰勒反复强调学生学习的过程是一个主动地获得经验的过程："学习是通过学习者所具有的经验发生的，就是说，学习是通过学习者对他所处的环境做出反应而产生的。因此，教育的手段是学习者已有的教育经验。"什么是学习经验？泰勒指出，学习经验既不同于一门学科所涉及的内容，也不同于教师所从事的活动，"'学习经验'是指学习者与他能够做出反应的环境中的外部条件之间的相互作用。学习是通过学生的主动行为而发生的；正是学生自己所做的事情导致学习的发生，而不是教师所做的事情产生学生的学习"（Tyler，2008）[183]。

国外上述思想对我国基于学生活动理解学生发展的"活动—发展观"的形成产生了直接影响。自20世纪80年代后半期以来，在借鉴和吸收国外研究成果的基础上，我国开始形成学生的发展主要依赖于学生自身能动活动的观念。

国内较早关注这一问题的是叶澜教授。针对传统看法的弊端，叶澜教授于 1986 年对影响人身心发展的因素问题提出了新的看法。她认为，影响人身心发展的因素可归结为两类：一类是可能性因素，包括主体自身的条件和环境条件；另一类是现实性因素，即主体自身的活动。其中，"可能性因素为人的发展提供的是多种可能，但要使可能最终成为现实的发展只有借助于个体的活动才能实现。正是在使个体发展的各种可能变为特殊的现实发展的意义上，可以说个体的活动是个体发展的决定性因素，没有个体的活动就谈不上任何发展"（叶澜，1986）[93]。

20 世纪 90 年代以来国内对活动课程、活动教学等问题的研究也推进了对活动与发展关系的认识。如田慧生提出的活动教学理论，强调"活动促发展"的观点，认为学生的身心素质发展主要是通过学生自身主动活动实现的。活动教学理论将这个观点当作活动教学的理论基础和实践切入点（田慧生 等，2000）[87]。

综上，国内外目前对于学生学习和素质发展的机制形成了这样的共识：学生自身的能动活动，或者说，学生作为主体与环境的相互作用、学生自身的经验过程，是学生学习和学生素质发展的基本机制。

上述结论与 20 世纪 90 年代以来形成的新的学习观也是一致的。进入20 世纪 90 年代以后，西方开始出现综合应用计算机科学、神经科学、认知科学、人类学、教育学等多学科视野研究学习过程问题的动向，并形成了多种新的学习理论。乔纳森主编的《学习环境的理论基础》一书中提及的新的学习理论主要有情境学习理论、活动理论、分布式认知、生态心理学、日常认知与日常推理、社会共享认知、基于案例的推理与学习。这些新的学习理论对学习的理解，与过去西方流行的学习理论（如行为主义学习理论和认知主义的学习理论）相比，发生了很大变化。乔纳森认为，这些新的学习理论对学习的理解至少有三个基本的转变：强调学习的建构本质、学习的社会协商本质以及参与实践共同体的重要性（乔纳森，2002）[序言3-4]。实际上，这些新的学习理论，很多是深受维列鲁学派活动理论影响的产物。

（2）能动活动促进学生素质发展的具体机制

要理解能动活动作为学生素质发展的具体机制，首先需要理解何谓能动活动。所谓能动活动，即主体性的活动，亦即学生作为主体参与和开展的活动。具体来看，能动活动是指活动主体在自身需要（表现为活动的目的）的推动以及在自我意识的调节控制下，依据自身的活动目的以及活动的对象、环境及过程的规定性，主动选择和创造相应的活动程序、方式和方法作用于客体，以使客体发生相应的变化，从而实现自身的活动目的的过程（陈佑清，2000）[30]。

值得说明的是，作为学生的学习与身心发展机制的"活动"，其范围或种类涉及学生参与的一切对其身心可能产生影响的活动。从指向的对象来看，学生的活动既包括内向（发生在头脑中）的心理活动，如记忆、思维、想象、推理、判断、反思、感受、体验等；也包括外向的身体活动（表现于头脑之外可见的身体动作），如符号活动（看书、上网）、动手操作、人际交往、实地观察、社会实践等。当然，对于人的身心发展产生全面影响的活动，更多的是指内外（身心）协调或统一的活动，而不仅仅是内向活动或外向活动。因为，只有内外统一的活动才可能产生主体与客体之间的双向对象化的效应。

能动活动为何成为学生学习与发展的机制？目前在理论上存在不同的解释。如维列鲁学派主要从外部活动与内部活动之间的内化与外化，杜威从人与环境相互作用所引起的经验的改组和改造，皮亚杰从主体与客体之间相互作用过程中所产生的同化与顺应之间的平衡，来解释能动活动促进人的身心发展的机制。

主体的活动之所以具有促进主体的身心素质发展的效应，与主体活动中存在着主体与客体之间的双向对象化有关。所谓主体、客体之间的双向对象化，是指活动的主体和客体在对象性关系和对象性活动中的相互转化、相互实现、相互渗透、相互创造。主体与客体双向对象化包括主体的客体化和客体的主体化两个方面（王永昌，1991）。

所谓主体的客体化，指的是主体通过对客体发生积极的作用、影响和改造，将自身现有的与该种活动客体及活动过程相关的各种素质（观念、价值取向、情感、技能、能力、创造性、审美力等）渗入、融合到客体中，从而实现活动目的的过程。主体客体化的结果是使客体成为主体的"化身"和"投射"，确证和体现着主体的上述各种素质。比如，一个小孩（主体）把橡皮泥（客体）捏成一辆小汽车（活动目的）的活动。在这个活动中，主体的客体化表现为，小孩将自己对小汽车的已有看法（观念、认识），对橡皮泥的搓、揉、拉等动作技能，对小汽车的想象、创造或审美偏好等，通过捏制活动，对象化到橡皮泥之中，使一堆无形的橡皮泥成为一辆有形的小汽车。

所谓客体的主体化，指的是活动中的客体及活动过程通过各种途径和形式对活动主体所产生的一种反向作用和影响，并使客体性的东西转化为主体性的东西的过程（王永昌，1992）。客体的主体化的实质是，客体的形态、结构、功能以及作用于客体的活动过程以观念、表象、心理感受、体验等形式进入了主体的心理结构，对主体的心理产生了刺激作用，使主体对其产生相应的观念、表象、感受、体验。比如，客体的形态会引起主体产生某种知觉反应和审美感受；客体的结构和功能会激起主体对事物的结构和运行规律进行认知了解，并促进主体的认知发展；对客体作用的活动过程则对主体的技能、能力、创造力、情感、意志等产生全面的影响和塑造作用。还是以小孩用橡皮泥捏制小汽车的活动为例。在这个活动中，客体的主体化表现在，通过完成这个活动，儿童对橡皮泥的柔软度、延展性、可任意变形等特性会有更深入的了解和体验，捏制的过程也会训练儿童的捏、拉、搓、拼等各种动作技能，还会深化儿童对汽车结构的认识，甚至培养儿童关于汽车的想象力，以及对汽车及其制作的兴趣，等等。这个过程就是客体及活动过程对主体反向作用的过程，即客体主体化的过程。

在主体活动的过程中，主体的客体化与客体的主体化并不是分别进行的，而是同时发生的。主体在活动中总是努力追求实现自己预期的活动目的；但是，当主体现有的身心素质结构（包括需要和价值取向、认知结构、技能能力、情感意志等）尚不支持主体对客体产生自己预期的作用时，主体就会根据自身活动的目的以及活动客体及活动过程的现实规定性，主动调整、改造、丰富自身现有的身心结构，以实现预期的活动目的。这也就是我们在生活中所看到的，当一个人很想做一件事但不会做时，他就会主动努力地学习新的知识或调整自己已有的知识结构，学习做这件事的技能，发展相关的能力，培养做好这件事所需要的情感态度等，直到学会做这件事。因此，主体活动过程的成功实施会产生两个方面的结果：一方面，实现预期的活动的目的（此即主体的客体化）；另一方面，主体为实现活动目的而根据活动客体及活动过程的规定性，主动调整、改造、丰富自身身心素质结构，从而实现自身身心的发展（此即客体的主体化）。所以，主体活动的过程是主体和客体之间双向对象化（双向转化、双向实现）的过程。"人在改造客观世界的同时，也在改造自己的主观世界"的说法，反映的就是这个道理。

需要说明的是，并不是任何一个活动都能促进学生的身心发展。促进学生发展的活动应满足如下两个条件：首先，只有主体性的活动才具有促进人的身心素质发展的功能。因为，人只有从事符合自己的需要或自己感兴趣的活动时，才会主动投身于活动之中，他的心理才会面向活动过程而打开，活动过程和客体对象才能进入主体的心理结构，主体才会主动调整、改造、丰富自身的心理结构；同时，活动的过程才能引起主体积极的情感体验和内心反应（因为任何情感体验的产生都是以主体需要为尺度的）。另外，人的心理的调整、改造和丰富（如改变某种习惯、形成某种能力），往往不是在一次活动当中并且轻易就能完成的，而是在长期的、多种多样的活动中通过艰苦的努力才能实现的，这也要求人为发展自身所进行的活动应该是符合人的需要和兴趣的活动。因为只有从事这样的活动，主体才有持久的、内在的活动动力。正因如此，很多先进的教学理念和方法都重视激发儿童的学习兴趣和内在需要，以使儿童主动地投入学习过程之中。如皮亚杰就认为，"发展实质上依赖于主体的活动，而它的主要动力，从纯粹的感知运动一直到最完全的内化运算，乃是一种最根本的和自发的可运算性"（皮亚杰，1981）[43]。依据这种发展观，旧的学校教育强迫儿童学习，而"新学校则借助于真正的活动，借助于以个人的需要与兴趣为基础的自发活动"（皮亚杰，1981）[153-154]。杜威也非常强调儿童的兴趣的作用，认为儿童从事自己有兴趣的活动时心智就会获得发展，"智慧所学习的任何事物都是在进行有主动的兴趣的活动方面发挥作用的事物"（杜威，1990）[143]。叶澜教授基于她的"新基础教育"的理论思考和实践研究强调："必须使教育者对全部教育过程的策划，以对人的生命发展的能动特点的尊重和开发为最重要的支点。"（叶澜，1999）[184]其次，促进学生身心发展的活动应具有一定的难度。只有具有一定难度的活动，学生参与其中才会发生客体主体化的过程，即产生促进学生身心结构改变或发展的效应。而对于没有难度的活动，主体只需将现有的身心素质对象化到客体及活动过程之中就能实现活动目的，客体主体化的过程不会发生，因此也就不能促进主体的身心发展。这正是维果茨基所强调的，教学要能促进学生发展，其难度就应置于学生的最近发展区之内，而不能低于学生现有的发展水平。

在实际教学过程中，学生能动活动有内外两个方面的表现。学生能动活动的外在表现是，学生主动参与学习活动和积极投入学习过程。如：学生积极主动进入学习过程和维持学习过程，在学习过程中表现出全神贯注、热情高涨等精神状态。这种外在表现因为有相应的动作或情绪出现，可以被外人观察到。如在杜郎口中学的展示课中，学生在预习基础上，通过分组合作准备，以小组为单位向全班展示本组学习的观点、体会。在展示过程中，学生呈现出主动积极、全心投入、个性张扬、激情飞扬、全体参与的状态。一位考察过杜郎口中学的专家认为，"杜郎口的课堂真正属于学生。如果从参与面、参与主动性、参与程度、参与条件等多个维度分若干档次看学生的主体参与度，杜郎口都在高档位"（蒋敦杰，2010）[34]。学生能动活动的内部表现是，学生在头脑中积极进行信息加工和思维建构。如：学生主动对所学知识进行分析、综合、改造、推理、想象、判断、评价、转化等，并形成自己的感受、体验、领悟。对于内化学习和有效学习而言，外在行为上的主动参与和积极投入只是一个前提，更有实质意义的活动能动性体现在内部活动过程上。因为，只有当学生积极主动地进行思维加工和主动建构时，知识才能被内化，并转化为学生的素质。这正是建构主义学习理论所强调的观念。我们在中小学课堂中可以观察到这样一种现象：有些教师在课堂上组织了丰富多彩的活动，课堂气氛很活跃，学生参与的积极性也很高，但一节课下来，学生其实并没有学到什么东西。为什么学生主动参与了学习活动，却没有产生积极的学习效果呢？这主要是因为，学生只是在外部表现出能动地参与了活动，却缺少内部的积极思考和信息加工的过程。

（3）学生能动学习活动的多种形式

由于学生学习活动具有多种类型，学生发展也包含不同方面的素质要素，因此需要在上述活动—发展观的基础上，进一步探讨促进学生身心全面发展的学生学习活动的多种形式。为此，需要研究这样两个问题：活动与发展之间具有怎样的相关对应性？多维学习活动与学生的全面发展之间具有什么样的关系？

所谓活动与发展之间的相关对应性，是指活动的种类或形态与人的身心素质发展的状态之间存在相关性或对应性的关系。也就是说，特定的活动具有特定的发展功能或能产生特定的发展效果；反过来讲，一个人从事某种活动所需要的特定状态的素质结构，主要应在对应形态的活动中去发展或培养。学生活动与学生发展之间存在着相关对应性，这可以从其存在的具体表现、原因、教学意义等方面来进行认识（陈佑清，2005）。

不同的活动与不同的素质发展之间存在着明显的对应性。这主要表现在两个方面。其一，素质的内容与具体的活动相对应，也是在相应的活动中表现的。同一种素质要素（如智力或创造力）在不同的活动或行为中表现的内容是不完全一样的。心理学研究发现，在人的智能结构中，除了有适用于人的所有活动的通用智能以外，还存在大量仅适用于特定活动的特殊智能。这个结论最初是由斯皮尔曼（C. Spearman）提出来的，之后韦农（P. E. Vernon）又提出了智力的层次结构理论，对这一结论做了发展和具体化（林崇德 等，1996）[2-3]。加德纳（H. Gardner）的多元智能理论更具体地说明了这个问题。多种类型智能的存在说明，虽然从形式上讲，各种智能具有共同性，反映的是人在思考问题时的灵活性、敏捷性、深刻性等；但从内容上看，智能具有类型上的差异，这种差异往往是与人从事活动的对象的类型相对应的。除了智能以外，技能、创造力、情感、兴趣等素质要素都是如此，它们在内容上也是与相应的活动对应的。比如，人对书本知识学习的兴趣与对动手操作的兴趣是两种完全不同的兴趣，绘画中的创造性与烹调或教学中的创造性存在着显著的差异——虽然它们在名称上都叫"兴趣"和"创造性"。因此，不但存在多元智能，而且同时存在多元兴趣、多元技能、多元创造力、多元审美力等。

其二，与某种活动对应的特定内容的素质主要是在对应的活动中发展的。素质内容的具体性对应着素质发展过程的具体性。比如，由于人对不同活动的需要和价值取向有巨大差异，特定的需要总是与特定的客体对象及其某种功能相对应，因而是与特定的活动相对应，因此我们不能以实物客体和实物活动去满足和发展人的交往需要，也不能以书本知识学习活动去培养学生动手操作的兴趣和需要。同样，由于人的情感体验与具体的对象和活动相关联，情感体验的产生具有情境性（所谓"触景生情"），没有抽象的，不与特定的需要、对象、活动和情境相对应的普遍的情感体验，所以从知识学习中所获得的情感体验不同于在实际活动中所产生的情感体验。正因为如此，"情感教育的过程应珍视、保留人生命早期敏锐的感受能力、强烈的感受欲望及其细致性和独特性"（朱小蔓，1993）[147]，避免由于抽象化、概念化而破坏了人对具体情境和活动过程的感受和体验。人的审美感受也是如此。一定的审美感受总是与一定的美的形象或形式相关联，没有抽象的审美感受。

早有学者指出活动与发展之间的相关对应性现象。教育哲学家彼得斯（R. S. Peters）在分析发展的概念时，谈到发展与经验的相关对应的问题。他认为，人的素质发展是与特定的经验方式相对应的，"人的心理品质不能被看作是与经验方式相脱离的普遍的'心理能力'，因此，人的发展并非与人在不同经验方式中的发展相异的，相反，人的发展以人在不同经验方式中的发展为前提"。一般所说的聪明、诚实、有创造性等优秀品质，"提供了一种人的发展的公因式，它们贯穿于不同的经验方式中，但是只有在各种具体的经验方式中才能得以锻炼"（Peters，1970）[55]。

因此，依据人的身心素质内容的具体性、人的活动的具体性及其所引起的人的身心发展效应的具体性，我们可以得出这样的结论：特定的活动与特定内容的发展之间存在着相关对应性。即：与特定活动对应的特定内容的需要、价值取向、智能、创造力、情感体验、审美感受等素质，需要以特定形态的活动去塑造和培养。或者更概括地说，主体从事某种形态的活动所需要的身心素质主要应在对应形态的活动中去发展和培养。也就是说，人主要在操作活动中发展他作为操作活动的主体所需要的素质，如对操作活动的兴趣、价值取向、情感体验、技能能力、意志调节力量、审美力、创造力等，主体不可能仅在书本知识学习的活动中发展从事操作活动所需要的上述诸种素质要素。同样地，人只有在交往活动中才有可能发展作为交往的主体所需要的素质结构，与书本知识获得或使用相关联的素质主要是在书本知识学习活动中形成与发展的，等等。当然，强调活动与发展之间的相关对应性，并不能否定不同类型的活动在主体素质发展中的交互作用。实际上，书本知识学习对于人作为操作活动主体和交往活动主体的素质发展也有极为重要的作用，它能为人在这些方面素质的发展提供间接经验的指导和借鉴，使个人的发展能基于前人和他人的经验，从而超越个体活动和个人经验的局限，并达到人类已有的发展水平。同样，操作活动与交往活动对于知识学习与认知发展也有独特的意义（陈佑清，2000）[139-152]。我们在此所要强调的是，虽然书本知识学习对于操作活动主体和交往活动主体的素质发展具有一定的作用，但它不能代替主体的操作活动和交往活动。对于操作活动主体和交往活动主体的素质发展来讲，操作活动与交往活动所起的作用更直接，也更重要。正如书本知识学习对于认知素质发展的作用比操作活动和交往活动更直接、更重要一样。

认识活动与发展之间存在相关对应性，具有重要的教学意义。这主要表现在，基于活动与发展之间的相关对应性，我们能够发现我国现行课程与教学设计安排在促进学生发展方面所存在的局限及改进的方法。

我国现行教育的一些做法，是背离活动与发展之间的相关对应性规律的。比如，我们总是企图用单一的活动（主要是书本知识学习）去培养全面发展的人。我国教育非常重视通过让学生学习文化科学知识实现人的普遍性的发展，但很少关注通过人的具体的活动落实人的具体的发展。我们一方面在呼吁培养具有实践能力和生活本领的人，另一方面在教学内容和过程的组织上又不引进学生的实际活动，而只是让学生学习记录前人和他人的活动经验的书本知识和文字符号。在理论上，我们虽然不相信官能心理学和形式训练说，但在教育实践中，一些教育行为实际上是形式训练性质的，比如不引进相应的活动，只想通过书本知识学习这种特殊类型的活动去培养学生一般的、具有普遍适用性的价值取向、技能、能力、情感、审美力等。杜威对形式训练说做了这样的批判分析："这个理论把人的活动和能力与所用的材料分离开来。其实我们并没有所谓一般的看、听或记忆的能力；我们只有看、听或记忆某种东西的能力。离开练习所用的材料，一般的心理的和身体的能力的训练全是废话。"（杜威，1990）[69-70]

因此，依据活动与发展之间存在相关对应性的规律，我们在教学中应特别注意教学内容与教学目标之间的对应与匹配的问题。首先，不能用单一的学习活动去实现所有的发展目标。根据活动与发展之间的相关对应性规律，任何一种活动都不具有普遍或全面的发展价值，无论是知识学习还是操作活动或人际交往都是如此。那种以知识学习为中心的教育或仅仅突出做中学的教育，都不可能实现学生全面发展的教育目标。我国现行教育实践已经充分证明，以书本学习为中心的教育，培养的学生往往只是善于符号思维，却缺少为人处世、动手做事以及发明创造的实际本领。同样，仅仅突出做中学，可能使学生获得一些实际操作技能和动手能力，但难以让学生掌握系统的文化科学知识，并形成自己的认知结构和认知能力，我国"文革"中的"开门办学"，以及美国进步主义教育运动中片面突出做中学的教育实践，已充分地证明了这一点。

其次，根据不同的发展目标，选择不同的学习活动。依据活动与发展之间的相关对应性的规律，在教育中，我们应根据具体的发展目标，选择最有针对性的学习活动。比如，要培养动手操作的技能和能力，就应让学生在做中学习，而不能仅仅学习有关动手操作的书本知识或间接经验；要培养学生的交往能力和道德品质，除了要学习伦理道德规范知识以外，更应让学生在人际交往中学习；当然，如果要发展学生的认知素质或者将学生培养成知识学习的主体，知识学习就成为一种最具针对性和实效性的活动。这正如陶行知所说："事怎样做就怎样学，怎样学就怎样教，教的法子要根据学的法子，学的法子要根据做的法子。"（陶行知，1981）[77]

最后，对于实现学生全面发展的教育目标来讲，组织多样性或多维度的学习活动就成为一个重要的问题。对于全面发展，不能仅仅抽象地从其所对应的素质结构去理解，如认为全面发展就是德智体美等几个方面素质的发展。今天，我们应该更多地从"教育回归生活"的视角去理解全面发展。据此，全面发展应定位在将学生塑造成全面发展的"生活主体"，即能通过操作活动、交往活动、符号活动（精神活动）和反思活动，全面应对和处理生活中所涉及的工作、学习、娱乐、休闲、交友等领域的问题（陈佑清，2011a）[316-322]。由于素质结构是同活动相对应的，人从事不同的活动所要求的素质结构是不一样的，学生在知识学习活动中所形成的素质结构（兴趣、态度、技能、能力、创造性等），并不一定完全适用于人际交往活动或动手操作活动；反之，人在动手操作活动中形成的素质结构，也不完全适用于知识学习或人际交往。因此，真正的全面发展是指学生同时具有从事操作活动、交往活动、符号活动（精神活动）和反思活动所对应的素质结构。按照这种理解，促进学生全面发展的学习活动的内容就不能仅仅是知识学习，还应将各种交往活动、操作活动、反思活动、实践活动等引入教学过程，并注意它们之间的交互作用。片面、单一的活动只能实现片面、单一的发展目标，只有全面、丰富的活动，才能塑造全面发展的身心素质（陈佑清，2011a）[322-325]。当然，促进学生身心全面发展的多维学习活动并不是各自孤立存在的，而是相互之间存在着多种互动关系，如"同时存在""交叉存在""交互作用"和"联合作用"等（陈佑清，2011c）。

（三）教导的机制与功能

按照上述研究，学习中心教学需要以学生学习活动作为教学过程的中心。但这并不意味着，学习中心教学不需要教师发挥作用；相反，为了更有效地落实学生学习的中心地位，教师的作用是不可或缺甚至是非常重要的。但是，在学习中心教学中，教师发挥的作用与传统课堂中的作用有很大的不同。为此，需要从教师发挥教导作用的机制和功能的变化上，理解学习中心教学中的教师作用问题。

研究"教导的机制"，主要研究教师的教导影响、促进学生学习与发展的内在方式与过程。或者说，研究教师的教导与学生学习之间连接的方式，亦即研究教导的功能作用发挥的机制。

如果我们承认学生的素质主要是在学生自身能动活动中获得发展的，那就意味着我们需要重新认识教师的教导在学生身心发展中的作用。我国的教育学长期以来一直认为，影响人身心发展的因素是遗传、环境和教育，其中教育对人的身心发展起着决定作用。这一结论是从凯洛夫主编的《教育学》中借用过来的，它实际上将人的身心发展的主要原因归结于外在的因素（相比于学生自身活动，教育是一种外在的因素），而忽视了人自身能动活动在人身心发展中的作用，因而是一种错误的结论。

教育对学生的发展起着重要的作用，这是毫无疑义的。但是，教育到底对学生的发展起到何种作用？这种作用的具体机制是什么？这些是过去的教育学没有关注到的问题。实际上，教育对于学生发展的作用并不是直接发生的，教育并不能直接地去改造学生的身心结构，从而促进学生的发展。过去流行一种教育隐喻，称"教师是塑造人灵魂的工程师"，这种隐喻实际上将教师的工作类比为雕塑家的工作。事实上，教育者不可能像雕塑家那样，将学生当作物去任意雕刻和塑造。因为，雕塑家的工作对象是木头或石块，木头或石块最后到底成为什么样的艺术品，完全单方面地取决于雕塑家对木头或石块施加了什么样的作用，木头或石块本身在其中不起任何能动作用。也就是说，它们是被加工为某种艺术品，而不是自己能动地变为某种艺术品。而学生最终到底成为什么样的人，除了外界力量的作用外，学生自身的能动性在其中起了关键性的作用。以往由于对学生发展的机制缺少研究，我们对教导机制的理解存在简单化的倾向，以为教育者的作用可以径直地指向学生的身心结构并使之发生变化；或者以为，教育者对学生的作用可以直接转化为学生的身心素质，即教育作用→学生的发展。传递—接受式的教学甚至认为，教师可以将素质直接传授给学生。按照这种理解，教师影响与学生发展之间的关系应该是这样的：有什么样的教导作用，学生就有什么样的发展。而在实际生活中，存在大量这样的情况：同样的教导作用在不同的学生身上产生完全不同的反应或发展效果；或者，教育者对学生施加了这种作用，学生却产生另外的反应；或者，教育者对学生施加了很多作用，却没有引起学生的任何反应。之所以会出现教导作用与学生发展之间不对应的情况，主要原因就是，在教导作用与学生发展之间存在着学生自身能动活动的环节，而且学生自身能动活动在教导与学生发展之间起着非常重要的中介转化作用。

由于学生身心发展的机制是学生的活动→学生的发展，因此，教导对学生身心发展起作用的机制只能是：通过作用于学生的活动而间接影响学生的身心发展，即教导作用→学生的活动→学生的发展。教导对学生身心发展的作用一定要通过作用于学生的活动才能发生。任何教育影响、力量和期望，若没有作用于学生的活动，或者转化为学生活动的因素，或者引起、促进、帮助学生活动，或者改变学生活动的状态，那么这些教育影响、力量和期望对学生的发展不会有任何意义。这正如杜威所说："除教育者的努力同儿童不依赖教育者而自己主动进行的一些活动联系以外，教育便变成外来的压力。"（杜威，1994）[4]如果对个人的心理结构和活动缺乏深入的观察，教育的过程将会变成偶然的、独断的，这样的教育如果碰巧与儿童的活动一致，便可以起到作用；如果不是，那么它会遇到阻力，甚至束缚儿童的天性。因此，"教育的问题就是要抓住他（指儿童——引者

注）的活动并给予活动以指导的问题"（杜威，1994)[45]。

陈建翔教授提出教育中项论，用以解释教师的作用是如何影响学生发展的。教育中项论认为，"教育的最终目的的实现，要通过一个中项即中介结构来完成。这个特殊的中项，就是学生活动统一体"（陈建翔 等，2002)[43]。因为，"教育对象的发展，归根到底要靠他的自我作用，靠他在对象化活动中形成内在本质。因此教育为了改变学生，它首先要让学生作为主体去活动，使学生在活动中实现对象（学习对象）与自我的双向建构"（陈建翔 等，2002)[43]。在教育中项论看来，"教师并不直接改变学生，他是通过为学生提供自我改变的活动，间接地实现改变学生的目的"（陈建翔 等，2002)[44]。教育中项论实际上认为，教师的作用并不能直接改变学生，促进学生发展；教师的作用要通过学生自身活动这个中项才能对学生的发展产生影响。教育中项论对于教师作用于学生发展的这种看法，与上述我们对教导机制的理解是完全一致的。

按照教导促进学生发展的机制，教师对学生的作用主要不在于对学生身心结构的直接作用或改造，而是通过对学生能动活动的作用而间接地改造学生的身心结构（学生的身心结构是通过自身能动活动改造的）。基于这种对教导机制的理解，我们对教导作用的对象、目的、方式等一些重要问题要形成新的认识。教导作用的直接对象是学生的活动，而不是作为静物的学生（如将学生当作知识容器）或作为学生学习对象的书本知识，这正如陶行知先生所说的，"好的先生不是教书，不是教学生，乃是教学生学"（陶行知，1981)[5]。教导作用于学生活动的目的是引起学生能动地参与学习活动，并促进学生有效地完成学习活动的过程。教导作用于学生活动的方式是对学生的学习活动进行动机激发、方法指导、思维或动作示范、反馈评价、释疑解难等。讲授只是教师作用于学生学习的一种方式，它在很多时候不是教导的主要方式，更不是教导的全部方式。因此，应该正确地理解和定位教师的教导对于学生发展的作用。教导只是引起、促进学生能动而有效地参与学习活动和完成学习过程的条件，但它不能代替学生能动的学习活动，也不应占用学生独立能动活动所需要的时间和空间，因为学生的身心发展是通过自身能动活动过程完成的，学习活动过程是必须由学生去经历和完成的，其他任何人都不能代替。有一种观点认为："一个好教师就是将课讲得让学生一听就懂的教师。"我们当然不能说，一堂学生听不懂的课就是好课。但是，如果一个教师将书本知识解释得让学生无须经过自己的思维活动就能直接吸收，那么学生只是学得了一些知识结论，而思维能力不可能获得发展。因为，思维能力是在思维活动过程中形成的。

根据教导促进学生发展的机制，教师对学生作用的功能不应该是直接传授或给予。在现行教育中，许多教师将自己的作用主要放在传授书本知识甚至满堂灌上。实际上，教师传授书本知识不过是给学生提供知识学习活动的对象，这是教师作用的一个次要的方面，而教师在这方面的作用很多时候可以用学生自己看书来代替；而且在满堂灌的教学中，教师只是教给学生一些知识结论，学生在课堂上独立活动的时间和空间也完全被教师占用了。教师作用的主要功能应该放在激发学生学习的积极性和指导、帮助学生能动、有效地展开学习的过程上。真正的教不是向学生直接传授、给予或灌输，而是激发、指导和帮助学生通过自己的活动去获得发展；真正的教育过程是通过教师的教导引起学生能动的学习。这正如苏霍姆林斯基所说的："我深信，只有能够激发学生去进行自我教育的教育，才是真正的教育。"（苏霍姆林斯基，1984）[350] 好的教育即如叶圣陶先生所说，"教是为了达到不需要教"（任苏民，2004）[97]。

按照素质发展及教导的机制，教师的作用只有通过引起学生能动的活动才能促进学生的素质发展。因此，一切寄希望于培养学生素质的教育教学过程的组织，都要将外在的教育影响或教师的作用指向学生的能动活动，并将教师作用放在激发、调动学生能动参与活动的积极性和指导、帮助学生能动有效地完成活动的过程上；但教师的作用不能代替学生完成学习活动的过程，或占用学生独立、能动活动的时间和空间。没有包含学生能动、独立活动过程的教育教学过程，不可能是素质教育或教学的过程。以这样的教导作用机制和功能观去看国内近年来形成的课堂教学改革经验，如"新基础教育"、生本教育的课堂教学改革，以及洋思中学和杜郎口中学的课堂教学改革，等等，可以发现它们的共同之处在于，通过减少或限制教师面向全体学生的讲授时间，为学生在课堂上的独立主动学习提供了时间和空间上的保证。由于在课堂上落实了学生的自主学习、合作学习等，学生学习和发展产生了原来所没有的效果，比如，学生自主学习、合作学习的意识和能力等获得了比较好的发展。

（四）教与学的功能差异及其联系

完整的教学活动或教学过程是由教导与学习两种活动构成的。但在不同取向的教学活动或教学过程中，教导与学习所占的地位及两者间的关系是不同的。在学习中心教学中，教师的教导与学生的学习到底是一种什么关系？这种关系与以教师及其讲授为中心的课堂中的教与学的关系有何不同？这是我们认识和理解学习中心教学的特质要解答的一个关键问题。

1. 对现行教与学关系看法的反思

我国现行教学理论对教与学关系有很多研究，并且形成了多种看法。通过回顾这些不同的看法，我们可以发现其中存在的问题，并找到理解学习中心教学中教与学的关系的新的视角。总体来看，改革开放以来，我国教学理论主要是从教师和学生是否在教学过程中发挥主体作用或谁应占据主体地位的角度，来判断教和学在教学中的关系，并形成了很多在国内产生重要影响的结论，如"教师或学生单一主体论""师生双主体论""主导—主体论""复合主体论""交往关系论"等。目前，最为流行的观点是"主导—主体论"。它认为，在教学过程中，教师发挥主导作用，学生发挥主体作用。通过深入分析和比较可以发现，这些观点虽然具体看法各异，但在思维方式上却是一致的，即都是以哲学中的主体—客体关系范畴来概括和界定教与学的关系。

实际上，哲学中的主体—客体关系范畴并不适合于描述教与学之间的主要关系。因为，在哲学中，主体与客体关系具有特定的含义，主要是指在人类活动中，发挥能动作用的一方（即主体）与表现受动作用的一方

（即客体）之间的对比关系，这种关系的实质就是能动（主动、支配）与受动（被动、被支配）的关系。能动与受动关系在教学活动中主要存在于各种具体的教导活动或具体的学习活动之中，因为，只有单一主体承担的活动才有明确的主体与客体关系，在由多个主体联合进行的复合性活动中，不存在唯一的主体与客体关系。而教学就是一种复合性的活动。在教学中，教导与学习之间虽然也存在主动与被动的关系，但这种关系不是教导与学习之间的主要关系，更不是教导与学习之间的全部关系，因而不能用主体—客体关系范畴来概括教导与学习之间的主要关系。

其实，这些看法只是突出了教师和学生在教学过程中作为主体的身份和应发挥作用的主体性质（应发挥主体性作用），并没有揭示出教与学的关系，尤其是教与学之间既对立又统一的辩证关系。比如，最有影响的"主导—主体论"就没有清晰地揭示教与学的差异及其关系。对此，需要进行深入的分析（陈佑清，2017）。

（1）"教师主导作用"提法的由来及其含义

要理解"教师主导作用"的含义，首先需要追溯这种提法的由来及其原初含义。国内现在盛行的"教师在教学过程中发挥主导作用"的提法，其实最初是在20世纪30年代苏联提出来的。十月革命以后，受实用主义教育思想的影响，苏联出现了"学校消亡论"的思潮。受其影响，有人提出用"工作手册""活页课本"代替教科书，用分组教学代替班级授课制，并否定教师的作用，结果严重地影响了教学质量。为此，苏共中央从1931年起连续发布了一系列文件进行纠偏，这些文件提出：学校要严格按照教学计划、教学大纲和课程表进行教学；学校的中心任务是教学，要采用班级授课制、教科书，要发挥教师的主导作用。例如，《关于中小学教学大纲和教学制度的决定》提出："中央责成各教育人民委员部及其各级机关，在学校的一切教育工作中，绝对保证教师的领导作用。"（王策三，1985）[385]基于这一现实背景，苏联教育理论界对教师主导作用问题进行了深入研讨，凯洛夫主编的《教育学》认为"教师本身是决定教学的培养效果的最重要的、有决定作用的因素"（凯洛夫，1953）[58]，并明确地将教师在教学活动中起主导作用当作教学的一条规律。后来苏联的教学论都持类似的看法："教和学有不可分割的联系。这是同一过程的两个方面。如果承认搞好教学的两个方面都很重要的话,那么就应当说起主导作用的是教,当然,这里所说的教是依据已经认识的教学过程的规律来进行的。"(达尼洛夫 等,1961)[130]至此,教师主导作用在苏联被"法定化"和"理论化"了(王策三,1985)[385]。可见,苏联最初对教师主导作用的界定突出的是教师的"领导作用""决定作用"等含义。

新中国成立初期,随着我国广泛、深入学习凯洛夫的《教育学》,"教师起决定作用"这一思想深深地影响到我国教育界。后来,我国在建立自己的教育学的过程中,有人又运用毛泽东《矛盾论》中的观点分析教学过程中的基本矛盾。毛泽东说:"矛盾着的两方面中,必有一方面是主要的,他方面是次要的。其主要的方面,即所谓矛盾起主导作用的方面。事物的性质,主要地是由取得支配地位的矛盾的主要方面所规定的。"(毛泽东,1991)[322]于是,人们依据毛泽东的这一论断做出推论:教与学的矛盾是教学过程中的主要矛盾;教师是教与学的矛盾中的主要方面,起着主导作用,学生是矛盾的次要方面,是受教师决定、支配的(段作章,1984)。

可见,从"教师主导作用"在苏联最初提出和我国借鉴使用的情况来看,它突出的是教师对学生的"领导作用""决定作用""支配作用"等含义。

1958年,我国开始对苏联的教育经验与思想进行批判,其中包括对源自苏联的"教师主导作用"的批判,认为苏联"教师主导作用"说法对应的教育思想和实践是"三个中心"的,即"书本中心""教师中心"和"课堂中心"。随着"开门办学""教育革命"等教育思潮的兴起,教育战线风行"实践中心""学生中心"和"社会课堂",结果导致学校教育秩序混乱、教学质量严重下降。后来,国家发觉否定教师主导作用产生的不良后果以后,一方面,重新提倡教师的主导作用;另一方面,为避免重蹈苏联的覆辙,开始重视学生的主体作用,于是就形成了"教师主导,学生主体"这一说法(陈桂生,2003)。

随后，我国理论界开始将教师作用与学生作用作为一个整体进行思考和界定，尤其是联系学生的主体作用来界定教师的主导作用。这方面最有代表性的研究成果是王策三先生于 20 世纪 80 年代初发表的《论教师的主导作用和学生的主体地位》。在该文中，王策三先生提出了深化理解教师主导作用的几个关键问题并发表了自己的看法：必须坚持教师的主导作用；教师主导作用要与学生主体地位一致；教师发挥主导作用不是直接的过程；要具体研究教师发挥主导作用的形式（王策三，1983）。应该说，针对我国流行的一些观念，王策三先生的这些看法对深化教师主导作用的理解，有很强的现实针对性和实际的指导价值。可惜，后来国内形成的很多对于教师主导作用的看法没有很好地贯彻或体现这些思想。

（2）对"教师主导作用"的反思

分析国内当下已经形成的众多关于教师主导作用研究的成果，尤其是观察很多中小学教师的实际理解及其在教学实践中的体现，我们发现，国内对于教师主导作用的把握仍然存在如下需要明确和澄清的问题。

第一，在两种不同意义上使用"主导"一词。在我国，人们实际上是在两种含义上使用"主导"一词的。其一，重心在"主"上的主导。这种含义的"主导"含有"为主、支配、控制"的意味。如在当今国际政治中，美国主导世界政治经济秩序，不容他国质疑或反对，这里"主导"体现出很强的"霸权""强权""控制"的含义。这种含义的"主导"用在教师身上，突出的是教师在教学过程中"为主"的地位，以及对学生及其学习过程的"支配、控制"作用。前已述及，苏联及我国最初提出的教师主导作用，就是在这种含义上使用"主导"一词的。其二，重心在"导"上的主导。此种含义的主导，强调教师对学生的学习进行指导、引导。应该说，这种理解既切合教师工作的本质特征，也继承了我国传统文化对于教师作用中"导"的方面的看重（在我国传统文化中关于教师作用多用"引导、指导、诱导、开导、辅导、劝导"等说法，这些说法的共同焦点在"导"）。但是，如此理解的"主导"的含义，在表述上用"主导作用"还不如用"引导或指导作用"更为明确，也不易引起误解。否则，人们很容易将"教师主导作用"理解为"以教师为主，教师控制、支配教学过程"。显然，这两种含义的"主导"有着明显的差别。在不同的含义上使用"主导"一词，导致的偏向会是完全不同的。

第二，在界定教师的主导作用时，未能与学生的主体作用相联系。我国现行教育学通常将"教师主导"与"学生主体"相提并论，强调"在教学过程中，教师发挥主导作用，学生发挥主体作用"。其实，这种说法是为了纠正源自苏联的片面强调"为主、控制、支配"等含义的教师主导作用而提出的，其最初的意图是试图联系学生的主体地位和作用来重新界定教师主导作用的含义。应该说，相比于苏联脱离学生的主体地位和作用孤立地谈论教师的主导作用，这是对教师主导作用进行准确界定的一个重要思路。因为，理解教师主导作用最为关键的问题是，教师主导作用是如何引起和促进学生主体作用的？或者说，教师只有发挥什么样的主导作用，才能引起和促进学生的主体作用？可惜的是，后来很多人将这一命题当作对师生教学关系定位的看法，而没有从联系学生主体作用的角度去深入理解教师主导作用的含义。

而从师生教学关系的角度看这一命题，我们发现，其中存在几个明显的问题：首先，主导与主体不是对称关系。因为，主导的对立面是被主导，主体的对立面是客体。教师主导作用与学生主体作用之间的差异和联系在哪里？这是"教师主导、学生主体"本身难以表达的。"主导作用"和"主体作用"分别用于描述教师和学生的作用大体上是说得通的，但将它们放在一起用于描述两者之间的关系则不太合适。其次，承认教师的主导作用，自然应以承认教师的主体地位为前提。事实上，真正有效的教学过程，要求教师和学生各自均应发挥主体作用，这是没有什么争议的。但"主导—主体论"似乎在讲"教师主体发挥的是主导作用，学生主体发挥的是主体作用"，后半句话实际上是没有什么意义的。最后，还有一些人将主体的含义理解为"事物构成的主要部分"，进而认为"学生主体作用"是指学生作用或学习活动要占据教学过程的主要部分。这种理解按照现代教学过程要求来看，是有道理的。但问题是，即使是这种含义的学生主体作用与教师主导作用仍然不构成对称关系，因此无法用"教师主导、学生主体"描述教与学之间的辩证关系。

第三，脱离具体的教与学的活动笼统地概括教师的地位和作用。实际上，地位和作用均是通过相应的活动来体现的，不能脱离活动来分析师生的地位或作用。目前形成的"教师主导、学生主体"的看法，是将教学当作一个总体性活动，并以"教师主导、学生主体"来定位教师和学生在其中的地位或作用。其实，教学这种活动是一种复合性的活动，不是单一活动。在不同的单一活动中，或者说，在教学的不同侧面或环节的活动中，师生的地位和作用是不一样的。因此，要准确地描述师生的地位和作用，首先需要准确地理解教学活动的结构，然后针对特定的活动谈论教师和学生的地位和作用。比如，在学习活动的组织或发起方面，如学习目标的制定、学习活动的内容选择、学习活动的过程组织（什么时候运用何种学习活动）、学习活动的学生能动性激发、学习活动的成效评价等方面，教师起为主、支配、决定、控制作用（当然这种作用也不是随意的，而是要基于学生的现有学情和学习的可能性进行选择和组织）；而在学习活动过程的实际展开或完成方面，如学生是否能动参与了学习活动及有效地完成了学习过程等方面，特别是在对学习内容进行内部信息加工、能动建构及形成感悟等方面，学生起决定作用，教师只能起方法指导、过程示范、答疑帮助、反馈评价等以"引导、指导"为核心的"主导"作用，但不能起以"为主、控制、支配、代替"等为核心的"主导"作用。应该说，教学的整个过程均需要教师的指导或引导，只是在不同的环节需要的指导或引导的方式不同。但是，"为主、支配、控制"意义上的"主导"不是在所有的教学环节都需要的。在不同教学环节或活动中，教师应发挥的作用是不同的，教师不应在所有的环节、所有的活动上都主导学生，因此，严格说来，不能以"教师发挥主导作用"作为对教学过程中的教师作用的一个总的判断。

第四，对教师主导作用的几种典型误解。由于对教师主导作用缺乏准确的界定，在我国实际教学中，存在几种典型的对教师主导作用误解的观念和做法。其一，对教师发挥主导作用的方式的单一化理解。比如，以为教师发挥主导作用的主要方式就是讲授，因此，强调在教学过程中要以教授为主。这正是凯洛夫教育学特别突出的观念。讲授其实主要是在学习内容的范围、难度以及学习进度等方面主导学生的学习，而在方式上，与教师的讲授相对应，学生主要以接受的方式学习。其二，将教师发挥主导作用与教师活动占据教学过程的主要时空相混同，认为主导就是教师活动（尤其是教师单向的活动）要占据教学的主要时空。不少教师在面对学生时不停地讲授；有时，即使没有什么内容可讲，也不停地在唠叨。总之，没有给予学生独立、主动学习的时间和空间。其三，将主导作用理解为教师的全部作用，认为教师发挥的作用都应该是主导作用。其实，在学生主动提出需求的情况下，教师给予学生帮助、辅导、支持、合作等作用也是广泛存在并具有意义的。

上述几个问题是有内在关联性的。将主导作用理解为"为主、控制、决定作用"，很容易导致忽视对学生主体作用的尊重和调动，而单方面表现或落实教师的作用；同时，将教师的全部作用理解为这种含义的主导作用，必然导致在教学的所有活动或环节都以教师作用为主，并由教师支配、控制学生的认识；在这种情况下，将讲授当作教师作用的主要方式，认为教师作用应该占据主要甚至全部的教学时空也就是自然的了。"主导论"所存在的这些问题，集中反映出它对教师作用的认识仍然过于粗放和笼统。尤其是它仍然没有从与学生主体作用关联的视角，对教师作用的对象、机制、功能及具体方式等关涉教师主导作用的关键问题，进行深入的揭示和清晰的刻画。

另外，已有的关于师生关系的研究看待师生关系的视角比较单一，没有从多个视角揭示教与学在教学过程中的多个层面的关系。实际上，教导与学习之间的关系不是单一的，而是多层面的。而不同层面的教与学关系需要运用不同的概念、范畴来描述。比如，从在教学过程中发挥的功能或作用来看，教导与学习之间的关系是条件（手段）性活动与本体（目的）性活动之间的关系；从在教学过程中的先后顺序来看，教导与学习之间可能是先学后教，也可能是先教后学，亦可能是教与学同时发生；从在某一课时或单元的教学过程中占用教学时间的多少来看，教导与学习之间的关系可能是少教多学，也可能是多教少学。

在教学的全部过程中，师生之间的关系在不同的时间段、针对不同的问题、为实现不同的目的，其具体的状态也是不一样的。所谓"主导—主体说"，只是一个笼统的说法。因为，教师主导作用主要在教学过程的特定环节（如教学活动内容的选择、过程的组织及学生能动性的调动等）中表现得比较典型；而在教学的有些环节，如在学生自主学习的过程中和学生对信息进行能动加工的环节，教师不一定能起主导作用。同样地，学生主体作用也是如此。

2. 对教与学关系的多维度把握

我们认为，要全面地把握教师教与学生学之间的关系，需要多维度地去观察和界定教与学关系，单一的观察维度必然导致分析结论的片面。综合已有的理论研究成果，并基于对国内近年来形成的典型课堂教学改革经验的反思与借鉴，笔者认为，教与学关系至少可以从以下多个维度进行分析和把握，这些维度可分别归于无差异的教与学关系与有差异的教与学关系两个层面（陈佑清，2013）。

（1）无差异的教与学关系

在这种关系中，教师与学生发挥的作用是对等和无差异的。这种关系主要包括师生之间的平等、合作与互相促进三个方面的关系。

第一，教与学之间的平等关系。这主要是指师生在伦理、法律上的关系，体现的是教师和学生作为人之间的关系。人格平等、相互尊重、彼此信任、尊师爱生等是其基本内容。这种关系最为核心的是强调师生之间的相互平等和尊重。也就是说，在这种关系中，教师与学生是一样的，不应有任何差别。平等是师生之间相互认识、理解和接纳的前提。

第二，教与学之间的合作关系。这主要是指教与学之间的相互配合、相互适应和相互协调，而不是指教与学之间实行分工、协作以完成共同的学习任务。因为，真正的合作是指多个主体为完成共同的任务而实行分工与协作的过程。显然，师生不能以分工、协作的方式共同完成学习过程（如共同完成作业等）；教师只是引导、帮助学生完成学习过程，学习过程必须由学生独立完成。

第三，教与学之间的互相促进关系，也就是通常所说的教学相长。在教学过程中，一方面是教师影响、帮助、促进学生的学习；另一方面是学生对教师作用的回应、学生对问题的独特理解、教师自身对教学过程的反思等，这些能帮助教师更好地理解学生和教学过程，从而提高自己的教学能力。因此，教学过程是教师和学生共同成长的过程。

应该说，无差异关系是好的或有效的教学过程形成的基本前提和必要条件，其意义不言而喻。近年来，针对过去中小学教育中师生之间不平等、不民主等问题，我国在理论研究和舆论宣传上，比较多地强调了师生之间应建立平等、民主、合作的关系。但是，教学过程的组织不能停留在建立这种无差异的关系上，而是要在此基础上，基于教师与学生在身份、角色、功能等方面的差异，建构一种能顺利、有效实现教学目标的教学关系，后者即为"有差异的教与学关系"。

值得说明的是，在我国有不少人主张从交往的角度去概括师生关系，并将师生关系概括为交往关系。实际上，交往、对话是师生之间建立任何关系的基础，交往本身不是一种关系状态，而是人与人之间建立某种关系的机制、过程。上述关系都应在师生交往的条件下建立或发生。因为，交往是师生之间彼此进入对方内心世界，并实现相互了解和相互作用的通道和桥梁（陈佑清，2011a）[303-306]。

（2）有差异的教与学关系

无差异的教与学关系是建立有差异的教与学关系的基础。在教学过程中，教导与学习之间的差异及其相互依存的关系不光是一种客观存在，更重要的是，它是教学活动实现其功能的关键所在。因此，分析教学关系不能停留在承认它们之间的平等、合作和互相促进关系上。有差异的教与学关系包括以教师作用为主导（在先）的教与学关系与以学生作用为本（为中心）的教与学关系两个方面。不同的教与学关系表现的领域不同，且具有不同的教学功能。

第一，以教师作用为主导（在先）的教与学关系。这种关系主要表现在教学过程的组织和调控方面。具体来讲，包括如下两个方面的关系。

其一，在教学内容和活动过程的组织与调控方面，教导与学习之间的关系是领导与被领导（主导与被主导、支配与被支配）的关系。这种关系主要表现为教导决定、支配、调控学习活动的内容，以及学生应如何参与学习活动。也就是说，对于学生在什么时间、应该从事什么学习活动、以什么方式从事该种活动，教师起决定、支配、主导作用。在班级集体教学的前提下，教师的这种领导和支配作用是必需的（凡是由多个人一起参与的活动都需要组织、领导和协调）。在此情况下，教师与学生的关系是主导与被主导，或领导与被领导、支配与被支配的关系。

其二，在学生学习主体性的激发和调动方面，教导与学习的关系是教导主动在先与学习主动在后的关系。从现实来看，课堂教学过程是由教师发动、组织和安排的，教师是课堂教学活动的第一主动者、首要主动者，包括学生的主动很多时候也是由教师激发、调动和促成的。这是因为，虽然人们通常讲，教师与学生都是教学过程中的主体，都要发挥主体作用，但这是从应然的角度来讲的；从实然的角度看，教师主体与学生主体在现实性、主体作用的水平、发挥主体作用的方式等方面存在重要的差异。在教学过程中，尤其是在教学过程的开始，学生作为主体是一种潜在的、可能的、发展中的、有待激发和培养的主体；而教师作为教学过程中的主体是一种现实的、相对成熟或已经完成的、能独立表现主体作用的主体（陈佑清，2011a)[102-103]。

第二，以学生作用为本（为中心）的教与学关系。学生学习的内容及学习的活动虽然是由教师组织和调控的，但是，学习活动的具体过程需要学生主动参与和亲身完成，且这一过程教师是不能代替学生完成的。因此，以学生作用为本的教学关系是更为根本的教学关系，其内容包括如下几个方面。

其一，在教什么及如何教等教导问题的决策上，要以学定教。教什么及如何教（教的内容、难度、速度、方式、时机、时长）是任何教师在做教学决策时都要考虑的问题。只是，不同的教师思考和决策这些问题的依据、立足点不同。比如，有的教师可能主要依据课程标准规定的教学目标及教科书上指定的内容，做出如何教学的决策，而很少考虑学生的学习现状与可能性。近年来在我国开展的新的课堂教学改革中，形成了以学定教的观念。其主要含义和追求是，以学生学习的现状（现有的知识基础、学习需要及学习能力）、应达到的学习目标以及由这两者之间的差距造成的学习的困难或问题，决定教师教的范围、重点、难度、速度及方式。

其二，在教学时空占用的大小上，要少教多学。从教与学占用的教学时空大小来看，有效的课堂教学要求学生能动、独立（自主）的学习活动占据主要或大部分的教学时间和空间。虽然不能脱离具体的年段和内容绝对划分课堂教学过程中教导和学习各占据多少时间，但由于教学时间总量是一定的，因此，在学习中心教学中，应尽可能给予学生更多的独立学习的时间，而这是以尽可能减少教师单边活动的时间为条件的。如："新基础教育"主张"还学生主动学习的时间"，要求每节课至少有 1/3 的时间让学生主动学习，并逐渐向 2/3 时间过渡；洋思中学和杜郎口中学分别规定一堂课教师直接讲授的时间不能超过 15 分钟和 10 分钟，对应地，学生活动时间应多于 30 分钟和 35 分钟。

其三，在评价教学效果的标准上，要以学论教。教学虽然由教师教导与学生学习两种活动构成，并且，好的教学过程要以好的教导为前提，要求教师能充分发挥自己的主体作用，但是，教学的效果要以学生参与学习过程的状态（是否主动和投入）及其实现的学习结果（是否有效）作为最终评价标准。没有引起学生能动参与学习过程并促进学生有效展开学习过程的教导行为，是无意义的——即使这种教导行为单方面看是高水平的或具有独创性的。

其四，在教与学先后顺序的选择上，应有不同的状态。比如，先教后学主要表现在如下时机或活动上：激发学生学习的能动性、呈现教学的目标或要求、教学过程的组织（什么时候干什么）、对学生学习方法的指导等。而对具体知识的讲解讲授、对学生学习过程的反馈评价、对学生学习的辅导、对学习结果的检查和总结等，可采取先学后教，以提高教的针对性。教与学的先后顺序要依据教的内容或目标，以及教的方式来确定，不同的教学内容或目标应采取不同的教与学的顺序。

从总体上考察，上述六个维度的教与学之间的差异关系，实际上集中反映了教导与学习的功能差异。在教学过程中，教导与学习之间最为重要的差异体现在功能上。从实现教学目标的功能来看，教导是引起学生能动活动并促进学生有效完成学习过程的条件或手段；而学生能动、有效地完成学习过程是教师教导所追求的本体或目的。也就是说，教导与学习之间的功能关系是条件（手段）性活动与本体（目的）性活动之间的关系，或者简称为条件（手段）与本体（目的）的关系。实际上，正是在教学过程中发挥教学功能这一点上，教导与学习之间既存在差异，又相互依赖。这是教导与学习之间最为核心和本质的关系，其性质属于辩证关系（所谓辩证关系，反映的是两个既存在差异又相互依存的事物之间的关系，如上与下、原因与结果、手段与目的等之间的关系）（陈佑清，2011a）[295-296]。

反过来看，上述所有维度的教与学的差异关系实际上都是手段（条件）与目的（本体）关系的具体体现，或者说，是以这种关系为根基的。比如，教导与学习之间虽然存在主导与被主导、先主动与后主动的关系，但是教师的主导和先主动在教学过程中有一个限度，即它只是教学的手段（条件），而不是教学的目的（本体）。教师的这种主导或主动在先并非是任意的、为我的，它要追求教学目标的实现和教学过程的有效，就必须以学生的学情为基础，基于学情、从学情出发，并以引起和促进学生能动、有效地展开学习过程为本体和目的。学生身心素质的发展或教学目标的实现，是以学生自身能动活动为机制的，教学的有效性最终取决于学生学习过程的有效性；脱离学生能动活动的教导活动本身不能实现教学目标，也不能使教学过程有效。也就是说，尽管教师教导发挥主导作用，并且教师的教导在先，但它仍然是教学总过程中的手段或条件性活动，而不能成为教学过程中的本体或目的性的活动。假定教师的主导、先主动的作用不以引起学生能动参与学习活动和有效展开学习过程为目的（本体），教学过程就会成为以教师自身活动（如单向讲授）为中心的过程；对应地，在这个过程中，学生可能是被动、消极的。这正是传统教学的最大弊端所在。再比如，以学定教、少教多学、以学论教等教与学之间的关系，更具体和直接地从不同的维度体现了教导与学习在功能上的手段（条件）与目的（本体）之间的差异。

总的看来，突出以学习作为课堂教学的中心，其理由或意义何在？笔者认为，建构学习中心教学的基本理由在于，学习中心是实现以学生发展为本的基本条件。在目标追求上，学习中心教学着眼于以学生的发展为本，追求促进学生身心素质的发展。而学生身心素质发展的基本机制在于学生自身的能动活动。也就是说，学生是通过能动地参与多种学习活动，并亲身经历和完成学习活动的过程，实现自身身心素质发展的，任何人都不可能不经由学生自身的能动活动而将某种素质直接传递或给予学生。在课堂上，超越单纯记忆知识的内化学习和有效学习，需要学生独立经历和完成学习活动的过程，教师不能代替学生完成学习过程，也不应占用学生独立活动的时间和空间。因此，以素质发展为本的教学最基本的要求就是，让学生自身的能动学习活动成为课堂教学的中心或本体，即让学生在其所参与的所有学习活动（包括听讲、讨论、看书、作业等）中，均主动地投入学习过程、能动地进行信息加工并获得亲身的感受和体验。同时，要尽可能让学生独立、自主学习，帮助学生独立地组织和调控自身学习过程（含学习资源的利用、时间控制、方式采用等），并完成信息加工和知识意义的建构。

当然，学习中心教学到底能促进学生哪些方面的素质发展，取决于对课堂教学活动内容的选择。课堂教学时空的特殊性，决定了它可能采用的教导与学习活动的类型与方式，及其对于学生身心发展可能具有的功能。组织好的课堂，可能采用多种类型与方式的活动，以促进学生更加全面地发展。在过去以讲授为中心的课堂中，学生的学习活动以听讲、看书、作业等符号性学习活动为主，因此其落实的学习目标主要体现在知识的理解

与记忆，以及读写算和逻辑思维（分析、综合、判断、推理）等认知技能
的发展上。新的学习中心的教学因为大量采用了学生自主学习与合作学习
的活动，促进了学生的自主学习品质、合作的意识与能力、个性化的表达
与展示等方面的素质发展，因此，在素质发展的内容或外延上有重要的拓
展。如杜郎口中学的课堂重视展示课的运用，有效地锻炼了学生合作、口
头表达和大胆表现等方面的能力。

应该说明的是，相比于突出全体学生的全面发展和生动活泼发展的素
质教育的要求，当下我国出现的一些课堂教学变革的经验虽然呈现出一些
以学习为中心的特性，但仍然存在很大的改进空间。比如，学生的学习仍
然主要是在服务于应试需要的前提下，以精细、全面、牢固掌握知识点为
核心目标；学生多方面兴趣的满足、多样化学习活动的运用、能动选择和
自主掌控学习过程、差异化和个性化学习的空间等仍然十分有限；课堂教
学活动集中表现为符号性的活动（听讲、看书、作业）和交往性活动
（讨论、小组合作），严重缺少操作性、实践性、反思性及体验性的学习活
动。活动的单一性直接导致了学生所能获得的发展内容的片面性，这离素
质教育追求的全面发展有相当大的差距。

第六章 学习中心教学的过程组织

具有上述特质的学习中心教学，其教学过程的具体组织或实践操作涉及一系列问题。如：学习中心教学的过程组织的基本逻辑或规律是什么？应该采取哪些策略具体落实这种逻辑？学习中心教学的活动设计有哪些特殊要求？如何评价学习中心教学的成效？在本章，我们拟对这些问题做出初步的探讨。

一、学习中心教学过程组织的逻辑

与传统的以教师（讲授）为中心的教学相比，学习中心教学在教学过程组织逻辑上的突出变化是，它以"学生问题导向及学生活动为本"代替"教师问题导向及教师活动为本"，即以学生的问题作为教学过程的导向，并以学生的活动作为教学过程的本体（陈佑清，2016b）。

（一）两种不同问题导向的教学

问题导向教学是指课堂教学的活动选择和过程组织主要以问题的解决作为目标和方向。相比于直线式的以教材内容先后顺序组织和展开教学过程，课堂以问题为导向进行推进，方便突出教学的重点和难点，有利于提高教学的针对性，并节省教学时间。但是，根据问题来源的不同，存在两种不同的问题导向教学，即教师问题导向的教学和学生问题导向的教学。这两种问题导向的教学具有重要的差异。

1. 教师问题导向的教学

教师的问题一般不会是与学生的问题毫无关联的问题，而是教师预估的学生的问题，或者说是教师心目中的学生的问题、教师所理解和把握的学生的问题。教师预估的问题是否与学生本身的问题相符合，取决于多个因素，如教师是否具有学生立场、教师对学生的了解的程度、教师对学生的观察能力等。也就是说，教师的问题不一定是真实的学生的问题；教师的问题能否与学生的问题相一致，成为真正属于学生的问题，取决于教师是否站在学生的立场，用心地观察和了解学生，并准确地捕捉学生的真实问题。另外，在实际教学中，偶尔也能发现少数教师纯粹以自己感兴趣或擅长的问题为导向组织教学过程，如此，教师的问题就完全不是学生的问题。

教师预估的学生问题与学生真实的问题之间很难做到完全一致。因为，与学生实际完成某一学习内容所存在的真实问题相比，教师预估的学生问题是在学生还未实际学习该内容之前，教师凭借某些依据所设想的学生的问题。教师预估问题的依据要么是教学参考资料（课程标准、教材或其他教学参考书），要么是教师自身的经验。教学参考资料所设计的问题，是教学研究专家面向全体学生而预设的多数学生可能出现的问题或应该解决的问题，它不一定与某一教师所任教的学生实际相符合。教师基于自身经验预估学生的问题，一般是以自己过去所教的同年级学生的情况来预设现在学生的学习问题，或者以所教学生已经具有的学习基础来预估学生的问题。基于这些依据所预估的学生问题可能与学生真实的问题一致，也有可能与学生的真实问题相去甚远。

因此，教师问题导向的课堂教学过程组织可能在两个方面存在大的偏差。首先，教师的问题未能真实反映"学生的问题"，即学生在学习中所实际遇到的问题。如此，教学过程按照教师预设的问题推进，主要的教学时间花费在解决教师的问题上，教学事实上成为以教师为中心的教学。其导致的最大的后果是，学生在学习中遇到的真实的问题未被教师的教学所关注，教学过程中未能解决学生遇到的真实的问题。其次，在大班教学中，教师的问题也可能来自学生。但是，从教师预设问题的针对面的宽窄（覆盖面大小）来讲，教师的问题有三种类型：针对个别学生实际的问题、针对部分学生实际的问题、针对绝大多数或全体学生实际的问题。在教学中，经常有教师将部分学生的问题甚至个别学生的问题当作全班学生的问题，进而组织面向全班学生的教学。如此导致的结果是，那些没有这方面问题的学生陪同有问题的学生在学习。上述两个方面的偏差其实反映的是同一个现象，即教师问题导向的教学未能全面针对学生存在的真实问题展开，教学缺少针对性，因此导致教学的低效甚至无效。

2. 学生问题导向的教学

学生的问题是指学生在学习某一教学内容时所实际遇到的问题。学生学习某一内容，是以自身已有的相关经验、知识、技能和性向（兴趣和需要）为基础，去作用于该内容，以理解和消化该内容的。当学生基于现有的经验、知识、技能和性向，不能完全消化和掌握该内容时，学习就会产生问题。可见，学生的问题实际上产生于掌握学习内容的要求与学生现有学习基础之间的差距。因此，学生的问题的产生，是由所要掌握的学习内容的要求及学生现有的学习基础共同决定的。

学生的问题本身有多种类型。在学习某一内容时，相比于多维学习目标的要求以及学生现有学习基础而言，学生可能产生四个方面的问题：一是经验性问题，即学生在掌握某一内容时由于没有对应的直接经验而产生的问题，如城市小学生在学习《高粱情》这篇课文时，因缺少对于高粱形态、特性及生长环境的直接感知和经验，在理解这篇课文时会产生困难；二是知识性问题，即在掌握某一学习内容时由于自身知识基础方面存在的缺陷或不足而产生的问题；三是技能性问题，指学生在掌握该内容时由于在认知加工或思维技能方面存在的缺失而产生的问题；四是体验性问题，指学生在掌握该内容时由于情绪情感、态度或价值观等方面存在的不足或偏差而产生的问题。可见学生的问题并不仅仅是知识性问题，还有经验性问题、技能性问题、体验性问题。很多时候，学生在知识基础和技能掌握上不存在问题，但在经验基础、情绪体验或态度价值观上却存在突出问题。所以，对学生学习中所遇到的问题要进行类型分析。过去很多教师往往只关注知识性问题，而漠视了其他方面的问题，这与教师只追求知识教学目标的教学理念有关。

如何发现和确认学生的问题呢？在教学中，准确、及时地发现和确认学生的问题，并以学生的问题作为教学过程的导向，应该说是教师有针对性地组织教学过程和提高教学有效性最为关键的环节。学生在学习某一新的内容时，一般会产生两个层次的问题，即通过自学能独立解决的问题和需要他人帮助解决的问题。教师需要发现、确认并帮助学生解决的问题主要是指第二个层次的问题，而对于第一个层次的问题，教师应放手并给予时间让学生自己独立解决。那么，教师如何才能发现和确认哪些问题是学生不能独立解决而需要借助他人帮助解决的呢？

综观国内近年来课堂教学改革的经验，我们发现，国内目前普遍运用并能有效发现学生不能独立解决问题的策略是先让学生自学。学生通过自学，首先独立解决那些自己能解决的问题，然后留下来的就是自己不能独立解决的问题。因此，自学有两个方面的功能：一是让学生独立解决自己能解决的问题，这既能让学生形成独立学习的责任意识和习惯，也有利于学生在后续的学习中集中时间和精力，通过寻求别人的帮助解决自己不能独立解决的问题；二是显现或暴露学生不能独立解决的问题，为后续学习明确对象和目标。在自学中，学生有时自己可以感觉到问题所在，并主动提出问题；有时，学生感觉到有问题却不一定能清晰地说出问题。因此，为了更清晰、准确地显现和暴露学生的真实问题，目前国内主要采用两种策略发现和确认学生的问题。一是在学生独立自学以后，通过提问、讨论、学生板演、让学生做检测练习等来发现学生的问题。这种策略在洋思中学"先学后教，当堂训练"的课堂教学模式中得到使用。在该模式中，自学环节完成后，学生就进入效果检测环节。在此环节教师让学生板演、做检测练习等，以调查学生自学的效果，暴露和发现学生的问题，然后教师针对学生的问题进行点拨、讲解、组织学生研讨（周德藩，2003）[69]。二是让学生通过完成导学案暴露问题。这种策略由杜郎口中学首创，目前被国内众多学校所借鉴。导学案一般是将教学内容问题化，即将教学内容设计成需要学生完成的一个个的任务或问题，以完成任务或问题驱动学生自学教材上的内容。在学生完成导学案后，通过学生之间互查或教师批改学生导学案，发现学生学习所存在的问题。

应该说明的是，从学生发现或提出问题的主动性来看，学生的问题本身还存在"被动遇到的问题"和"主动提出的问题"之分。通过完成检测练习和导学案所显现出来的学生问题，实际上是相对于高水平完成教师设计的任务或问题的要求而言所存在的问题，或者说，是以教学内容的高水平掌握为参照的学生学习所遇到的问题。这种问题还不是学生"主动提出的问题"，而是学生在教师设定的问题范围之内遇到的问题。学生的问题还有另外一种形态，即在学习某一内容时完全由学生自己发现或主动提出的问题。相比于完成教师设计的任务或问题时所遇到的问题，这类问题是更全面和更真实的学生问题，它的提出和解决最有利于培养学生独立发现问题和解决问题的探究意识和能力。

（二）两种不同取向的教学活动内容选择

在教学活动内容的选择上，也有两种不同的取向，即以教师活动为本组织教学过程和以学生活动为本组织教学过程。

1. 以教师活动为本的教学过程组织

以教师活动为本的教学过程组织，是指以教师的活动尤其是教师单向的讲授活动作为教学过程的本体或中心。其主要表现是：教师活动（尤其是讲授活动）占据教学过程的全部或主要时空；对应地，学生主要是跟随教师的讲授在被动地接受，而缺少独立、主动的学习。尽管在改进的教师（讲授）中心教学中，教师在以讲授为主的前提下，也会渗透一些提问、讨论等环节，但由于提出、讨论的问题是教师给出的，时间占用是少量的，因此课堂总体上仍然是以教师及其讲授为中心。

教师以自身活动为本组织教学过程通常有如下两种形式。其一，教师以自己预设的问题（一般不止一个问题，而是由若干问题组成的问题系列）为导向，以解决教师的问题为线索组织和推进教学过程。其具体操作方式是，教师以讲授的方式直接呈现自己预设的问题，以及自己解决问题的过程，学生则以听讲的方式接受教师的讲述。其二，以直接讲解教学内容为线索组织教学过程。一般的做法是，将一节课或一个单元的教学内容分解为一个个知识点，然后以知识点的先后为序，顺次进行讲解。在讲解中，有时也会渗透一些提问、讨论等激发学生能动参与教学过程的活动。对应地，学生的学习活动以听讲为主，偶尔会有答问、参与讨论等活动形式，学生活动基本上顺应、跟随教师的活动并与教师活动相对应。学习的整体状态呈现出被动、单一的特点。

以教师活动为中心组织教学过程既有一定的优势，也存在明显的局限。其最大的优势是，便于教师系统地呈现知识、控制教学过程的运行时间及节奏、高效率完成教学任务等，这对于学生在有限的时间内准确、系统并高效率地掌握知识是非常有利的。但这种教学存在的突出问题是，它不利于学生主动、独立地学习和相应的身心素质的发展。因为，在以教师直接讲授为主的教学过程中，学生需要集中精力跟随教师讲授的进程和节奏，以接受教师传递的知识，但难以有主动参与学习的时间和内容空间。因此，当教学过程以教师活动为中心，很容易导致"教的过程代替学的过程"（教师以精细、具体的讲解代替了学生对学习内容的主动思考和深入探究）、"教占用学的时空"（学生本应独立、主动学习的时间和内容空间被教师活动所占用）等问题。而当学生缺少主动参与学习活动和独立完成学习过程的机会时，其诸多身心素质是难以得到发展的。因为，学生任何素质的发展，都需要学生能动参与相应的活动并亲身经历和完成对应的活动过程；教师活动本身不能直接促进学生身心发展并实现知识掌握以外的发展性的目标。

2. 以学生活动为本的教学过程组织

以学生活动为本组织教学过程，强调要将学生能动、独立的学习活动置于教学过程的本体或中心，或者说，要将教学过程组织成以学生能动、独立的学习活动作为整个教学过程的本体或中心。其直接表现是：学生能动、独立的学习活动占据教学过程的主要时空。

以学生活动为本组织教学过程，是我国改革开放以来诸多成功的课堂教学变革实践取得的共同经验。如 20 世纪 80 年代我国课堂教学改革中形成的一些优秀教学模式，如卢仲衡的"中学数学自学辅导教学法"、魏书生的"中学语文六步教学法"、邱学华的"小学数学尝试教学法"、黎世法的"异步教学法"、上海市育才中学的"八字教学法"等，它们的共同之处在于，大幅减少了教师讲授的时间，显著增加了学生在课堂上主动、独立学习的时间。叶澜教授主持的"新基础教育"在课堂教学改革中，强调"还学生主动学习的时间"，提出在一堂课的教学时间中，学生主动学习的时间至少达到 1/3，最好达到 2/3 以上。洋思中学和杜郎口中学为改变教师喜欢讲和满堂讲的习惯，分别规定教师直接讲授占用的时间在一堂课内最多不能超过 15 分钟和 10 分钟，对应地，两所学校的学生在课堂上独立、能动学习的时间就能达到 30 分钟和 35 分钟以上。

之所以强调教学过程要以学生活动为本，源于当代教学的价值取向及其实现应遵循的规律的要求。首先，当代教学在价值取向上的一个重大转向是，从以知识掌握为本转变为以学生发展为本。当代教学依然重视学生对书本知识的学习，但是书本知识学习的最终目标不仅仅是为了掌握知识本身，更为重要的目标是，借助书本知识的学习促进学生身心素质的发展。其次，学生身心发展的机制或规律要求将学生自身能动活动置于教学过程的中心。综观维列鲁学派及皮亚杰、杜威等人的研究，我们发现，学生身心发展的基本机制在于学生自身的能动活动，或者说，学生任何素质的形成与完善，主要是通过自身能动活动过程实现的（陈佑清，2000）[69-97]。最后，学生发展的机制和规律使得教导在教学过程中处于一种特殊的地位。研究表明，教导促进学生发展的机制是教导→学生活动→学生发展。也就是说，教导只有通过作用于学生活动，才能促进学生发展；教导不能直接地作用于或转化为学生的发展。因此，教导对于学生发展的功能体现在，教导只能作为引起和促进学生能动、有效学习的条件（手段），而不能成为教学过程的本体（目的）。诚如法国著名教育学家普罗斯特所说："好教师，不是工作最多的人，而是促使学生学习的人。是学生在学习，而不是教师。教师与整个学校，承担着支持、评价和验证这一过程的责任。"（王晓辉，2016）

总的看来，基于上述两种不同的问题导向和教学活动内容选择偏向，能组合成四种不同的教学过程形态（表6-1）。

一是学生问题导向—教师活动为本的教学过程。如果以学生的问题为导向，但以教师活动为本去组织教学过程，其教学效果仍然不会是真正有效的。因为，在此情况下，学生可能具有学习的能动性，但主要是以接受的方式学习（即以接受教师对学生问题的直接解答的方式学习）。

二是教师问题导向—学生活动为本的教学过程。如果教学过程是以教师的问题为导向，但以学生活动为本去组织，那么，由于不是以学生的问题为导向，学生学习缺少内在动力和真正的能动性，仅可能显现出对学习内容进行信息加工的过程（有意义的接受学习）。

三是教师问题导向—教师活动为本的教学过程。在这种情况下，学生既缺少能动参与学习活动的内在动力，也没有独立完成学习过程所需要的时间和空间条件，因此，学生的学习基本上是被动、旁观式的，而没有实质性的能动参与和内部信息加工过程。

四是学生问题导向—学生活动为本的教学过程。只有当教学过程以学生的问题为导向，并以学生自身的能动活动为本体去设计和组织时，学生的学习状态才可能是能动的、探究性的，教学才能真正促进学生高层次发展目标的实现。

表6-1　四种不同的教学过程形态

问题导向类型	教师活动为本	学生活动为本
教师问题导向	被动、旁观式学习	被动、加工性学习
学生问题导向	主动、接受式学习	主动、探究性学习

比较上述四种教学过程形态，我们发现，学习中心教学的过程组织的

基本逻辑应当是以学生的问题为导向，并以学生的活动作为教学过程的本体。也就是说，学习中心教学主要将通过学生自身的能动活动解决学生在学习中遇到的问题，作为教学过程组织的基本逻辑。

二、学习中心教学过程组织逻辑的实现策略

此处所讲的教学过程组织主要是指课堂教学流程的安排，不涉及教学过程组织其他方面的问题。教学流程安排是将课堂教学变革形成的所有观念和做法，综合组织成在课堂上进行具体操作的教学行为的程序或步骤。在国内现行的课堂教学变革中，一般将这些流程、程序或步骤称为教学模式。

前已述及，学习中心教学过程组织的基本逻辑是"学生问题导向—学生活动为本"，即以学生的问题作为教学过程的导向，并以学生的活动作为教学过程的本体。这种逻辑在我国现行的大班教学中应该如何去落实或体现呢？研究这个问题对于我国课堂教学的变革具有重要的意义。因为，目前国内课堂教学仍以大班教学为主流。在大班教学中，学生人数较多，不同的学生基于自身不同的学情，在学习同样的内容时遇到或生发了不同的问题。在这种情况下，教师该如何发现和确定学生的问题，并以学生活动为本组织教学过程，从而解决学生的问题呢？

（一）国内的共性经验

近年来国内一些典型的以学习为中心的课堂教学改革创造的一个重要的策略是，将学生个体学习、小组学习与全班学习三种教学组织形式结合起来，并且按照"个体自学—小组互学—全班共学"的顺序推进教学过程。虽然不同教学改革中设计的教学流程或采取的教学步骤不同，在每个环节或步骤中所采用的具体教学活动形式也不一样，但是，观察这些教学流程或步骤，可发现有一个做法几乎被所有的教学改革者所使用，那就是将学生个体自学、小组互学及全班共学结合起来，并以学生个体自学作为

教学过程的首要环节和基础环节，然后再组织学生小组进行相互交流、讨论，最后进入全班教学环节（小组展示、全班交流、教师讲解等）。因此，可以将"个体自学—小组互学—全班共学"看作是我国近年来课堂教学变革在教学过程组织方面一个最显著的共同点，乃至在教学过程组织上的一个重大的创造。

这一流程是在对国内近年来众多课堂教学改革经验进行分析、比较和归纳中提炼出来的——尽管没有哪种教学改革是直接以"个体自学—小组互学—全班共学"作为教学流程的。对此，我们可以进行具体观察和分析。比如，20世纪80年代的课堂教学改革虽然没有完整、明确地提倡这一学习流程，但非常突出学生的自学及自学之后学生之间的讨论，最后基本上也是全班共学，但全班共学安排的活动主要是教师的讲解，而没有后来的小组展示、全班交流等活动安排。如邱学华的"小学数学尝试教学法"要求的"出示尝试题—自学课本—尝试练习—学生讨论—教师讲解"、上海市育才中学的"八字教学法"（"读读—议议—练练—讲讲"）均是如此。再比如，洋思中学的"先学后教，当堂训练"教学模式实际上也体现了"个体自学—小组互学—全班共学"的教学流程安排。在学生自学、检测练习的环节，主要是个人学习；在更正、讨论环节是学生之间的互动交流学习；点拨则主要是教师面向全班的教学。但是，上述教学改革虽然都重视自学之后学生之间的讨论，但学生讨论都没有运用固定小组的形式，也未使用真正的合作学习，在全班共学环节也没有小组展示这样的安排。

比较典型地运用了"个体自学—小组互学—全班共学"流程并对后来很多学校产生示范效应的是杜郎口中学创建的"预习—展示—反馈"课堂教学模式。或者说，今天被广泛使用的"个体自学—小组互学—全班共学"流程可以被认为是由杜郎口中学首创的。在杜郎口中学的教学模式中，预习实际上包括个人自学和小组互动；展示环节中首先是学生小组合作进行准备，然后是小组合作在全班展示；而展示小组在展示的同时带动本组以外的同学参与的质疑、补充、评价以及教师的点评和补充等活动，实际上是全班共学的过程。杜郎口中学通过自己的创造，将个体自学、小组互学、全班共学三个环节结构化、典型化了。在个体自学环节，过去的经验是学生自己看书，而杜郎口中学首创以导学案引导学生进行预习。杜郎口中学在国内率先将学生的小组合作学习当作教学的基本组织形式，突出小组学习在整个教学过程中的运用。在杜郎口中学，小组学习也是比较典型的，如将学生分成固定小组，并使用小组内的讨论（而不是学生间随意的交流）与小组合作学习（具有分工与协作意义的合作）。而在全班共学环节，杜郎口中学在国内率先使用了学生小组合作进行全班展示的形式。展示课是杜郎口中学的发明创造，展示使用的活动形式的多样、学生参与的主动性、学生投入的专注度、课堂气氛之活跃前所未有。正如今天我们所看到的，国内很多模仿、借鉴杜郎口中学进行课堂教学过程变革的学校，尽管提出的教学模式的名称、设计的具体教学步骤不尽相同，但它们在教学流程设计上基本上采用了与杜郎口中学类似的安排。例如：深圳市南山区"十二五"期间在"卓越课堂文化"的建构中，建立了"六学"教学模式，即个体自学、同伴助学、互动展示、教师导学、网络拓学、实践研学（裴光勇，2013）[87-95]；湖北省荆州市北门中学构建了"生本·自主"高效课堂教学模式，强调通过独学、对学、群学三种学习方式的结合使用，实现学生学习方式的转变（张新汉，2013）。

应该说明的是，很多人将"个体自学—小组互学—全班共学"这个流程看作是一种教学模式，并以看待一般模式的眼光来看待这一流程。比如，不少人对洋思中学、杜郎口中学以及一大批借鉴、模仿这两所学校进行教学改革的学校提出批评，认为这些学校的教学模式将教学过程固化或模式化了。一般而言，教学模式是基于某种教学理念而设计的教学过程中的流程、程序或步骤。教学模式其实有不同的类型或层次。过去所讨论的教学模式，大多是在具体的教与学的活动的层面上设计教学的流程、程序或步骤。这种模式具有很强的情境适应性。在不同的教学情境中，由于教学目标、教学内容、学生学情、教学条件（时空及物质条件）等是不同的，因此，教学过程中需要选择和设计不同的教学活动。而"个体自学—

小组互学—全班共学"是在教学组织形式的层面安排教学的流程，它与在具体的教学活动层面安排教学的流程有很大的不同。因为，个体自学、小组互学和全班共学是与三种不同的教学组织形式对应的三种学习组织形式，这三种组织形式采用的具体的学习活动是可灵活选择和变化的。比如，学生个体自学，既可以是独自看书、动手操作、做作业，也可以是上网查阅资料或与他人交流；小组互学可采取的活动形式更多，如相互交流想法、互相批改作业、相互进行听说读等技能训练、分工协作完成某种单个人不易完成的任务（如进行实验或制作）等。与传统的在具体教学活动层面设计的教学模式不同，"个体自学—小组互学—全班共学"的流程对于以学习为中心的教学而言，反映的是突出学生自主学习和有效学习的教学过程可采用的组织形式，它具有普遍的适用性。从这个角度来看，"个体自学—小组互学—全班共学"就不同于一般的教学活动模式，而是将三种教学组织形式进行联合或结合使用的"教学组织形式模式"。为了使个体自学、小组互学和全班共学发挥各自的功能，它们被组成一个流程或程序：个体自学—小组互学—全班共学。这个程序的意图在于，它以个体自主学习为基础和核心，将小组学习和全班学习当作对个体自主学习的逐步深化、补充和完善。

实际上，个体自学、小组互学和全班共学三者使用的顺序也有不同的选择。比如，在"二战"以后美国形成的教学组织形式"特朗普制"，将教学流程设计为"大班上课—小组讨论—个人独立研究"，即先进行大班集体教学，然后进行小组讨论，最后进行个人深入的研究性学习。这与我国当下流行的教学程序相反，"特朗普制"以反向的程序安排个人、小组和全班教学。

将个体自学、小组互学与全班共学结合使用，反映了当代课堂教学变革已从根本上突破了传统课堂教学以单一的全班集体教学作为教学组织形式的格局。它将个体学习、小组学习与全班学习三种组织形式结合在课堂教学之中，使得课堂教学在不同的时间点、针对不同的内容、面对不同的学生时，可以灵活采用不同的教学组织形式。由于教学组织形式在教学理论和教学实践中，"处于真正具体落脚点的地位，带有综合、集结的性质"（王策三，1985）[272]，因此，将个人自学、小组互学、全班共学三种教学组织形式结合使用，是我国当代课堂教学实现转型变革的一个重要策略。

（二）学习中心教学过程组织的"两段三环节"策略

我们在吸收上述经验的基础上，将学习中心教学过程的基本结构设计为"两段三环节"（或称"两段三步"）（陈佑清，2016b）。第一阶段，即"个体自学阶段"，它包含第一环节"个体自学"。此阶段的基本特征是，学生以个体自学的形式，尽力自主把握知识总体状况、解决个体能独立解决的问题，并暴露和发现个体不能独立解决的问题。这个阶段是学习中心教学过程的基础性阶段和第一个环节。第二阶段，即"群体研学阶段"。在此阶段，教师针对学生通过个体自学不能解决的问题，组织学生进行互动研学以帮助学生解决问题。此阶段包括两个环节：第二环节"小组互学"，即主要针对个体问题的小组互学环节；第三环节"全班共学"，即主要针对小组问题的全班共学环节。

要把握学习中心教学"两段三环节"教学过程的特征，最重要的是理解两个阶段和三个环节之间的关系。值得强调的是，两个阶段和三个环节之间的关系不仅仅是时间上的先后关系，更为重要的是，它们在发现或暴露学生的问题，以及组织学生的活动、解决学生的问题方面，具有明显的层次依赖或深化递进的关系。具体表现在如下几个方面。

1. 个体学习成为学习中心课堂教学过程的最基础环节

个体自学阶段最重要的任务和功能是，学生在教师的指导下（如学案导学），基于自身现有的学情（现有的经验、知识、技能、思维等基础），通过主动、独立地作用于学习内容，一方面理解、吸收那些基于现有学情能够掌握的内容，另一方面发现基于现有学情不能独立理解和把握的内容，即暴露相对于学生现有学情而言不能完全掌握的学习问题，以明确后续群体研学阶段（小组互学和全班共学）的学习对象及要完成的任务。

将个体自学作为学习中心教学中学生学习进程的第一个环节和基础性

环节，具有特别重要的意义。首先，给予学生自学或独立学习的时空，既尊重了学生独立、主动学习的权利，也有利于唤醒学生独立、主动学习的责任心，并能培养学生独立、主动学习的意识和能力。而学生独立、主动学习的意义在于，它是内化的、有效的学习的前提。因为内化的、有效的学习需要学习者针对自己真实的学习问题，通过主动参与相应的学习活动，并独立经历和完成学习过程以解决自己的学习问题。其次，学生参与小组互学和全班共学，均要以个体首先完成自学为基础，也需要以个体能动参与和独立完成内化过程为前提。没有个体独立、主动学习作为基础，学生进入小组互学和全班共学环节后就会滥竽充数或"搭顺风车"。最后，学生经过独立自学的过程，自主掌握那些基于自身现有基础能够掌握的内容，并发现或暴露自己不能完全掌握的学习内容，尤其是在明确和界定自己在学习不能完全独立掌握的学习内容时所遇到的学习问题以后，就会带着自己的问题和渴求解决问题的心态，主动进入小组互学和全班共学环节。如此，就能使学生聚焦后续的学习任务并主动寻求他人的帮助，集中时间和精力解决自己的问题，因此后续学习就具有很强的主动性和针对性。

2. 小组互学利用学生之间充分的互动促进学生个体学习的深入推进

小组互学一般采用4—6人组成的异质性的并能体现合作特质的学习小组的形式。当然，要使学习小组成为一个真正的合作性学习组织（学习共同体），一般要经历一个建设的过程，其间要解决一些比较复杂的问题，比如，小组成员的多维度的异质搭配（根据性格、性别、成绩等）、组长的选择与轮换、组员之间的角色分工、小组运行规则及文化的形成等。

当学习小组被建设成为一个学习的共同体以后，它会在学生的学习中发挥重要的功能。在学生个体自学的基础上，小组互学着重完成如下工作。

第一，检查和评价个体自学的情况，如学生是否完成自学及自学的质量如何，特别是学生是否发现和明确自己不能解决的学习问题。由于中小学生对同龄人及集体评价的敏感和看重，小组对学生学习的评价会成为促进个体高质量完成自学的有效督促机制。

第二，互相解答自学中遇到的疑难问题和分享典型的学习经验。学生在个体自学中不能独自解答的问题，很多可以通过小组成员间的互帮互学得到解答；同时，小组成员还可以通过交流，分享组员中精彩观点、独特的思维模式及学习方法等。

第三，小组成员近距离和高频度的对话、交流和互动，具有独特的教学功能。例如，能有效训练学生听、说、读等语言技能以及倾听、回应、尊重、包容等交往合作技能，并促进小组成员在情绪情感及态度价值观方面相互感染和借鉴。

第四，通过小组成员分工、协作，完成个体不能完成的较大的学习任务。例如，通过分工协作，小组成员一起把握一篇难度较大课文的内容结构，完成一个实验操作，制作一个产品，等等。

第五，整理和汇集本组不能解答的问题及学习的心得，为全班的交流、研讨做好准备。

3. 全班共学利用多样化、差异性的资源，解决个体自学和小组互学不能解决的一些共性的和关键性的问题

全班共学的主要对象应是学生经过个体自学和小组互学仍然不能解决的且是多数学生遇到的共性问题。这些问题通常是教学的难点、重点。经过了个体自学和小组互学，这样的问题一般会很少，教师可以集中时间和精力面向全班学生，以组织全班研讨、讲解、示范等方式，解决这些问题。

具体而言，全班共学主要完成如下工作。

第一，全班共性问题的集体研讨和典型学习经验的分享。在这一环节，教师组织集中研讨，讨论大多数小组存在的共性问题，分享小组学习中形成的典型经验（思想观点、情绪体验、态度情感、学习方法等）。该环节可以通过挑选有代表性的小组在全班展示，并组织其他小组补充或提问、教师点拨、师评或生评等方式进行。全班展示有助于驱动学生个体努力自学并积极参与小组合作，以及促进小组有效完成合作任务，表现欲望强烈的中小学生尤其如此。

第二，重点问题的深入理解和突破。对于知识性的重点问题，教师可提供相关背景资料（讲授的、文字的、视频的）辅助学生深化理解，或者就重点知识性问题或内容进行讲解；对于情感、态度和价值观形成方面的问题，可通过创设情境（如语文中的齐读、学生讲述感人的故事、学生小组的表演、教师情绪的感染及对全体学生情绪的调动等），利用集体活动形成的氛围和全班同学情绪的共鸣，辅助解决。

第三，提示并研讨学生未能注意的问题。在以学生为主体完成个体自学和小组互学之后，学生仍有可能没有注意到某些对于把握学习内容非常重要的问题，这时教师应对这些问题进行直接提示，并组织学生进行研讨。

第四，总结所学知识的结构、反思学习的过程、评价学习的状况。在教学过程的最后环节，教师引导学生对本节课的知识结构进行整理，对自身学习过程进行反思，对各组学习的状况进行评价。这个环节可以先让学生独立完成，然后在小组内进行交流，根据需要还可以在全班进行互动和强化。

上述三个环节，虽然是以学生学习为中心，但这并不意味着教师的作用不重要。相反，正是由于教师的激发、调动和提供时空条件，学生才真正成为教学过程的本体或中心。在每个环节，教师都发挥着关键性的组织、调控等作用。当然，在不同的环节，教师作用的内容及方式均不相同。

在个体自学环节，教师的主要工作是对学生自学的指导。目前国内最有代表性的做法是，在自学之前，教师通过编制导学案以引导学生自学；在自学过程中，教师通过巡视、观察，发现和捕捉学生的问题。如果是个别学生的问题，教师就同个别学生直接进行互动（个别学生的问题个别解决）。

在小组互学环节，教师的主要工作是对小组活动进行组织和监控，并发现小组存在的共性问题。如果是某个小组在互动中发现且只有这个小组才有的问题，教师就与这个小组进行交流以解决问题（个别小组的问题个别解决）。只有是全班所有小组或大多数小组面临的共性问题，才需要组织全班学生集体研讨解决（多数小组的问题集体解决）。

在全班共学环节，前述四个方面的工作一般都是由教师直接出面组织的。在个体自学及小组互学环节，教师主要是在学生中巡视，以督促学生完成自学和小组合作的学习过程、发现学生的问题等，教师的作用主要是观察。而在全班共学环节，教师要直接出面进行教学过程的组织，因此，教师作用是一种参与式的。在这个环节，教师除了要组织和调动学生之间、小组之间的互动以外，还可进行直接的教导，如面向全体学生进行讲解、点拨、总结、评价等。

三、学习中心教学活动设计的逻辑

由于学习中心教学的教学过程组织或整个教学活动结构发生了重要的变化，教师在上课之前的教学活动设计的要求与过去相比也有很大的不同。探讨以学习中心教学为旨趣的教学活动设计的逻辑，对于在实践层面推动和落实学习中心教学，具有重要的意义。

（一）学习中心教学设计的理念基础

设计是将理念转化为行动方案的过程。教学设计是在一定教学理念的基础上，或者说，为落实某种教学理念，而对教与学活动内容的选择及教学活动过程的安排。学习中心教学设计的理念基础，存在于它对课堂教学的价值取向、课堂教学的过程及其包含的教学活动结构、教与学之间的差异及其关系等教学基本问题所形成的独特的理解和看法之中。

学习中心教学将教学的基本价值取向定位在以学生的发展为本，而不是以知识掌握为本。以学生发展为本的教学将学生身心素质的形成与完善当作教学的根本目标，而将知识学习当作促进学生素质发展的资源、工具或手段——虽然知识掌握也是教学目标的一个方面。以学生发展为本的目标取向是促使教学由以教师（讲授）为中心转向以学生（学习）为中心的最重要的理由。因为，以学生发展为本的教学与以知识掌握为本的教学在教学过程上存在着根本性差异。以知识掌握为本的教学有可能将教师传递、学生接受作为主要的教学方式，这是由知识具有传递性的特性决定的。也因此，以知识为本的课堂教学很容易被处置成以教师（讲授）为中心的课堂教学。但是，由于素质本身具有不可传递性，因此，以学生发展为本的教学，要求以学生自身能动的学习活动作为学生身心素质发展的基本机制，而将教师的作用看成引起学生能动参与学习活动和促进学生有效地完成学习过程的外在条件或手段。当然，在今天，学习中心教学在学生发展的具体内容的选择上，要充分反映当今时代我国社会发展对人才质量的新需求，即要将学生的社会责任感、创新精神、实践能力以及终身学习的意识和能力等素质当作学生身心全面发展的核心内容，并以此作为规划和设计教学过程的价值取向或目标追求。

学习中心教学对于教学过程的一个总的观点是：教学过程是教师通过教导学生能动参与和有效完成学习活动，从而促进学生学习与发展的过程。其中，学生参与和完成的学习活动是实现学生发展的基本机制和根本原因；教师的教导是引起学生能动参与学习活动和促进学生有效完成学习过程的外在条件和辅助手段。这种对教学过程的理解是建立在这样的假设之上的：教导和学习是构成教学的两种实体性的活动，它们各有自身独特的机制和运行过程，虽然两者之间存在密切的关联，但这并不能否定它们都具有相对独立性，尤其是学习具有相对于教导而言的独立性这一基本事实。学习中心教学认为，教导与学习之间的差异是客观存在的，它们之间通过特殊的关系连接成为整体的教学。这与过去流行的将教师教和学生学当作两种平行或等价的活动，并将教学当作是由教与学构成的不可分离的统一体的教学观念有所不同。

首先，教导与学习之间的差异主要表现在，两者存在的形态及功能是不同的。从存在形态来看，学生的学习具有相对独立性，而且必须逐渐成为独立的活动。因为，"学，可以靠个人独力完成，它是在个人的头脑中完成的。而教则至少须有另外一个人在场，才可能完成，它不是在单独一个人的头脑中就能完成的"，"在本体上，教是依存于学的。没有学的概念，就没有教的概念（不过，反过来，就不成立了）"。（单文经，2003)[8]波里奇（G. D. Borich）也认为："学习是指发生在学习者头脑内部的事件，教导（teaching）则是教师提供的影响发生在学生头脑中的事件的各种指导活动（instructional activities）的总和。"（Borich，2017)[179]之所以强调学习具有相对独立性，主要是因为有效的学习必须是由学生自己独立完成的，任何外人都不能代替；教只是引起、促进学生能动而有效地投入学习活动的条件，但它不能代替学生经历和完成学习活动的过程，或者占用学生独立、能动学习的时间和空间。教是依存于学而存在的。教以学为对象和目的，即以引起学生能动参与学习活动、促进学生有效地完成学习过程为对象和目的。因此，不能脱离学单独理解教的本质，而应因学论教。陶行知先生认为，应从教与学的结合和统一的角度理解教："先生的责任不在教，而在教学，而在教学生学"，"好的先生不是教书，不是教学生，乃是教学生学"（陶行知，1981)[4-5]。单文经认为，"教的核心工作乃是要使学生能执行学习的'工作'"，"也就是要去教学生怎么去学"（单文经，2003)[9]。美国著名教学研究专家乔伊斯（B. Joyce）也认为，"真正的教是教孩子怎样学"（乔伊斯 等，2004)[3]。

其次，学习与教导之间存在形态及功能的差异，二者以一种特殊的关系构成整体的教学。在教学活动中，教师的教导是促进学生能动、有效学习的手段性活动（条件性活动），而学生能动、有效地学习是教师教导所追求的目的性活动（本体性活动）。因此，教导与学习之间的关系是手段与目的之间的关系，或者说是条件与本体之间的关系，两者以此关系构成整体的教学。这种关系说明，在教学中，学习与教导之间不是平行的关系，就像构成一个整体事物的两个部分之间的关系一样，也不是一方简单涵括、统摄另一方的关系。从教学过程的功能来看，教导与学习之间既有明显差异，又相互依存，是一种既对立又统一的辩证关系。

基于上述学习中心教学对于"教学"的理解，在学习中心教学中，教学设计应以学习活动为教学过程的本体（目的），而将教导活动当作引起学习活动能动发生和促进学习过程有效推进的条件（手段）。因此，在学习中心的教学中应将学习活动与教导活动分开进行设计，因为二者遵循的设计逻辑是不同的。

（二）学习活动设计的逻辑：因境设学

教学是高度情境化的活动。影响教学活动状态的教学情境因素或变量很多，其中主要有教学目标、教学内容、学生学情、教学条件。这些因素是影响教学行为尤其是学习行为选择、设计的主要因素，也因此成为解释某种教学行为是否有效以及何以有效的主要变量。教学行为相对于教学的目标、内容、条件、学情而言的针对性、适宜性、匹配程度，直接决定学习的效果好坏与效率的高低。因此，学习行为选择和设计的基本逻辑是因境设学，即依据影响学习行为的主要情境因素（变量）的实际状态，选择和组织最有针对性的学习行为，以实现现有情境下最佳的学习效果和效率。

1. 教学目标与学习行为

学习行为是为实现教学目标服务的。特定的教学目标需要以特定的学习行为去实现；或者说，特定的学习行为具有特定的发展功能。学习行为与教学目标之间存在着相关对应性。泰勒认为，"为了达到某一目标，学生必须具有使他有机会实践这个目标所隐含的那种行为的经验"（Tyler，2008）[185]。比如，假如教育目标是培养解决问题的技能，那么除非提供的学习经验使学生有充分的机会去解决问题，否则就无法达到这个目标。

> 一位小学班主任，为了培养小学生对父母的理解和感恩的情感态度，设计了一个"护蛋"的体验性学习活动。其做法是：要求学生带一个生鸡蛋在身上，无论上学、玩耍还是睡觉，都要将鸡蛋放在身边，精心照顾鸡蛋一周；要求学生每天写护蛋日记，并发到校园网的班级主页上。活动结果表明，该学习活动在促进

小学生理解父母和感恩父母方面产生了很好的效果。①

此案例表明，相比于教师讲道理或学习书本知识，体验性的学习活动是培养孩子理解和感恩父母等情感态度更为有效的学习活动形式。

2. 教学内容与学习行为

教学内容是学生学习的对象。特定的教学内容需要通过特定的学习行为去加工、处理和吸收，教学内容与学习行为之间也存在着相关对应性。比如，数学知识和语文知识相比，在知识的特性、结构和表达的形式上具有明显的差异。因此，语文学习更多地要求运用阅读积累、体验感悟的学习行为，而数学学习则强调清晰的概念界定和严密的形式逻辑推理。即便是同一学科，不同板块甚至同一板块中不同类别的知识，所需要的学习活动也不尽相同。例如，语文学科中的识字写字、阅读教学、写作教学、口语交际等，它们的特性和结构是不同的，因此所要求的学习行为也存在差异；同样是语文阅读教学，针对不同体裁的课文，所应采用的学习活动也是不一样的，如古诗词和抒情散文的教学，一般会要求多读，而对于说明文、记叙文，读则不一定是最好的学习活动。

3. 学生学情与学习行为

学生是学习行为的主体。因此，学生的现有知识基础、生活经验、思维能力、学习动机等，决定了学生能够学习什么和喜欢学习什么，即学情会显著地影响学生学习行为的选择及其有效性。比如，当学生不具备相应的知识基础或分析加工能力时，他就很难用有意义的接受学习的方式学习，因为这种学习方式要求学生头脑中具备相关的认知结构，以同化吸收外来的知识。再比如，如果学生已经具有一定的生活经验，就可以启发学生通过反思自身的经验而产生相应的体验；相反，当缺少相应的生活经验时，就需要运用动手操作、实地观察等学习行为先获得经验，然后才可能引发学生产生体验。

---

① 选自武汉市育才小学李莉老师的"感悟亲情"语文学习活动设计。

小学《数学》实验教材第 3 册（人民教育出版社 2002 年版）在介绍排列组合的知识时，以这样几个问题呈现了内容：

（1）用 1、2 能组成几个两位数？用 1、2、3 呢？

（2）每两个人握一次手，3 个人一共握几次手？

（3）有 1 角、2 角、5 角的钱币，要买一个 5 角的拼音本，请问有几种付钱的方式？

另外，还有以"猜一猜""做一做"的形式出现的 4 个问题。

一位教师在设计教案时没有照搬教材，而是巧妙地用三个小朋友到郊外城堡探秘的故事，将这些问题串在一起。具体设计是：

三个小朋友在探秘的路上，首先遇到的是前后两道城门，密码分别是由 1、2 两个数和 1、2、3 中的两个数组成，猜中密码后才能通行；解开这两个密码后，三个孩子非常高兴，两两相互握手庆贺；然后他们继续往前走，走得口渴了，要买饮料喝，饮料 5 元钱一瓶，三个孩子分别用不同的方式付了钱。[①]

这个设计将需要学生完成的学习任务渗透在去郊外城堡探秘的故事中，使原本枯燥的排列组合知识的学习变得很有趣。小学生一般很喜欢完成惊险刺激、富有神秘感的任务。这种教学设计典型地体现了基于小学生年龄特征选择学习行为的做法。

4. 教学条件与学习行为

学习行为需要运用一定的工具、手段、设备才能展开，且总是在一定的时间、空间条件下发生的。因此，学习行为的选择和设计除了要考虑学习的目标、内容、学情等变量以外，还需要考虑学习行为发生的时间、空

---

① 引自武汉市崇仁路小学廖兰、张璐老师的教学设计。

间、工具、设备等条件。如果说目标、内容和学情决定了学生应该采用的学习活动的类型或形式，那么教学条件则决定了这些学习活动是否具有现实可行性。比如，在配备多媒体的教室，教师可以让学生观看视频以学习地理知识；而在一个仅有黑板的教室，教师就只能让学生以听讲、看书的方式学习。在大班教学条件下，生均拥有的教学空间狭小，要安排自由组合的小组活动或者运用动手操作的学习活动就非常困难。同样，如果教学时间有限，要组织学生进行充分的讨论或探究学习就是不可能的。因此，教师在备课时，除了按照传统的要求备学生、备教材、备教法以外，还要"备条件"，即研究本次课的内容到底需要多长的教学时间，所设计的教学活动需要什么样的教学空间，需要运用哪些设备，这些条件是否已经具备。

因此，学习行为的选择和设计不是随意的，而是要通过分析和评估学习目标、学习内容、学生学情、教学条件等影响学习行为的前提变量的特点、要求和实情，来综合权衡和确定。也就是说，选择和设计一种学习活动，既要考虑教学目标实现的需要，也要考虑是否符合教学内容的特性，还要考虑是否与学生的学情相匹配，以及与教学条件所提供的可能性相适应。因此，学习活动的设计和选择需要运用整体思维（即应系统、综合地统筹所有影响因素而做出取舍）和优化思维（即要追求在现有教学情境下实现最优的教学效果和效率）。

（三）教导活动设计的逻辑：依学定教

在以学习为中心的教学中，选择和设计教导活动的基本逻辑是依学定教，即以教学所应选择和设计的学习活动的类型和方式，以及学生能动参与该学习活动并有效完成学习过程的需要，来选择和设计教导活动。

为何要依学定教？这是由前述学习和教导的功能差异及二者的关系所决定的。学生学习和发展主要是通过自身能动活动完成的，而教导活动的功能或目的在于引起学生能动地参与学习活动和促进学生有效地完成学习活动的过程。"引起学生能动地参与学习活动"是指，当学生没有参与学习活动的积极性时，教师应通过创设情境、激发动机等措施，调动学生参与学习活动的主动性和热情。"促进学生有效地完成学习活动的过程"是指，当学生已经具有参与学习活动的积极性和热情，但不知如何展开学习活动或不能有效地展开学习活动的过程时，教师可以通过方法指导、活动示范、过程反馈、疑难解答、互动交流等方式，支持和帮助学生有效地展开学习活动的过程。将教师教导的功能定位在引起和促进学生活动上同时意味着，教导活动的主要功能是激发学生参与活动的积极性和帮助学生有效地展开学习活动的过程，但教师不能代替学生完成活动过程（如代替学生完成对知识的理解及消化过程），或以教师单向的讲授等活动占用学生独立学习的时间和空间。因此，教导活动的具体种类和方式要根据教导所意在引起和促进的学习活动的种类和方式来选择和确定，而后者又是由教学目标、教学内容、学生学情及教学条件综合决定的。

如何依学定教？举例来说，假定针对某个教学内容的教学目标是培养学生的操作技能（如写字、做实验），那么最有针对性和最主要的学习行为是动手操作，而不是单纯听教师讲或看书了解动手操作的知识（虽然了解动手操作的知识也是必要的，但听讲或看书不是培养学生操作技能主要的学习方式）。对应地，教师就只能选择最适合于对学生的动手操作进行指导的教导行为，如动作示范、方法指导、过程反馈等，而不应以讲授为主。再比如，如若教学目标是要培养学生的情感态度，那么最有针对性的学习活动是体验性的学习活动（如现场观察、动手操作、亲身经历等）。对应地，教导行为应主要采用情境创设、活动组织、指导操作、引导反思等，而不应采取讲授知识的方式。当然，如果某个教学内容属于陈述性的知识，教学目标也是以掌握知识为主，那么接受性的听讲这种学习活动就比较高效。对应地，教师教导就可以以讲授的活动为主。

在学习中心课堂的教导活动的选择和设计中，如何理解和把握教师的主导作用成为一个关键问题。在我国目前建构学习中心教学的实践中，已经形成了很多改革典型，如洋思中学、杜郎口中学，以及众多模仿、借鉴这两所学校进行课堂教学改革的学校。对于这些学校的改革经验目前形成的看法也是褒贬不一。其中有一个普遍的误解或疑虑是，课堂以学习为中心会导致轻视甚至否定教师的主导作用。应该怎样看待这一问题？

我们认为，理解教师主导作用最为关键的是弄清两个问题：教师主导作用的目的是什么？教师主导作用的表现形式有哪些？按照前面所分析的，教师主导作用的功能或目的是，通过引起学生能动参与学习活动并促进学生有效地完成学习活动的过程，以落实学生的学习与发展的目标。也就是说，教师主导作用的目的不在于教师自身的教导才能的表现，也不在于教师单方面的教导意图的实现，而在于它对学生学习活动以及学生学习和发展产生积极的影响。因此，表现教师主导作用的教导活动的类型和方式很重要。教师应该运用或通过哪些教导活动实现主导作用？这要由影响教学活动的前提变量（教学目标、内容、条件、学情）的实际所决定的学习活动的类型和方式来确定。因此，学习中心教学不是淡化或不要教导活动，更不是要否定教师的主导作用，而是强调整个课堂教学过程的组织要以学习活动为中心，以引起学生能动参与学习活动并促进学生有效地完成学习活动的过程的需要，去选择和设计教导活动的类型或具体方式。或者反过来说，在学习中心教学看来，教师的主导作用集中表现在，引起学生能动参与学习活动并促进学生有效地完成学习活动的过程。凡是能引起学生能动参与学习活动，并帮助学生有效地展开学习活动过程的教导活动，均是发挥教师主导作用的教导活动。除此之外的教导活动，对于学习中心教学而言要么是多余的，要么是无效的，因此很难说教师发挥的是主导作用。另外，教师发挥主导作用的形式是多样的，除了讲授以外，还有学习动机的激发、学习过程的组织、学习方法指导、动作示范、结果反馈、效果评价等。讲授只是教师发挥主导作用的一种形式，对于以学生能动、独立活动为中心的教学来讲，讲授之外的动机激发、方法指导等教导活动，在引起学生能动活动和促进学生有效地完成学习活动的过程方面发挥的作用更为重要。因此，不能说减少了教师的系统讲授就是轻视了教师的主导作用，教师所发挥的所有旨在引起学生能动活动和促进学生有效完成学习活动过程的作用，都属于主导作用。

在我国，由于受传统教学观念和习惯的影响，很多教师将讲授当作主要的甚至是唯一的教导行为，也因此将讲授看作是教师发挥主导作用的主要方式。事实上，讲授只是服务于要求学生以接受的方式学习的教导行为，只适用于特定的教学内容、教学目标和学生学情。当教学的目标、内容以及学生的学情要求学生的学习活动是动手操作、实地观察、经验反思、交流讨论、亲身探究时，教师直接讲授知识的行为可能变得多余甚至无效。当前国内课堂教学改革的一个做法是大幅度地减少教师的讲授，其最大的意义在于，为学生在课堂上独立、能动地参与听讲以外的其他多种形式的学习活动提供了所需的时间和空间，同时也促使教师将自身时间和精力转移到发挥其他更有意义的主导作用上。因此，从总体的教学过程来看，学习中心教学突出学生学习活动，强调要以学习活动作为课堂教学的中心，表面上看，似乎轻视了教师的教导活动，但实际上，它只是强调要从过去仅仅关注教师直接讲授的作用，调整到关注教师对学生学习活动的组织、激发和促进，即强调教师主导作用形式或发挥方式的调整。学习中心教学丝毫没有也不能否定或轻视教师的主导作用，因为学生的学习活动基本上是由教师选择、组织和促成的；学生学习活动的充分实现或有效展开正是教师发挥主导作用所追求的目的和取得功效的具体表现。

据此，我们认为，以学习中心教学为旨趣的教学活动设计的总体逻辑和基本过程是：首先，分析和评估影响教学活动的主要变量（目标、内容、条件、学情）的实际状态，并据此选择和设计学习活动（即因境设学）；然后，依据所选择和设计的学习活动的特点，以及引起学生能动参与和有效展开这些学习活动的需要，选择和设计相应的教导活动（即依学定教）。应该说，这种教学设计的逻辑与传统的以教师（讲授）为中心的教学设计逻辑有根本性的差异。在以教师（讲授）为中心的课堂中，教学设计的思维逻辑是先教后学、以教定学，尤其是以讲定学。在这种教学设计的逻辑中，教师主要依据对知识的系统讲授需要设计教学过程。

四、学习中心教学的评价标准

课堂教学评价标准是引领课堂教学改革走向的方向标和指挥棒。而课堂教学评价标准的选择或制定，与课堂教学的价值取向及课堂教学的基本形态是相匹配的。传统课堂教学的评价标准与其主要追求让学生掌握知识的价值取向，以及以教师讲授为中心的课堂形态是高度契合的。在我国当下课堂教学形态由讲授中心教学向学习中心教学调整的过程中，研制以学习中心教学为取向的课堂教学评价标准，对于学习中心教学的建设具有重要的意义。

（一）对现行课堂教学评价标准的反思

在我国，中小学课堂教学的评价问题得到了人们普遍的重视。各级教学研究部门、很多学校都制定了相关的课堂教学评价标准，用于评测、监控教师上课的质量和效果。这些评价标准所选择的评价指标不尽相同，但在基本的设计思路上有很多相似之处。下面以三种典型的评价指标体系为例，对目前国内流行的课堂教学评价标准进行分析和反思。

1. 三种典型的课堂教学评价标准概要

（1）传统的课堂教学评价标准

传统的课堂教学评价标准的典型特征是，主要从教师教的角度设计评价指标体系。以下评价指标体系代表了国内流行的课堂教学评价指标体系（表6-2）。

表6-2　典型的从教的角度设计的课堂教学评价指标体系①

评价项目	评价要素（每项要素占5分）
教学目标 （10分）	1. 知识、技能、情感目标明确、具体
	2. 具有本学科特点，符合课标要求和学生实际

---

① 引自湖北省宜昌市夷陵区某高中制定的"课堂教学量化评价表"。

续表

评价项目	评价要素（每项要素占5分）
教学内容 （25分）	1. 概念讲授正确，原理教学清晰
	2. 教学容量恰当，主次分明，突出重点
	3. 能抓住关键，突破难点
	4. 把握教学内容内在联系，小结归纳适时、恰当
	5. 选取的例子典型恰当，重视学科基本能力培养
教学方法 （25分）	1. 选取的方法恰当，创设的情境能激发学生主动学习和探究的兴趣
	2. 充分创设问题情境进行启发式教学，问题设计由浅入深并充分体现本学科特点
	3. 把学科教学方法渗透在教学之中并适时总结，学法指导得当，体现个性差异
	4. 面向全体，因材施教，分层指导，能根据学生反馈信息适时调整教学进度和难度
	5. 能采取积极、多样的反馈评价方式，激发学生进一步学习的愿望，鼓励表扬得当
教学手段 （15分）	1. 教态自然，使用普通话教学，语言表达清晰简练、准确生动、有感染力、有节奏感
	2. 板书工整，脉络清晰，布局合理，图示规范
	3. 多媒体或挂图选用恰当、合理；课件字体及文字大小的设计、颜色搭配能关注到学生视力健康
教学效果 （25分）	1. 学生在讲、学、练等活动中参与度高，学习情绪饱满，思维活跃，讨论和回答问题积极
	2. 师生相互尊重，互动交流顺畅，学习气氛和谐
	3. 时间利用合理，按时完成教学任务
	4. 大部分学生"双基"落实，课堂上检测或运用的正确率高
	5. 能力、思想渗透得当，不同程度学生都有所获

此评价指标体系从教学的目标、内容、方法、手段、效果五个方面，评

价教师课堂教学的优劣。其设计的一级指标与国内普遍流行的评价标准没有差异，但在二级指标设计上体现了新课程改革的要求，如对三维目标、学生主动参与教学过程、学习方法指导、分层教学等问题的关注等。

（2）对传统课堂教学评价标准进行了重要改进的评价标准

以下为一个地方教育科研部门组织研制的初中语文高效课堂评价标准（武汉市教育科学研究院，2011）[45]（表6-3）。

表6-3 初中语文高效课堂评价标准

内容	评价项目	评价内容	分值（分）
学生学习行为	参与状态	学生的参与意识、参与范围、参与效果	10
	活动状态	学生与教师的交流状态，与学习伙伴的交往状态	10
	思维状态	学生在学习过程中思维活动的状态	10
	学习效果	近期学习目标及远期发展目标达成状态	20
教师教学行为	教学思想	教师整体的教育理念和教育态度	10
	学习目标	教师对目标设定的科学性和实效性	10
	过程设计	教师为落实目标而设计课堂学习的状况	10
	课堂调控	教师围绕目标对课堂进程进行的调控	10
	教师素养	教师个人的知识素养和教师职业素养	10
鼓励创新	鼓励教师的教学要有创新、有特色、有个性		10
综合描述			
评价等级	优（85分以上） 良（75—84分） 合格（60—74分） 不合格（60分以下）		

该评价指标体系突破了传统评价体系仅仅从教师教的角度设计评价指标的局限，同时强调从教师教学和学生学习的角度设计评价指标，并将两者的权重分配为各占50%。该评价指标体系将学生学习表现作为课堂教学效果评价内容的一个部分，这相较于传统的课堂教学评价标准是一个重要的突破。

（3）以有效教学为取向的课堂教学评价标准

国内有人通过深入系统的研究，提出了如下课堂教学有效性的评价标准（孙亚玲，2008）[150]（表6-4）。

表6-4　课堂教学有效性的评价标准

一级指标	二级指标
教学目标	有价值，体现高期望
	清楚、具体、可操作
	适合学生需要
	全面、综合、深刻
	明确考核内容与方式
教学活动	设置教学情境
	活动目标明确，与内容一致
	小组活动
	师生活动
	生生活动
	活动与作业
教学能力	清晰准确地交流
	运用提问与讨论技术
	经常变换教学方法
	训练学生学习方法、思维、元认知
	运用教学资源、信息技术
教学反馈	为学生提供反馈
	与家庭的沟通和交流
	教学反思
	课堂评价
	作业、考试与测验

续表

一级指标	二级指标
教学组织与管理	有明确的课堂纪律
	创建健康、有益的学习文化
	有效分配、利用课堂时间
	管理学生行为
	管理物理空间

此评价体系是在全面梳理国内外有效教学的基本理论及其评价标准的基础上，结合运用课堂观察、问卷调查等实证研究方法提出来的，其研制过程非常扎实、深入。它与国内流行的主要基于经验的提炼而形成的课堂教学评价标准有显著的不同。

2. 对三种评价标准的反思

应该说，上述三种评价体系都是经过精心设计而形成的。虽然它们选择的评价指标各不相同，但在评价指标选择的偏向、评价指标结构的清晰度等方面，存在如下共性问题。

（1）指标选择偏向以教论教

上述三种评价体系主要从教师的角度或教导行为方面，设计评价指标，而较少从学生或学习行为表现的角度设计评价指标。第二种评价体系虽然在这方面有重要突破，但它将教与学当作并列的两个部分来设计评价指标，也没有完全摆脱以教论教的问题。而从有效教学的理念来看，教师教的效果的好坏，不能从教的行为本身去评价，而应从教对学的影响，即学的表现及效果去评价。简言之，要以学评教。

（2）有些评价指标不能被直接观察

有些评价体系将教师教学思想、素养等列为评价指标。教师的教学思想、素养是教师的特质，它们是不能被直接观察到的，而需要通过观察教师大量的教学行为表现去间接推断、归纳。这样的评价指标一般不太适用于短期（如一节课）课堂观察，且只有特别有经验的评价者才能较好地使用它。课堂教学的评价指标应主要选用行为化的指标，因为只有行为化的指标才能被直接观察和评价。

（3）指标结构层次比较混乱

这是国内现行课堂教学评价指标体系所存在的一个突出问题。典型的表现是，同一层级的指标将不同类型或层次的教学变量混合或并列。比如，将影响教学行为的前提变量（如教学目标、内容、条件、学情等）与教学行为本身（如各种教学活动或方法）、教学行为的结果（如学生学习的效果）以及教师的素质等相混合或并列；或者，将教师的教导行为与学生的学习行为并列；等等。

实际上，一个评价体系中的同一层级的指标应该是相互独立的，而不能是相互包含或互为因果的关系。比如，在上述第三个评价体系的五个一级指标中，教学目标是影响教学活动的变量，两者有因果关系；教学反馈及教学组织与管理实际上是教学活动中的要素，前后两者之间存在包含与被包含的关系；而教学能力与教学活动之间也存在因果或包含关系。在第二个评价体系中，教学行为与学习行为之间存在明显的因果关系。具有因果关系或包含关系的评价指标，同时赋值加和所得到的评价结果，实际上存在重复计算的问题，因而不能客观地反映被评对象的真实状态。

（二）"以学评教"的教学评价指标体系建立的依据

之所以要选择以学评教的评价取向，是因为现代教学已呈现出明显的以学习为中心的态势。中外课堂教学变革及其研究均凸显了这一态势。比如，西方有效教学研究的变迁显示，西方对于有效教学问题的研究经历了不同的阶段，而在不同的阶段对有效教学关注的侧重点是不同的（姚利民，2005）。从20世纪30年代初到60年代末，对有效教学的研究是从探讨好教师的特征或品质切入的。其基本假设是：具有某些特征或优秀品质的教师，其课堂教学就是有效的。之后，人们发现，有些好教师的课堂教学并不总是有效的。所以，20世纪70年代初至80年代末，有人开始从教师的课堂教学行为入手研究有效教学问题。对应地，人们认为，教师行为是决定课堂教学是否有效的主要因素。但是，这一看法到了 20 世纪 70 年代后期又被一种新的观点取代，有效教学研究开始从关注教师的教学行为转向关注学生的学习行为。因为教师的教学行为只有被学生感知、接受、配合，并表现出有效的学习行为时，其效果才能体现出来。因此，教师教学行为的有效性，要从其引起、促进学生行为的有效性来分析和判断。这实际上已经确立了以学评教的思想。

我国自改革开放以来形成的课堂教学改革的成功经验，也显示出明显的以学习为中心的追求。比如 20 世纪 80 年代产生的一些典型的教学模式，像卢仲衡的"中学数学自学辅导教学法"、邱学华的"小学数学尝试教学法"、魏书生的"中学语文六步教学法"等，以及 20 世纪 80 年代末至 90 年代以洋思中学和杜郎口中学为代表的民间学校自发进行的大力度的课堂教学变革等，其共同之处是通过改变教与学的关系、教学组织形式及教学活动方式，以落实学生在教学过程中的本体地位、主体作用，坚持以自主学习为核心，创造了以学为本（少教多学）、先学后教、以学论教等以学为中心的教学理念和教学策略（陈佑清，2011b）。

从学理上分析，当代教学为何要凸显以学生的学习为中心？这是由当代教学的价值取向及其实现所需要的教学过程决定的。前已述及（详见本书第五章），当代教学的价值取向已从以掌握知识为主转向以学生发展为本，并追求超越单纯的认知发展，努力促进学生多方面素质发展甚至全面发展。而以学生发展为取向的教学过程，其中心和焦点在于学生能动学习活动的组织、激发、调动和促进。也就是说，这种教学以学生能动的学习活动作为教学过程的本体或目的，而将教师的教导当作引起学生能动参与学习活动和促进学生有效完成学习过程的条件或手段。因此，以发展为本的教学过程要以学论教，而不是以教论学。对应地，在课堂教学评价标准上，应以教导所引起和促成的学习的好坏来评价教师教导的好坏，而不能孤立地以教导行为表现本身来评价教导效果的好坏。

（三）"以学评教"的教学评价指标体系设计的构想

1. "以学评教"的教学评价指标体系设计的基本思路

"以学评教"的教学评价指标体系设计的基本思路或假设是：以教导所引起和促成的学习行为的表现、状态，来评价教师教导的效果和质量。因为，学习行为与学习的效果或质量之间存在直接的相关性和对应性。学生学习行为的表现或状态是决定学生学习与发展效果的直接变量，教师的教导行为只有通过作用于学习行为才能影响学生学习和发展的质量或效果，即教导行为→学习行为→学习与发展的效果（陈佑清，2012）。

那么，什么样的学习行为才能真正实现有效的教学呢？我们认为，实现有效教学的学习行为具有如下特征（表6-5）。

表6-5　实现有效教学的学习行为的主要特征

学习行为特征	学习行为特征的内涵
学习行为的针对性	学习行为与教学的目标、内容、条件及学情是相匹配的
学习行为的能动性	学生主动参与学习活动并积极进行内部信息加工
学习行为的多样性	采用与教学目标、内容、条件相适应的多样的行为
学习行为的选择性	学生可根据自己的学情选择学习行为

（1）学习行为的针对性

有效的学习行为应是有针对性的学习行为。所谓有针对性的学习行为，即适宜的学习行为。也就是说，这种行为是针对影响学习行为的基本要素（包括教学目标、教学内容、学生学情及教学条件）的实际情况而选择和设计的，如符合教学目标实现的需要（特定的教学目标只有使用特定的学习行为才能实现），切合所学内容的特性（不同的教学内容要求采用与之相适应的学习行为），基于学生的学情（不同学习基础的学生要求采用不同的学习行为），适应现有的教学条件（不同的时空及物质条件要求采用不同的学习行为），等等。当学生采用的学习行为是有针对性的，这样的学习行为一定会产生相应的学习结果（即具有有效性）；反之，如果学生的学习行为是缺少针对性的，即未能反映教学目标、教学内容、学生学情、教学条件等要素中某一项或多项要素的特性和实际，这种学习行为就会是无效的。

（2）学习行为的能动性

无论是理论研究还是成功的教学改革经验都显示，学生主动参与学习过程是有效教学最为重要的前提条件。国内改革开放以来所关注的研究主题，如主体教育理论、学生能动活动与学生发展的关系、建构主义学习观等，均鲜明地突出了学生学习的能动性对于学生学习与发展的意义。我国近年来出现的典型的教学改革经验也证明，学生在课堂教学中的主动参与是教学取得成功和有效的先决条件，如洋思中学、杜郎口中学的课堂教学改革经验，其核心和精要之处在于，它们采取了一些特殊的策略（如少教多学、先学后教等），落实了学生在课堂学习中的主体地位和能动作用。一位记者综合若干位专家和参观者的意见，对杜郎口中学的课堂形成三个印象，其中第一个印象是"杜郎口的教学真正体现了学生的主体意识，极大地调动了学生学习的积极性和主观能动性。……整个教学活动中，全是学生主动在'动'：主动讨论、主动解答、主动展示、主动检查、主动加强"（李炳亭，2006）[86-87]。

（3）学习行为的多样性

多样性是由针对性派生出来的特性。在一节课或一个单元的教学中，教学目标通常不是单一的，而是包含多个方面；教学内容不是一个，而是包括不同的板块（如一节语文课中有字词教学、阅读教学、习作教学等）；教学条件（时空及物质条件）也可能随着教学进程的推进发生变化。教学目标的多面性、教学内容的多样性及教学条件的变化等，要求有多样化的学习行为与其相适应，而不能用一成不变的学习行为去应对所有的教学目标、全部的教学内容和变化的教学条件。另外，为了活跃课堂气氛、吸引学生注意力，教师应设计并使用多样化的学习行为。

（4）学习行为的选择性

这是从学生的角度来看的学习行为的特性。基于已有生活经验、知识基础及思维方式等方面的学情差异，同一班级中不同学生在面对同样的学习目标、学习内容、学习条件时，其采取的学习行为也是有差异的。因此，应允许不同的学生选择不同的学习行为，包括采取不同类型和方式的行为、在不同时间采用某种行为、不同频次或时长地使用某种行为等。在大班教学中，教师面向全班学生上课，最容易产生的问题是讲课的内容、方式、速度、难度等，只可能针对班级中某些学生的实际和需求，而难以照顾到全体学生。因此，增强学生对学习行为的选择性，是提高面对全班学生教学有效性的重要条件。

学习行为的针对性、能动性、多样性、选择性四者之间存在特殊的关系。对于有效学习而言，学习行为的针对性是基础性的、内在的，而学习行为的能动性、多样性及选择性则是学习行为的针对性的外部表现。当学习行为相对于教学的目标、内容、条件及学情而言具有针对性时，学生的学习必然会具有能动性、多样性和选择性。

2. "以学评教"的教学评价指标体系设计

基于上述理解，我们提出如下"以学评教"的教学评价指标体系（表6-6）。此评价指标体系包含4个方面的一级指标、11个方面的二级指标及26个具体可观察的三级指标。表中最右一栏用于记录26个观察指标的实际状况。应用这个评价指标体系，基本能全面评价教师的教导行为的总体表现及课堂教学的实际效果。

表6-6 "以学评教"的教学评价指标体系

一级指标	二级指标	三级指标 （课堂观察点）	学习行为 表现评价
学习行为的针对性	满足学习目标实现的需要	1. 学习目标定位准确、全面 2. 学习行为与学习目标相匹配	
	符合学习内容的特性	1. 把握学科特性 2. 内容解读准确（合理确定教学的重难点） 3. 学习行为符合学科特性及对具体内容的解读	

一级指标	二级指标	三级指标 （课堂观察点）	学习行为 表现评价
学习行为的针对性	切合学生的学情	1. 学习行为与学生的经验基础相适应 2. 学习行为与学生的知识基础相匹配 3. 学习行为与学生的思维能力相适应 4. 学习行为符合学生的学习需求	
	基于教学条件的可能	1. 学习行为与教学的时间相适应 2. 学习行为与教学的空间相适应 3. 学习行为与教学的设备条件相适应	
学习行为的能动性	参与学习活动的积极性	1. 学生参与学习活动主动热情 2. 学生在学习过程中专注投入	
	内部思维过程的能动性	1. 学生在学习过程中积极思考 2. 学生在学习过程中主动质疑 3. 学生在学习过程中进行内化理解 4. 学生在学习过程中进行主动建构	
	能动参与学习的学生面	能动参与学习的学生的比例	
学习行为的多样性	满足多种学习目标实现的需要	1. 准确把握本堂课应实现的多种学习目标 2. 设计与多种学习目标相对应的多种学习行为	
	符合多种学习内容的特性	1. 全面把握本堂课内容的类型或板块 2. 设计与不同内容相匹配的多种学习行为	
	适应教学条件的可能	本堂课设计的多种学习行为都有相应的时间、空间及物质条件保障	

续表

一级指标	二级指标	三级指标 （课堂观察点）	学习行为 表现评价
学习行为的选择性	学习行为切合不同学生的学情	1. 有分层设计的目标、内容、进度和作业要求 2. 不同层次或特点的学生可以选择不同的学习行为	

关于上述评价指标体系的使用，还有很多技术性的问题需要讨论。首先，如何在课堂中进行学习行为的观察和记录，以便在此基础上围绕上述指标进行评价？这里存在的问题是，对学习行为的针对性、能动性、多样性和选择性的分析和评判，是建立在对课堂中学生学习行为的确切观察和记录的基础之上的。而在课堂教学中，教导行为与学习行为不是单一的，而是由多种教、学行为构成的，且教、学行为是连续进行的，构成"教学活动流"。因此，如何区分出一个个教导行为和学习行为单位，是课堂观察和记录的基础。其次，如何对这些指标赋值并确定各自的权重，以量化计算评价的总体结果？这是课堂教学评价实现量化面临的一个难题。

这些问题需要结合课堂教学评价实践，进行更具体的探讨。笔者指导的一名硕士研究生，研制了对小学学习中心课堂中学生学习行为进行观察、记录和分析的系统。该系统首先以多位教师执教的比较典型的学习中心课堂的实录为对象，观察和遴选出学习中心课堂中小学生常见的学习行为的类别，并以不同的序号进行标记，形成学习行为的标记系统；然后以此标记系统对一些参与学习中心课堂教学实验的教师的课堂进行观察、记录和分析，并统计该教师的课堂中学生各类学习行为出现的频率及所占时长，以此判断该教师的课堂是否真正是以学生的学习为中心的（孟凡玉，2017）[17-23]。

第四部分

学习中心教学实践推进中的
问题及其应对

前面三个部分，我们主要对学习中心教学的基本理论问题进行了探讨，并形成了我们对于学习中心教学的基本理解和看法。应该说，有关学习中心教学的理念对于变革我国课堂教学以教师及其讲授为中心的格局，提高教育教学质量具有很强的现实针对性和实际指导价值。不过，学习中心教学不仅是一个理论问题，更是一个实践问题。那么，在我国目前的条件下，如何在中小学推进学习中心教学？推进学习中心教学存在哪些困难或挑战？如何突破这些困难或挑战？本部分笔者主要基于对国内课堂教学改革的一些成功经验的观察、反思，以及本人指导一些中小学进行学习中心教学的行动研究的经历，对这些问题做出探讨。

第七章 从讲授中心到学习中心：主要困难及其解决策略

在我国，以教师及其讲授为中心仍然是中小学课堂教学的基本状态。在这样的背景下，推进学习中心教学必然会遭遇多种困难和挑战。如何理性地认识并有效地突破这些困难或挑战，自然成为学习中心教学要面对的首要课题。

一、课堂教学变革面临的主要困难和挑战

课堂教学变革具有复杂性。揭示这种复杂性，是寻找变革策略的开始。加拿大学者富兰（M. Fullan）对教育变革有过专门深入的研究。富兰对于后现代社会的教育变革形成了如下一些基本的看法：第一，我们正生活在一个变革的时代。学会适应不断的变革和积极主动地对待变革是现代人必须面对的挑战（富兰，2004）[9-10]。第二，教育变革的过程具有复杂性。"有成效的教育变革在过度控制与无序之间徘徊。为什么控制手段不起作用，……一个明显的原因是变革过程复杂得难以控制，在许多情况下'不可知'。"（富兰，2004）[27]第三，应对复杂的教育变革应有新的思维方式，即应将教育系统建设成为学习型组织，以学习型组织的理念来应对教育系统的变革（富兰，2004）[9]。

从富兰的研究中可知，教育变革（包括课程与教学变革）是异常复杂的，理解和认识这种复杂性是有效应对课程与教学改革的前提。以下我们

拟从文化的层面来观察和理解我国课程与教学变革的复杂性。

（一）传统课堂教学的文化特征

在第一部分，我们揭示了传统课堂教学所存在的突出问题。那是从具体、可感的行为或现象层面对我国课堂教学问题的揭示。实际上，我国传统课堂教学的问题不仅仅以具体、可感的行为或现象的形式存在，更为复杂的是，它还以文化的形式存在。以文化形式存在的问题虽然不易为一般人所直接感知，但其影响更为深刻、广泛。

文化是一定范围内的社会成员内心共同信奉、坚守和遵循的价值观念、思维方式和行为方式。文化一旦形成，就以广泛分布于社会的日常习惯、风尚传统、社会风气等社会心理或集体无意识的形式存在。因此，文化具有普遍性、内隐性、深刻性和稳定性的特征，会对人的思想和行为产生深刻、广泛的影响。所以，在当今急剧竞争的全球化时代，文化被当作一个国家的"软实力"。

从文化视野考察，我国当下中小学的课堂教学呈现出一些典型的文化特征。这些文化特征广泛存在于教育领导、教师、学生、家长及社会大众对教育的理解和行为之中。虽然有一些地区、学校、教师或家长持有不同取向的教育文化观念，但从总体上来看，我国中小学教育的主流文化是以帮助学生取得应试成功为核心取向，其他取向的教育文化则为亚文化。叶澜教授对我国课堂教学改革的艰巨性进行过专门的分析。她认为，我国现行课堂教学的组织形式是在学习和运用赫尔巴特及凯洛夫教育思想的基础上形成的，并"在实践中形成了较稳定的传统模式"。这一传统的超常稳定性，除了因为它主要以教师为中心，从教师的教出发，易被教师接受外，还因为它视知识的传授和技能的训练为主要任务，并提供了较明确的可操作的程序。"总之，已有教学理论传统之长、深入实践主根之深、形式硬壳之坚、传习的可接受性之强，都使今日教学改革面临着强劲的真实'对手'，它要改变的不只是传统的教学理论，还要改变千百万教师的教学观念，改变他们每天都在进行着的、习以为常的教学行为。这几乎等于要改变教师习惯了的生活方式，其艰巨性不言而喻。"（叶澜，2006）[245-246]叶澜教授在此实际上揭示了我国传统教学的文化特征。

概括来讲，我国传统教学的文化特征可以从其体现出来的教学价值取向、教学思维方式和教学行为方式等三个方面来考察。

1. 教学价值取向

在我国，虽然在理论上对教育所应培养的人的质量规格有全面的认识，在政策上对教育目的也有比较清晰的界定，但学校实际执行和实施的教育目的，与理论上倡导及政策上规定的教育目的存在巨大的反差。这种反差的一个重要表现是，人们往往把可检测的结果尤其是升学考试的结果作为主要的教育目的来追求，而忘却了教育应然的目的是促进学生身心素养的全面发展。"为考而学"不光在我国存在，即便在美国也是一种普遍现象。韦默揭示了这一现象："教育心理学方面的大量研究文献证明了一个我们都知道但很少使用的发现：学生在课程中学习什么？他们只学习那些需要考试或评估的内容。测验和作业是课程学习最大的潜在动力。"（Weimer，2002）[16]韦默还引用比格斯（J. Biggs）的观点说明这种现象："学生学什么和怎样学，在很大程度上依赖于他们关于自己是如何被评价的想象。"（Weimer，2002）[17]

我国学校教育深受升学考试所用测评方式的影响。由于我国升学考试运用的是纸笔测评的方式，它能够检测的主要是学生对书本知识的掌握情况（是否全面、牢固地掌握知识），以及运用文字及数理逻辑符号分析和解决认知性问题的技能及能力，因此以升学考试成功为主要追求的学校教育，将促进学生身心全面发展的教育目的窄化为培养考试成功者；与应试成功密切相关的方面才是教育真正关切的，而与应试没有直接关联但对学生的生活和人生成功有重要影响的素质的培养基本上被有意或无意轻视乃至忽视了。培养"知识人"或"认知体"成为现代教育所实际追求的教学价值取向。叶澜教授对于现行课堂教学在教学价值取向上的偏好是这样描述的："大部分教师对教育价值的选择还停留在'传递知识'上，其中有一些教师虽已关注到学生技能、技巧，甚至能力和智力的发展，但大多

仅为点缀。至于认识范围以外的目标则更少涉及。"（叶澜，2006）[247]

以培养考试成功者为价值取向的教学存在的根本问题在于，书面考试并不能全面反映生活成功和人生成功所需要的全部东西，考试成功不等于生活成功，也不等于人生成功，更不等于社会价值的成功创造。因此，任何教学价值取向，包括培养考试成功者，均应把以创造社会价值为基础的生活成功、人生成功作为终极取向和根本标准，并据此对自身进行建构、校正和补充。

2. 教学思维方式

教学思维方式是指人们在思考和设计教学问题时所采取的思维方式，尤其是所采取的思考教学问题的角度、标准、立场、依据等。教学思维方式受制于并服务于教学价值取向。在当下，很多人思考教学问题时主要采用的是以下思维方式。

第一，应试思维，即以应试需要和帮助学生考试成功作为选择教学内容（教什么，包括教的范围、重点、难点）、设计教学过程（如何教，包括教的方法、手段、程序）的主要标准。这种思维方式简单表达就是"考什么，就教什么；教什么，就学什么"。

第二，唯上思维。教师思考和设计教学的主要依据是课程标准、教科书以及相关的教学参考资料，严格地"依纲据本"成为很多教师思考和设计教学的行为准则。另外，在我国，教研员对教师的教学有重要的影响，有些教师甚至将教研员的指导意见当作自己教学工作的信条。这种思维方式简单表述就是"权威（书本和教学专家）怎么说，我就怎么教"。

第三，经验思维。很多教师采用的教学方式实际上是基于自身受教育的经验或经历，即以自己老师教自己的方式去教自己的学生。由于经验、经历对人的深刻影响，这种教学思维方式对教师的教学有重要的影响。这种思维方式可简单表述为"我怎么受教，我就怎样教人"。

第四，从众思维。在实际教学中，也有很多教师以模仿、借鉴名师的方式，甚至采用大多数人都在使用的方式进行教学。因此，模仿思维和从众思维成为很多教师思考教学问题时经常运用的思维方式。这种思维方式简单地概括就是"名师怎么教，或大多数人怎么教，我就怎么教"。

3. 教学行为方式

受上述教学价值取向和教学思维方式的影响，我国中小学教学在行为方式上呈现出"讲授中心"和"重视训练"的特征。

第一，讲授中心。从方便学生细致、全面、牢固和快速地掌握知识的角度来看，教师讲授之下的直接接受学习，相比于学生自主学习和用探究的方式学习，会更为简单和高效。因此，以教师讲授为中心成为我国课堂教学中最为常见的现象。以讲授为中心直接导致教师教学行为方式的单一化，那些对促进学生自主学习和探究学习更为有效的教学行为，如激发动机、方法指导、思维示范、反馈评价、互动交流等，就被教师有意或无意地漠视了。

第二，重视训练。以帮助学生取得考试成功为主要取向的教学，一般都特别看重学生的作业训练。甚至，不少教师在教学过程中，不太注重引导学生对新知识进行理解、感受和内化，但特别看重通过布置大量作业对学生进行训练。因为作业训练对于学生熟练、牢固地掌握知识，以及学会运用知识解决书面或认知性的问题，具有直接的意义。这也是我们所看到的，在以应试为主的学校教育中，普遍存在学生作业量大、重复作业、频繁考试、负担过重等问题。

（二）变革传统课堂教学面临的主要挑战

文化具有普遍性、内隐性、深刻性和稳定性的特征。当前，以应试为核心取向的教学文化对教师教学产生的影响同样具有普遍性、内隐性、深刻性和稳定性。在这种教学文化背景下，要推进课堂教学变革，面临多个方面的挑战。

1. 突破旧文化的阻力

文化对人的行为的影响既可能是积极、正向的，也可能是消极、负面的。无论产生哪种影响，文化均是以习惯、传统、风气、风俗的形式发挥作用的。而习惯、传统、风气、风俗本身的性质和特征决定了改变习惯传统、移风易俗是一件相当艰难、曲折的事，因而需要极强的耐心和巨大的付出。而当今我国课堂教学变革正面临这样一种突破旧文化的阻力。而这从 2001 年教育部强力推进的新课程改革所经历的曲折过程及其产生的实际成效中，可见一斑。

从不同的利益相关者的角度来观察，当前我国课堂教学变革面临的文化阻力虽然在内容上略有差异，但其核心内容就是以应试成功作为教学的核心价值取向。只是不同的利益相关方在追求这种取向中承担的职责、发挥的功能不同而已。比如，学校领导以追求上级教育行政机构的积极评价、学校的社会声誉（尤其是家长的认可度）为核心工作目标，而非以社会及个人发展尤其是学生终身学习与发展所需要的素养培养为核心目标；校长对教师的考核评价，主要以学生考试成绩在班级和地区中的排名为标准。而学校领导面临的文化阻力追根溯源来源于社会对学校的期待。从教师这个方面来看，他所接受或认同的文化来源于学校和校长所秉持的文化，并且他又将这种文化直接转化为教育教学行为进而传递给学生，最终影响了学生学习与发展的过程。在这种学校与教师文化的熏陶下，学生也会形成自己的文化：在学习目标上，全力追求知识的系统、牢固的掌握和应试的优异表现；在学习方式上，习惯于以听讲的方式学习，一些优秀学生也会逐渐适应反复的练习和频繁的检测，而那些不能适应高强度练习和频繁检测的学生就会慢慢产生厌学情绪甚至最终弃学。

由于追求以书面考试为主要方式的考试成功必然导致课堂教学的讲授中心，而学习中心与讲授中心在很多方面是对立的，因此，建构学习中心教学所面临的文化阻力可想而知。

2. 由变革风险带来的压力

学习中心教学的建构涉及的因素众多、过程漫长。其中，尤其是教师改变旧观念旧习惯并形成新观念新习惯的过程可能比较曲折、费时，因此学习中心教学的建构存在不确定性，成功和失败都有可能。为此，教师参与学习中心教学建设需要承受多种风险，如不被他人理解（尤其是学生和家长不理解）、走弯路甚至有失败的可能。比如，我们在学习中心教学建设的实践中，发现一些优秀教师在教学行为调整方面（如减少课堂讲授、增加学生自主学习的时间），比其他教师有更多的疑虑甚至抗拒。这其中一个重要原因是，一些优秀教师往往很会讲授，甚至有自己比较成功的讲授套路或模式。要让这些教师放弃自己已经熟练运用的讲授行为，学习和运用新的教学行为，就要花费很多的时间和精力。由于新尝试存在着不成功甚至失败的可能和风险，一些教师害怕改变，甚至在行为上拒绝改变。

以下是我们对一些参与学习中心教学研究的教师的访谈，从中可以看到他们对减少教师讲授的疑虑。

> 针对"你觉得改变旧习惯难在哪里"这个问题，武汉市长春街小学的 F 老师谈道："我觉得最大的难点可能在心态。就是说，你要是让老师少讲，或者让老师不讲，让学生自己去学，对老师来说，心中总有一个坎，就是总觉得孩子没学会，或者总觉得重难点老师没讲，学生就没法理解透。"
>
> 武汉市杨园学校参加实验研究的某老师，对于学习中心教学让学生进行小组研讨和全班交流存在这样的顾虑："学生学不懂了，然后在小组内解决（问题），小组内解决不了了，再到全班去解决，这可以解决一部分基础很差的同学的问题。小组内学，可以避免老师讲占用绝大部分学生的时间。但是中等的学生、优秀的学生存在一个问题，就是中等、中等偏上包括优秀的学生重点讲（不到位）和突破不了难点。我也尝试让学生讲，比如说在组内讲、班级内讲，但是（学生）讲的效果没有老师讲的效果好，因此（在）完全减少老师的讲这一点上我不是太赞同，因为毕竟学生讲授的方式、讲授的节奏、讲授的清晰度和深度都远远不如老师。所以我觉得改变旧习惯难在这里。我就觉得，我自己讲，我用这种讲讲评评的方式，教学效果确实是非常好的。如果我再完全转变，可能我就要承担风险了。"

韦默在研究美国课堂教学变革时也发现类似的问题。在韦默看来，很多教师反对学习中心教学，首先是因为他们发现使用这种教学方法具有很大的"威胁性"，"它们使教师摆脱了仅仅依靠教学内容方面的专业知识进行教学的状况，而进入一种新的和不熟悉的教学生学习技能的领域，并对通常的教学实践提出质疑"（Weimer，2002）[162]。另外，学习中心教学主张"减少课程的内容容量，让学生制定一些课程的规定，花费时间发展学生的学习技能和学习意识，减少对学生的规定和要求，让学生参与评价活动，等等。对于很多教师来讲，这些都是挑战性很大的观念，他们对这些观念是否完全合理提出了疑问"（Weimer，2002）[162]。

3. 学习新教学需要的毅力

课堂教学变革尤其是结构性、转型性的变革，实际上是一个整体性的变革。它涉及教学价值取向、教学内容、教学过程、教学评价等多方面的改变，其中每一个方面的改变又都涉及多种因素。因此，教师为适应新的课堂教学结构，需要学习相关理论、借鉴他人经验、设计改革方案、进行实践尝试、反思实践成效，并要经历多次反复和循环。在这个过程中，教师要不断地从过去的教学观念、教学习惯、教学自信中走出来，不断否定已有的"教学自我"，通过学习和实践重建"教学自我"。

很多教师在这个转变过程中产生过这样的感受和体验：纠结、挣扎、自我革命、脱胎换骨。尤其是一些优秀教师，过去成功的教学经历让他们树立了教学自信，所以，在适应新的课堂教学变革过程中，一些优秀教师感受到的自我改变的挑战更大，有些教师甚至回避、抗拒教学变革。由于学习和适应新教学往往需要教师花费很多的时间和精力，因此特别需要教师有克服困难、坚守信念、大胆尝试、不怕失败、不轻易放弃的毅力、勇气和韧劲。湖北省武汉市长春街小学的李青学老师是一位从中学调到小学任教的优秀教师。在该校学习中心课堂建设的行动研究中，她上了三次研讨课。在三次上课过程中，李老师经历了从挫败、不服，到纠结、半信半疑，再到"脱胎换骨"的心路历程。

第一次上课，李老师是带着教学自信的："作为一名英语教学已十年有余，并多次在市区获奖的教师，我对自己的课堂教学比较有信心。……在教学中，我常常从有利于教的角度设计教学思路，以教师为中心展开教学，扮演了主讲、主问的角色，主宰整个教学过程。我所设计的教案环环紧扣，每个部分都有精确的时间。在公开课展示中，我甚至能分毫不差地在打结束铃时完美地结束教学。我曾经以此为豪，得意于自己'强'的掌控课堂能力。"李老师就是以这样的教学习惯和教学自信上了第一次学习中心课堂的全校研讨课。这次课按照传统的评价标准，应该说上得比较成功，但按照学习中心课堂的标准显然是不合格的，因而被听课专家否定："教师过多'霸占'课堂。整个学习过程中学生没有多少属于自己的思考空间，教师教结论，学生就学结论，课堂的活跃是虚假的活跃。"专家全盘否定了李老师的课并提出"把课堂还给学生"。李老师对专家的评价很不服气，并对"把课堂还给学生"心生疑问。

但李老师没有放弃。这次课以后，她坚持思考、学习。李老师这样回忆："我沉寂了许久。起初是质疑，后来是反感抗拒。逐渐冷静下来以后，我心中居然有一丝好奇：陈博士描绘的课堂究竟是什么样子的？带着好奇心和疑问，我观摩了陈博士指导的我校语、数学科老师上的课。一节节课听下来，我深受震撼，不得不承认语、数学科以学习为中心的课堂更高效、更精彩！不过，隔行如隔山，英语学科也可以'照搬'吗？我还是踌躇，将信将疑：英语教学可以做到以学习为中心吗？英语学科的学习中心课堂应该如何体现呢？小组合作如何才能高效？……我感到困惑太多，困难重重，信心不足。在这样的情况下，我带着重重疑惑进行了第二次试教。但是，这次研讨课专家的评价是：我的教学既不是传统意义上的讲授，也不是学习中心教学。老师看似给学生机会讨论，其实手里有根无形的缰绳，紧紧拴住学生。学生不能逾越雷池一步，必须在教师规定的知识范围内循规蹈矩。学生是课堂上的假主人。"于是第二次试教以失败告终。

第二次失败后，李老师没有放弃，还在观摩其他老师的课堂，于是学校又安排李老师上了第三次课。李老师说："当我接到要第三次上课的通知时，我简直要疯了，嘀咕着：这样上不行，那样上也不行，还要试教第三次？这是什么意思?! 我非常反感，很烦躁。上过公开课的老师都知道，一次次的磨课之后，如果上的课堂评价还不好，这种心情是非常绝望的。……于是，抱着'我要证明你的指导思想不对'的想法，我完完全全按照陈博士的指导思想上了一节课。课前划分学习小组，研制英语学习导学单，布置层次分明的任务。课上，我将大部分时间留给学生，让学生成为课堂的主人，教师只是指导和总结。结局令我惊讶——我居然'输'了。实践证明陈博士是对的，因为这节课的效果非常好。尽管是下午，尽管不时被操场上的笑闹声打扰，但是学生们非常兴奋，完全投入课堂中。他们自己当小老师，自己进行组内评价，自己纠正同组同学的错误，小手举得高高的，还争先恐后地到讲台前畅所欲言。下课铃响了，我在同学们的脸上居然看到了意犹未尽的表情。更奇妙的是，这次课让我对'以学生发展为本及以学生学习为中心'的课堂教学理念完全信服！"

三次授课使李老师的观念发生了深刻的变化。她这样回忆："回顾自己的这三次课，从'教师做课堂主人'过渡到'教师做课堂指引人'，最后到'学生做课堂主人'，我的思想发生了深刻的变化。我在实践中看到，随着从'教师为本''讲授中心'向'学生为本''学习中心'的转变，学生仿佛被注入了'强心剂'，他们积极参与课堂，成为课堂的主人。在此过程中，教师只为学生独立自主学习提供必要的支持和帮助，讲授时间变短，学生在课堂上反而更活跃、更主动。这样的课堂更高效!"①

4. 教师应付日常工作的忙碌

从教师个人来看，除了考试分数和升学竞争所形成的精神压力以外，教师日常工作负担偏重、过于忙碌，导致教师没有时间深入、系统地学习和自由思考教学变革问题，也不敢放开手脚进行大胆的尝试和实践。因为若是尝试失败了，没有时间和精力弥补损失。目前我国中小学（尤其是优质学校）的规模和班额普遍偏大，而政府规定的教师编制又偏紧，由此造成中小学教师需要花费过多的时间应付常规教学工作，难以有自由学习与思考的时间和精力。据笔者对武汉市的中小学尤其是一些名校的了解，教师每天工作时间一般超过 8 小时，有些学校的教师还经常在周末和节假日加班。教师的培训学习和科研工作只能靠临时挤时间或利用假期去做。时间和精力不济显然对教师投入教学变革产生不利影响。

在对参与学习中心教学行动研究的教师进行访谈时，很多教师谈到课堂教学变革需要时间，但目前教师太过忙碌，没有时间静下心来学习和思考。

长春街小学的 P 老师在回答"建构学习中心课堂，需要教师改变旧的教学习惯。您觉得改变旧习惯难在哪里?"问题时，是这样说的："我觉得改变旧习惯难就难在认识不充分，缺少相应的认识高度，这可能导致教师的教学还是会依循以前的模式。我觉得还有一点很重要，就是要给教师时间，因为我觉得这是一个文化上的变革，文化上的转型、转轨需要时间，不是一朝一夕就能够实现的。既然文化的鸿沟那么大，学校应该给教师时间，让教师沉下心来进行集体教研，因为在改变的过程中教师需要考虑教材，考虑学生，也要考虑教学目标，要从很多角度进行一个综

---

① 改编自李青学教学小论文《探索学习中心课堂的心路历程》。

合的考量。"

长春街小学的教导主任 M 在回答"目前学校推进学习中心课堂建设遇到的主要困难有哪些?"问题时谈道:"一个是觉得时间不够,教师需要在课堂上用更多的时间去进行小组的组建、小组合作等。再(一个)就是老师研究的时间比较少,(老师)需要真正坐下来去思考如何实施学习中心教学。"

韦默在讨论教师和学生抵制学习中心教学的原因时指出,学习中心教学会导致教师和学生的工作量加大、负担加重。因为学习中心教学要求教师面对复杂的教学设计问题,这意味着增加了教师的工作量。"从教师的角度看,工作量的增加是他们抵制这种教学方法的直接原因。"(Weimer,2002)[151]

二、学校促进课堂教学变革的主要策略

课堂教学变革属于学校变革或改进的一部分。关于如何进行学校变革或改进,国内外有比较多的研究。香港中文大学的梁歆博士和黄显华教授通过对国外学校改进的文献进行分析,提出促进学校改进的主要策略有两个,即学校内部的"能量建构"和学校的"外部支援"。所谓"能量建构",是指为学校改进创造内部能量,创造学校改进所需要的一系列条件(梁歆 等,2010)[48]。影响学校改进的"能量建构"的因素有五个:分享的目标,包括分享学校的发展愿景、发展目标和对学生的期待;教师的发展,包括教师个人的专业发展和专业社群的发展;组织能量,包括学校结构和学校文化;课程与教学,包括课程的一致性和支持教学的资源及技术;学校领导——革新型的领导可以促进学校改进(梁歆 等,2010)[59-62]。学校改进的"外部支援"主要是指学校与一些外部组织之间的伙伴协作,包括大学与中小学的伙伴协作以及社区、家庭与中小学的伙伴协作(梁歆 等,2010)[63-73]。在多年与中小学合作进行校本行动研究的过程中,我

们也发现，校长变革的态度与能力、教师的专业发展、学校文化，以及学校与大学的伙伴协作等，是影响学校改进的主要因素。

以下，我们主要从校长的变革素养、学校变革文化、教师变革团队、教学评价变革以及变革的专业支持等几个方面，分析促进课堂教学变革的策略。另外，在我国学校自主开展的课堂教学变革中，还运用到一种自上而下强势推行的策略。

（一）校长的变革素养

从我国近年来课程与教学改革的历史，以及成功进行课堂教学变革的学校经验来看，"自上而下"是我国课程与教学改革采用的主要方式。而在自上而下的改革中，校长是影响改革成效的关键力量。

校长影响教学改革最为重要的因素是他所具有的发动、推进和指导教学变革所需要的变革素养。富兰专门研究过变革的动力（能力）问题。他认为，变革的动力或能力是指"对变革的本质和变革的过程具有自觉的认识，那些善于变革的人对于变革的部分不可预测和变化无常的特点颇具慧眼，而且他们明确地关注寻找想法和能力，以应对和影响走向某种理想目标模式过程中的更多的方面"（富兰，2004）[19]。他认为，变革能力是由四种核心能力构成的，即个人愿景、探索能力、控制能力和协作能力。

我们认为，中国校长的变革素养应从我国的国情及其所制约的学校的办学环境出发进行把握，具体可以从校长所具有的变革意识、变革意志、变革能力三个方面去理解。

1. 变革意识

校长的变革意识是指校长对课堂教学变革形成的总的理解和追求，由校长对课堂教学变革的意愿、志向、愿景等构成。校长的变革意识是校长进行教学变革时应具备的最基础的素养。校长课堂教学变革意识的形成，取决于校长对当下我国课堂教学问题的深刻洞察、对国家教育发展大势的清晰把握、对人才培养过程形成的独特信念。在此基础上，校长会形成对课堂教学变革的强烈意愿、坚定的志向和清晰的愿景。蔡林森校长的经验典型地印证了，校长的变革意识对于学校教学变革的重要影响。

蔡林森在 1982 年接手洋思中学做校长时，该校是江苏省泰兴市的一所偏僻农村中学，当时办学的师资和设备条件极差。蔡林森担任校长以后，就立志改变学校的面貌，要办一所面向后进生的学校。他从帮助自己孩子从后进生转变为优秀学生的经历中领悟到"没有教不好的学生"，并将其当作自己的教育信念和洋思中学的办学理念（蔡林森，2011）[27-28]。为了帮助学生更好地学习，他先后开展了"当堂完成作业""减少教师讲授时间""先学后教""兵教兵"等教学改革实验，最后提炼出"先学后教，当堂训练"的课堂教学模式。该模式在应用中取得了很好的效果（蔡林森，2011）[29-30]。

2. 变革意志

由于课堂教学变革的复杂和艰难，成功的课堂教学变革需要校长具有敢于开启变革的胆识和魄力，以及坚持变革的毅力和耐心。在目前应试教育的大背景下，一些教育行政领导、家长和社会大众对学校教育和课堂教学的理解及期待，与素质教育的改革方向有很大的反差。比如，很多人仍然主要以学生的考试成绩和升入重点学校的比例来评价学校和教师。在这种背景下，任何教学变革，一旦影响到或有可能影响到学生的考试成绩或升学，马上就会引起非议、批评甚至抵制。即使是短期的影响，很多人也是不能容忍的。这是造成很多校长和教师不愿也不敢进行教学变革的直接原因。要知道，教学改革涉及因素众多、过程漫长，教学改革效果显现的时间一般是延后的。在这种背景下，校长是否具有坚强的变革意志，直接决定了一所学校的教学变革能否开启、能否坚持、能否成功。

蔡林森校长的变革意志是异常坚强的。他的坚强意志首先表现为能吃苦。他自己专门写了一篇长文，将自己的成长经验总结为"能吃苦"："我的人生观是：人活着，就是要吃苦，就是要自学。这样才能成人、成才，才能有所作为，实现人生的价值。一辈子吃苦，一辈子自学，一辈子创新，就一辈子幸福，一辈子快乐。"（蔡林森，2011）[11]

其次，他的意志还表现在永远有追求，爱拼，有坚定的信念。国家督学、原江苏省教科所所长成尚荣对洋思中学非常熟悉，他认为"蔡林森精神"除了创新精神以外，还包括另外两种精神。第一，"永远的追求"。"蔡林森的伟大与可爱，就在于他永远去走过一座又一座桥梁，永远在跨越，永远向着前往的地方。"第二，"拼一回"。从洋思中学退休以后，蔡林森到河南永威学校做校长，刚开始面临很多的困难与矛盾，蔡林森选择了"我一定要再拼一回，一定要办好永威学校，创造又一个教育奇迹"。此外，蔡林森有执着的教育信念。"蔡林森创造教育奇迹的一切行动，源于他心中的一杆标尺，那杆标尺是他的办学理念。……蔡林森还把理念转化成信念——坚信不疑，坚定不移。……蔡林森的信念是：没有办不好的学校，没有教不好的学生。"（蔡林森，2011）[319-321]

崔其升认为，"没一个校长不想把学校搞好的，但为什么改革又那么难？我以为校长缺乏的是置之死地的那种决心"（李炳亭，2006）[79]。比如，杜郎口中学刚开始实行"10+35"课堂教学结构时，遇到的阻力非常大。一些家长极力反对，有的家长甚至愤怒了："我们交了钱让孩子来上学，你们老师不教了，倒让孩子自己学？"（崔其升 等，2011）[63]许多教师也心存疑虑："教师这么苦口婆心地讲，学生还学不好呢！要让学生动起来，自己少讲，恐怕更是'玩火'。"许多教师玩起了"捉迷藏"：不让明讲，就偷着讲；不让在讲台上讲，就在讲台下讲（崔其升 等，2011）[65]。针对这种情况，"为了把改革进行到底，我干脆下了'禁口令'，不准教师再讲，一句话也不能讲，而且，成绩不能下滑，这样逼得他们没办法，自然要通过其他方式保证课堂效益"（李炳亭，2006）[80]。

3. 变革能力

课堂教学变革的复杂性和人才培养过程的专业性决定了，校长具有对课堂教学变革专业领导的能力，是课堂教学变革取得成功的重要条件。校长的变革能力包括对课程与教学的理解能力和设计能力、推进课程与教学变革的组织能力、对教师教学变革的指导能力等。

> 蔡林森校长对课堂教学改革的探索过程，体现了他有敏锐的发现教学问题以及逐步解决教学问题的专业能力和教育智慧。洋思中学的"先学后教，当堂训练"模式不是一下子建立起来的，而是经历了一个逐步发展的过程。最初，他在听课中发现，很多教师将作业放在课外，但学生在课外做作业，应付、抄袭现象很普遍，效果很不理想，于是他力排众议，在学校开展了"当堂完成作业"的改革。为了能让学生当堂完成作业，课堂上要给予学生时间，为此，学校开展了"减少教师讲授时间"的改革。为了减少讲授时间，教师可以先让学生自学，学生会了的不讲，教师只针对学生的问题进行讲解，于是又开展了"先学后教"的改革。先学后教中的"教"首先不是教师教，而是利用"兵教兵"的方式，让会的学生教不会的学生，最后由教师补充。经历这样一个探索过程以后，最后才提炼出"先学后教，当堂训练"的课堂教学模式（蔡林森，2011）[29-30]。
>
> 成尚荣这样评价蔡林森的专业创造精神："蔡林森绝不是一个'鲁莽之人'，他不仅是苦干实干，而且是一个'智者'，会巧干，会智慧地干。……蔡林森敢于创新，也善于创新。……蔡林森的心中总是涌动着创造的激情，创新使蔡林森永葆青春。"（蔡林森，2011）[320]

（二）教学改革文化的营造

国内著名的课堂教学改革经验表明，成功的课堂教学改革一定有先进的理念、文化作为教学改革行动的先导。如叶澜教授主持的"新基础教育"，最初针对课堂气氛沉闷，学生被动、缺少生机的现实，提出"让课堂教学焕发出生命的活力"的改革理念。后来，"新基础教育"又提炼出"生命·实践"的教育学理念。郭思乐教授主持的生本教育，强调以"生本教育"作为对传统的"师本教育"进行根本性改造的方向和基本理念，从价值观、伦理观、行为观等方面，全面体现了以学生为本的特征。

先进的教学理念一般由专家或校长提出或倡导，但还应将其转化为参加实验研究的所有教师共同信奉的观念，如此才能形成一定范围内的文化。在这方面，蔡林森的经验非常典型。蔡林森在洋思中学的教学改革是以"没有教不好的学生"为信念的。从 1985 年开始，他就带领洋思中学的教师开始了一项"没有教不好的学生"的教育实验。他采取了很多措施，着力让这种信念成为全体教师的信念，成为学校的文化。

> 蔡林森说："我把'没有教不好的学生'作为标语写在校园最醒目的地方，更作为思想落实在日常的教育教学活动中。学校每学期都要多次举行'没有教不好的学生'的演讲比赛，校报、班报也特别开辟'没有教不好的学生'专栏，师生每天都要唱'没有教不好的学生'的校歌，校园处处是'没有教不好的学生'的氛围。学校千方百计地努力教好每个学生。20 多年的实践证明了'没有教不好的学生'是一条教育真理。这一教学思想，是洋思中学这所三流生源的农村薄弱学校走出困境、成为名校的传家宝。"（蔡林森，2011）[274-275]

他到河南永威学校工作以后，仍然注重教师文化的形成："我到了永威学校工作，就一直坚持'没有教不好的学生'的教

育思想，并且千方百计让老师们也确立了'没有教不好的学生'的思想。"（蔡林森，2011）[276]

文化具有广泛、深刻的影响力，无论是新的教学文化，还是旧的教学文化均是如此。因此，要将课堂教学结构从讲授中心调整为学习中心，首先要冲破旧文化的阻力。而冲破旧文化的阻力，光靠批判和否定是不够的，一个最有效的方式是建构新文化，以新文化来解构和替代旧文化。学习中心教学需要建立的新文化在价值取向、思维方式、行为方式等方面，与旧文化有着根本的区别。

1. 在教学价值取向上，需要确立以学生发展为本的观念

首先，教学要以学生的身心素质（素养）发展为本，即以促进学生身心素质（素养）的形成与完善作为教学的根本或最终目的。为此，需要对知识教学的功能和地位进行重新认识，并形成新的知识功能观。书本知识虽然是课堂教学的基本内容或主要对象，但是书本知识主要是促进学生身心素质（素养）发展的资源、工具或手段。虽然从学生的后续学习来讲，掌握书本知识也是教学的一个目的，但它不是教学的根本目的、最终目的，更不是教学的全部目的。其次，突出新时期我国发展所需要的核心素养的培养。在当今时代，学生身心的全面发展仍然是我国教学应坚持追求的发展取向。课堂教学要尽可能实现"教书"与"育人"的统一，此处的"育人"是指促进学生身心全面发展，而不是仅仅关注学生的认知发展。在此基础上，针对当今时代发展的需求和我国教育的不足，课堂教学要突出学生的社会责任感、自主学习（学会学习、终身学习）意识和能力、创新精神、实践能力等素养的发展。

2. 在教学思维方式上，形成新的思考教学问题的角度、标准或依据

以发展为本的教学过程与以知识掌握为本的教学过程存在重要的差异。因此，它在教学过程的理解和设计上应形成新的思维方式，即形成新的思考教学问题的角度、标准或依据。第一，以学习为中心（学为本体、学为目的）。发展性教学过程最重要的特征是，以学生自身的能动活动作

为学生身心素养发展的机制；在教学的全程中，要把学生自身能动活动作为教学过程中的本体性或目的性的活动，而不能将教师的教导作为教学过程的本体或目的。第二，教为学服务（教为条件、教为手段）。对于任何教学过程而言，教师的教导都是不可或缺的。但是，在以学生发展为本的教学中，教师的主要功能不应是讲授或直接给予，而是引起学生能动参与学习活动并促进学生有效地完成学习过程。教师不能代替学生完成学习活动的过程，也不应占用学生独立、能动活动所需要的时间和空间。第三，教学方式多样化。为了实现学生身心素养的全面发展，学生能动学习应在多种活动中展开。比如，从对象来看，学生的学习可以是符号学习，也可能是操作学习、交往学习、观察学习、反思学习以及综合性的实践学习；从方式来看，既可能是接受性学习，也可能是探究学习、自主学习、合作学习、体验性学习、信息化学习，等等。同样，教师引起学生能动参与和有效完成学习过程的方式也应多样化，除了讲授以外，更多的应是激发动机、方法指导、思维或行为示范、反馈评价、交流互动、学习过程组织等。

3. 在教学行为方式上，要全面体现和落实新的价值取向和思维方式的要求

针对讲授中心课堂教学存在的以讲授为中心、学生学习被动、教学行为单一等弊端，学习中心教学首先要以学生的学习为中心，并以学生能动活动（能动参与学习活动和主动完成学习过程）作为学生学习的基本要求。其次，要改变学生单一地以接受方式学习的状况，实现学生学习活动类型及方式的多样化。最后，教师的教导方式要以引起学生能动参与和有效完成学习过程为依据，从单一的讲授走向使用包括讲授在内的多样化的教导行为和方式。为此，针对我国课堂教学的现实，要去除过多、过滥的讲授，而将教师的讲授控制在必要的范围之内。在学习中心教学中，很多时候讲授不是教师主要的教导行为，更不是教师全部的教导行为。此外，为改进教师的教导质量和提高教师教导的有效性，教师的行为方式的变革需要突出研究性教学、反思性教学、合作性教学等要求。

（三）核心变革团队的建设

教学变革的复杂性以及参与教学变革面临的失败的风险，导致不是所有的教师都愿意并能够进行教学变革。因此，适当地选拔参与教学变革的教师，并组建核心变革团队，是推进课堂教学变革顺利进行的两种有效策略。

1. 参与变革的教师的选拔

参与教学变革的教师应该是那些有变革的意愿且有变革能力的教师。仅有变革意愿而无变革能力，或者，虽有变革能力但无变革意愿的教师，都不是最好的教学变革主体。对参与课堂教学变革的教师进行选拔，让少数有意愿和能力的教师参与课堂教学变革，其意义在于：首先，课堂教学变革毕竟是复杂、艰难的，少数教师参与的变革即使失败了，其造成的负面影响的范围比较小，也比较好控制；其次，少数被选拔出来参与课堂教学变革的教师一般都比较优秀，或是有变革意愿和能力的教师，选拔他们参与具有挑战性、研究性的工作，会让他们产生一种荣誉感，也会激发他们更积极、更投入地参与教学改革的热情；最后，科学研究和实验最好采取由点到面的方式，通过少数教师的先行先试积累经验，对其他教师产生示范效应，之后再进行推广。

在笔者与中小学合作进行的课题研究或校本研究中，经常有校长希望全体教师都参与，让所有教师都能得到学习机会。实际上，全体教师参与教学改革可能存在这样几个问题。首先，教师整体动力不足。那些不愿或无力进行教学改革的教师会表现出消极、被动甚至畏难情绪，这会对真正想参与教学改革的教师产生不好的影响。其次，全体教师一同参与教学变革，会让教师感到教学变革是一项平常的、人人都能参与的工作，这不利于让教师感受到教学变革的挑战性，产生参与教学变革的荣誉感。最后，在教学变革的过程中，教师经常需要进行集中学习或研讨，为此需要在教师之间进行调课。如果全体教师都参与改革，由于我国中小学教师编制普遍偏紧，教师都很繁忙，这种集中学习和研讨就很难组织。

2. 变革团队的组建

教师团队合作共进，而不是教师个人单打独斗，是课堂教学变革最好的方式。首先，教师团队成员之间相互学习和借鉴，可以集中大家的智慧，并分散、降低教学变革的难度。在教学变革中，经常会出现一些新的、比较难的问题，解决这些问题需要教师基于已有知识、经验，提出创造性的解决方案，并实施改革方案，观察实施的成效，反思改进的方向。这个过程单靠个人是很难完成的。富兰提到英国五所小学在课程开发的研究中，教师以团队形式工作所产生的相互支持的风气及其对教师承担风险产生的积极影响："当这种支持可以获得，人们感到有勇气承担风险，做一些也许他们以前从未做过的事情，认识到无论是成功或失败，他们都能够和同事们共同承担。"（富兰，2004）[77-78]其次，团队成员之间的相互激励、支持和竞争，可以增加教师参与教学变革的动力。教学变革，尤其是转型性的教学变革，涉及教师教学信念和教学习惯的改变，这个改变是触及人的心灵的，经常会让教师产生纠结、矛盾或冲突。而团队合作可以使教师获得情感上的相互理解和鼓励、行为上的相互支持或借鉴。甚至，参与教学变革的成员之间也可能存在竞争，这种竞争会成为促进教师更积极、更主动地参与教学变革的动力。最后，对于教学变革中的一些琐碎或繁重的工作，如导学案的编写、一些可以共享的教学资源（如上课要用的背景材料、典型的案例、视频素材等）的搜集与开发等，通过分工、协作的方式完成，可以减少教师的工作强度和工作量，以便教师集中时间和精力进行创造性的工作。另外，在我国中小学，不少教师还有比较强的从众心理，校长要让某个教师单独进行某种教学变革，一般难度很大，而当学校建立了变革团队，且有相应的工作制度、文化氛围时，教师参与教学变革的积极性就很容易调动起来。

目前，国际上比较流行通过建立学习型组织来促进教师的职场学习和专业改进。富兰提出，应对具有复杂性的教育变革最重要的不是寻找新的改革方案，而是应有新的思维方式，即使教育系统成为学习型组织。"我们需要学习型组织的理由是因为发现了在复杂的体制下变革不会是一帆风顺的，它充满着意外的情况。不过，新的思维方式能够帮助我们'对待不可知的事物'。"（富兰，2004）[9]富兰此处所讲的学习型组织也就是圣吉率先提出的学习型组织。圣吉认为，"学习型组织是一个促使人们不断发现自己如何造成目前的处境，以及如何能够加以改变的地方"（圣吉，1998）[13]。在圣吉提出的建构学习型组织的"五项修炼"中，"团体学习"实际上是促进个体达到"自我超越"和"改变心智模式"的基本方式。圣吉认为，"合作学习具有令人吃惊的潜能；集体可以做到比个人更有洞察力、更为聪明。团体的智商可以远大于个人的智商"（圣吉，1998）[272]。团体学习之所以有这么大的作用，主要是因为团体学习运用了"深度汇谈"和"讨论"两项交谈技术。"深度汇谈"是指"自由和有创造性地探究复杂而重要的议题，先暂停（悬置）个人的主观思维，彼此用心聆听"。"讨论"就是提出自己对问题的看法，并加以辩护。"深度汇谈"和"讨论"的功能是互补的，二者结合使用对于学习型组织及其中的个人发展有重要的作用（圣吉，1998）[270]。

（四）教学评价的改革

教学评价是引导课堂教学变革顺利、有效推进的指挥棒和方向标，对于课堂教学变革的方向和过程有重要的影响，所以国内课堂教学改革者都非常重视用评价改革来引导和促进教学过程变革。从国内著名的教学变革经验来看，存在两种不同取向的教学评价：一种是大部分学校使用的有精细指标设计和主要用于比较目的的评价，如洋思中学和杜郎口中学的教学评价；一种是反对使用精细指标设计和以比较为目的的评价，如郭思乐主张的"激扬生命"的评价。

蔡林森从洋思中学到永威学校以后，为在永威学校推广"先学后教，当堂训练"的教学模式，制定了课堂教学评价标准。这个评价标准包括两方面基本内容。首先，评价学生学习的效果。蔡林森坚持："效果是衡量课的唯一标准。课堂上能达到学习目标，有效地提高素质就是好课。相反，教师讲得再好，形式再美也不应算是好课。"（蔡林森，2011）[277]效果评价具体从"知识方面"和"情感、态度、价值观方面"来进行。其中，"知识方面"既要评价一节课的终结性的效果，即当堂达到教学目标，下课前该理解、该记忆、该运用的都能当堂完成；也要评价阶段性效果，即要观察学生在"先学后教，当堂训练"教学模式的主要环节，如看书、做检测练习、参与更正及讨论、听讲、课堂作业中，是否主动参与和有效地完成学习活动。其次，评价教师教的状况，即依据学生学习的效果，分析、评价教师的引导是否合理。包括：揭示的学习目标准确与否，是否简明、具体；对学生的自学指导在内容、方法、时间、要求上是否恰当；是否最大限度地调动学生学习的积极性，最大限度地发现并解决学生自学后存在的疑难问题。另外，该评价标准还制定了评价细则，对评价的形式、人员、时间、策略等做出了详细的规定（蔡林森，2011）[279-281]。

蔡林森校长提出的这个评价标准并不复杂，它有几个显著特点。第一，以学生学习的效果作为整个教学评价的最高标准，这有利于在教学过程中关注学生学习并落实以学习为中心。第二，依据学生学习效果去分析和评价教师教的好坏，做到了以学论教。第三，将结果评价和过程评价相结合，并且在过程评价上，紧密结合"先学后教，当堂训练"教学模式的基本环节设计观察指标，这样的评价反过来就会引导教师去使用这一教学模式，达到了用评价引导教师学习和运用新的教学模式的目的。

崔其升在领导杜郎口中学进行课堂教学变革时也很重视改革课堂教学评价标准。他认为："评价标准是指挥棒，是教师教学的风向标、指南针，新课堂必须要以新的评价标准为导向，引导教师积极打造高效的理想课堂。"（崔其升 等，2011）[69]

在改革的初期，杜郎口中学将好课的评价基点定位于"学生的动"，围绕此，制定了三方面量化评价指标。一是课堂气氛热烈、和谐、民主，使学生敢问、敢说、敢爬黑板、敢下桌讨论，形成一种积极主动、争先恐后、紧张活泼、读说议评写贯穿始终的课堂学习环境。二是课堂上学生活动形式要多样。学校鼓励教师采取各种各样的学习方法调动学生的积极性，男女生竞赛、曲艺节目、讨论辨析、小品表演、擂台比武等，都可以进入课堂。在学生学习过程中，观察和评价学生在合作学习、个体展示、对展示组的点评、每节课总结及反思、测评等方面的情况。三是学生参与人数多、密度大，力争做到人人参与。

除了从上述三个方面观察学生"动"或参与的状态以外，杜郎口中学还要评价其实现的课堂教学效果。教学效果评价主要包括三个方面：一是学生对文本的理解是否深刻，是否有自己的认识、观点，是否能够结合事例表述、板演、绘图、感受感悟等；二是学生能否寻求方法，发现规律，总结特征，概括重点；三是学生能否举一反三、拓展演绎、深化提升，形成自己的人生观、价值观、情感（崔其升 等，2011）[69]。

可见，杜郎口中学的教学评价标准指向非常明确，即侧重从课堂中学生"动"的状态（是否积极主动地动、动的形式是否多样、是否全体学生都在动）及其效果来评价整个课堂教学的效果。这样的评价产生的效果是，"量化指标的评价触动了教师的灵魂，我们开始思考一种前所未有的行动——由原来注重教师单独的教转移到关注学生自己的学"（崔其升 等，2011）[70]。

郭思乐教授对教学评价有自己独到的理解。他主张，我国中小学的教学评价应从深受中考和高考影响的"控制学生生命的评价"转向"激扬学生生命的评价"。郭思乐教授认为，传统教学评价是一种"惯习性评价"，这种评价导致教育文化蜕变为"可视性教育亚文化"。所谓"惯习性评价"，是指以区域或学校的统一考试（或变相的统一考试）为主要形

式的教育内部量化评价，是区别于中考和高考等社会选拔评价的教育过程
中的评价。由于这种以统一或变相统一考试为特征的教育内部的评价被普
遍采用，因此，可将之称为"惯习性统一评级"或"惯习性评价"（郭思
乐，2007）[299]。惯习性评价有三个特征：评价主体的外在性；追求评价结
果的可比性；评价功能的控制性（郭思乐，2007）[300-305]。惯习性评价使教
育文化蜕变为可视性教育文化。本来，就教育过程而言，教育中既有可被
观察、检视的方面或部分，如学生对某些动作的学习和技能的掌握；教育
中还有不可被观察或检视的方面或部分，如人的发展中的高级的、本质
的、核心的部分，像学生的内心活动、感悟、情感的提升等（郭思乐，
2007）[305]。但是，惯习性评价只注意或突出教育中可视性的一面，这种评
价导致形成可视性教育文化。这种文化的特征是："儿童的学习过程必须
完全地、全方位地、实时地处在外部客体（似应为"主体"——引者注）
的视野中，并借助于客体的反馈进行匡正，或者得到鞭策或激励。……教
育在乎的不仅是儿童是不是学习，更在乎儿童的学习是否能被外界知道。
因而，人们在谈教育时首先必须谈到如何评价，没有评价，儿童发展的存
在性和合理性就受到质疑，甚至不能被承认。于是，教育就变成了'给人
看的教育'。"（郭思乐，2007）[308]可视性教育文化的危害在于，它否定教
育的生命性，其实现的教育效果是对教育过程中学生生命的控制（郭思
乐，2007）[309-311]。

郭思乐教授主张一种"激扬生命"的教学评价观。这种教学评价观建
立在他所秉持的儿童自身生命活动是儿童生命发展或提升的根源的思想基
础上。其主要观念包括以下几个方面。一是联系儿童学习实际，走出"事
必评价"的误区。由于儿童自身学习机制的内在性、自然性、私密性和自
在性，教师不要对儿童的任何行为、任何表现都进行评价（郭思乐，
2007）[312]。二是正确看待教育干预和教育的"非外视性"的关系。教育只
能对学生发展自身的生命活动进行"推动、引导、启迪和激励"，但它不
是"对人的精神活动的细节进行命名及定义，借以改变人的精神活动的进
程的那样一种外科手术式的干预"（郭思乐，2007）[314]。三是以创造的文化

的力量去调动学生的学习积极性。"学生的注意力和情感应该集中在学习的内容和过程中，而不是'分数'上，使学习中的创造性因素和文化提升的因素转化为儿童的积极性，去获得人的最大限度的充分自由的发展。这是最强大的动力。"（郭思乐，2007）[314] 四是把评价改为"评研"，以适应教育生命机制。为了削弱评价的比较功能，而保留其诊断和练习功能，生本教育将评价改为"评研"，即"评"后"研"、"评"为了"研"（郭思乐，2007）[315-316]。这种评价会很好地促进学生的自主学习，产生了比较理想的教育效果。

可见，生本教育的教学评价是建立在对儿童自身生命活动的能动性及儿童自身生命活动作为决定儿童生命发展的基本机制的坚定信念基础之上的。这种评价与传统的偏重从外部可观察的行为表现方面设计评价指标、以监控教师工作为主要目的的教学评价有本质的区别。它是一种典型的学生本位（基于儿童、依靠儿童、为了儿童）的教学评价。生本教育的评价观与生本教育的教学过程观是高度契合的，它在引领生本教育的推进中起到了很好的导向作用。

（五）教学变革的专业支持

教学变革的复杂性本身从另一个侧面表明，教学变革是一个专业性很强的工作，是没有专业训练、专业素养、专业努力就很难做好的工作。由于一般教师缺乏专门的从事教育教学研究的训练，因此要做好教学变革这项工作，专业引领、专业指导是非常必要的。

在教学变革的专业支持上，从国内成功的课堂教学变革来看，目前有两种不同的模式：一是学校自主组织的专业指导；二是有专业研究人员介入的专业指导。这两类模式所采取的专业指导思路、指导方式是不相同的。

1. 学校自主组织的专业指导

学校自主组织的专业指导模式，是指那些自主开展课堂教学变革的学校，不借助外力或专业力量，而主要靠自己组织课堂教学变革过程和相关的专业指导工作。在这种模式中，通常校长是课堂教学变革的发动者、组织者，也是专业指导者。永威学校和杜郎口中学就是这方面的典型。

永威学校采用的专业指导方式，主要有常年赛课活动和多种形式的教科研活动。

> 蔡林森在总结永威学校课程改革的成功经验时谈道："永威学校推广'先学后教，当堂训练'教学法能够成功的一个重要原因，就是坚持常年赛课，探索不停。"（蔡林森，2011）[289]永威学校对于赛课有一套得力的措施：每个学期都要制订详细的赛课计划；校长和副校长都参与对赛课的领导和评课指导工作；用"先学后教，当堂训练"的教学法开展赛课活动；统筹兼顾，使赛课不影响学校正常管理；赛课与教科研结合；赛课与教师基本功训练结合（蔡林森，2011）[289-295]。蔡林森认为，常年赛课对永威学校的教学变革发挥了重要作用："永威学校常年赛课、评课，不停地发现问题、研究问题、解决问题，使教师能够从实际出发，讲究实效，灵活运用'先学后教，当堂训练'教学法，……取得喜人的成果。"（蔡林森，2011）[295]

赛课这种方式之所以成为永威学校专业指导的有效方式，我们分析其中的原因主要有三点。第一，赛课是一种结合课例的行动研究，由备课、听课、评课、教师反思、实践改进等环节组成，体现了行动研究的过程特征。这种结合课例的行动研究是中小学教师最喜欢也最能解决问题的研究方式和学习方式。第二，赛课是一种团队合作学习和研讨的形式，由学部组织，同学科教师参加听课、评课，分管校长及蔡林森也参加听课并指导。团队合作研究是最有助于中小学教师开展研究的组织形式。第三，以比赛的方式开展听课、评课，同伴及校长的参与，可以成为激励教师参与的动机，也成为督促教师更加努力学习和改进教学的机制。

永威学校对教研和科研活动也非常重视，并讲究求真、务实。这表现在两个方面。第一，在选题方向上，强调紧密结合运用"先学后教，当堂训练"教学法中的一些具体问题，如"怎样确定和揭示教学目标""怎样进行自学指导""怎样引导学生更正"等，开展学习和研讨。蔡林森认为，学校的研究"不是进行教育理论的研究，而是要坚持实践创新，也就是要研究怎样把专家的理论落实下来，变为可操作的有效的方法，……学校教研坚持实践创新，就是要研究学校的实践、学生的实践，特别要研究学校课改中存在的问题"（蔡林森，2011）[296]。第二，学校开展了密切联系实际的多种形式的教科研活动，如"师徒结对，以老带新""校长做讲座""假期培训""承办各种研讨会""总结经验、写成文章""集体备课"等（蔡林森，2011）[297-302]。

永威学校的这种专业指导方式在国内具有普遍性和借鉴意义。这种方式的核心是运用课例研究带动教师学习、思考和改进。课例研究将案例研究、行动研究、团队合作研究等多种研究方式整合在一起，具有以下特点：一次课就是一个上课的案例，以案例为研究对象，研究内容具体、明确，教师容易进入，深受中小学教师喜欢；对课例的研究，采取行动研究的方式，它可以将研究渗透在日常教学之中，引导教师在自己的教学实践中发现问题和解决问题，在这个过程中教师将理论、观念、改革设想运用到自己的教学实践之中，改进教学实践；这个行动研究是由教师团队合作进行的，而不是一个人独立进行的，因此，它能发挥团队合作在帮助教师发现问题、提出解决问题的方案、执行研究方案及评估研究效果中的独特优势。

当然，与专业人员介入的专业指导相比，学校自主组织的专业指导，其专业性可能不会那么强。但是，在我国，一些优秀校长非常善于学习和思考，他们有自己独特的教学理念和策略，甚至能提出自己的教育理论。尤其是由于很熟悉教师及其教学现状，他们往往能针对教师的问题，采用容易被教师理解和接受的方式对教师进行专业指导。

2. 专业人员介入的专业指导

这里其实又包括两种情况。一是由专业研究人员主持的课堂教学变革研究，它要体现专业研究人员的教育思想或研究假设，如"新基础教育"和生本教育的研究。二是学校自主选择课堂教学变革问题，聘请专业研究人员参与指导，如很多学校开展的校本研究。

我们以"新基础教育"为例来说明这个问题。"新基础教育"在自"探索性研究"到"成型性研究"的 15 年的研究历程中，在研究团队的组织、研究活动的开展及研究采用的方法论等方面，都深入体现了理论与实践之间的结合和转换，并很好地实现了教育理论研究与教育实践改进的相互促进。

"新基础教育"首先在研究团队的组建上，体现了理论与实践之间的互动。

　　"新基础教育"的研究团队由三方面的人员组成（叶澜，2004）[5-7]（叶澜 等，2009）[34-36]。第一部分成员是华东师范大学基础教育改革与发展研究所的研究人员和相关的博士生。该群体承担的任务主要是进行研究的总体和阶段性策划，开展理论研究以及学校现场定期研究的策划、观察、评价与指导，组织地区间联合举行"新基础教育"共同体会议，做主旨报告，等等。第二部分成员是参与实验研究的学校的成员，包括参加实验研究的骨干教师、学校校长、教导主任、科研室主任和教研室主任。他们承担具体学校研究工作的组织和实际落实的工作。其中，校长是校内研究的第一责任人。第三部分成员是"新基础教育"实验学校所在地区（区和县）的教育局局长、副局长，教师进修学校、教研室、科研室、督导室等领导及相关教研人员或地区特聘专家。他们是地区研究的领导力量，也是区级对"新基础教育"实验学校给予经济、政策、组织管理、日常业务指导等多方面支持的独特组织系统。上述三方面的成员构成为"新基础教育"研究中教育理论研究、教育实践、教育管理三种力量之间的结合和互动提供了前提。

"新基础教育"在研究活动的组织上，更直接地体现了理论研究人员与一线教师的密切互动。

"新基础教育"的研究活动分为日常研究活动与集中研究活动（叶澜 等，2009）[39-40]。"新基础教育"的日常研究做得很扎实，呈现出"日常持续的例行性"和"有主题的渗透性"的特征。"日常研究"主要是指在开学期间，每周由大学研究人员和实验学校人员两类主体进行一天的合作研究。研究活动一般是上午听课、说课与评课，下午观察班级活动，与教师讨论下一阶段的研究任务。每当教学进入一个新阶段，或者教学中心发生变化时，大学研究人员还要和老师一起备课（叶澜，1999）[16]。"集中研究"主要发生在研究的重要发展时期或转折时期，主要研究工作包括开学初的研究策划、学期结束时的总结、中期评估、集中调查、精品课研究等。

"新基础教育"在研究的方法论上，重点关注教育理论与教育实践在同一主体身上和不同主体之间实现的转换和统一。

叶澜教授认为，教育理论和教育实践之间的转化和统一，首先应是发生在每个研究主体身上的"自我转换和统一"，然后才有教育理论和教育实践在"不同研究主体之间的转换和统一"；如此经由教育理论和教育实践在不同主体之间的转换和统一，研究的任务才能完成（叶澜，2006）[400]。在教育理论与教育实践的转换和统一中，理论研究人员和实践研究者发挥的功能和产生的改变是不同的。从理论研究人员的角度来看，他们一方面在研究中承担着提出理论和整体策划研究的任务。叶澜教授指出："理论在整个研究过程中发挥着引领价值取向、促进新观念体系形成和对变化着的研究实践作出综合式的抽象，不断提出新问题和新任务，提出原则性的行动意见等方面的作用。"（叶澜，2006）[401] 另一方面，在理论研究人员完成上述任务的同时，也发生着实践对他们的改造作用。理论研究人员"将自己的研究扎根到实践，到实践一线去感受教师和学生的生活，感受他们的智慧和创造，并和他们一起创造新实践"，这个过程"是一个实践滋养理论研究人员的学术灵感和精神生活的过程"（叶澜，2006）[401]。从实践研究者（一线教师）的角度来看，理论与实践转换和统一的过程将实现以下三个效应。首先，打破了他们对理论的轻慢态度和神秘感，引发他们学习理论的需求。其次，帮助他们实现从外来理论向内在理论的转化，再由内在理论向个人行为实践的创造性转化。最后，这一连续转化过程因为是在研究性变革实践中完成的，因此它会促使实践研究者产生多种体悟：感受到理论的价值，体验到研究性变革对于自己成长的价值，发现自己在理论和实践转化中的独特作用，从而更为自觉地由尝试性变革走向创造性变革，甚至自觉提炼出新的经验与理论。（叶澜，2006）[401-402]

可以说，"新基础教育"的成功在很大程度上要归结于它对教育理论与教育实践之间的结合和互动的重视。从研究性变革实践开始前对相关理论研究的适度超前的准备，到挑选参与变革性实践研究的理论和实践两方面的人员，再到以精细的制度安排落实两方合作和互动的过程，这些均反映出"新基础教育"对教育理论与教育实践之间的结合和互动的用心设计及安排。

除了上述策略以外，在推行课堂教学变革的过程中，国内很多学校都采用了一种"自上而下强力推行"的策略。尤其是那些由学校自主开展的大力度的课堂教学变革，基本上都运用了这种策略。

洋思中学在 20 世纪 80 年代进行当堂完成作业的改革时，遇到教师的坚决反对。蔡林森下决心从改革作业问题入手，打开课堂教学改革的缺口。为此，他组织反复研讨，"经过多次教研会、校务会反复交锋，才算勉强通过了一项'当堂完成作业'的改革方案，并把这一'苛刻'的条件，列为教师评优、评先的依据"（蔡林森，2011）[29]。依靠这一强力举措，这项改革最终获得成功。另外，在洋思中学和后来的永威学校，蔡林森将责任制、承包制等引入教学改革的管理之中。他通过与教师、班主任、管理人员、生活老师一一签订教书育人责任书，使层层承包、项项承包的教书育人责任制的管理体制在永威学校形成。蔡林森把推广"先学后教，当堂训练"教学模式也纳入了教师岗位责任制。并且，教书育人责任制与绩效奖励制度是挂钩的，学校严格按教书育人责任制考核教师，给教师发放绩效奖金。如此，极大地调动了教师的积极性，产生了很好的效果（蔡林森，2011）[302-303]。

杜郎口中学在课堂教学改革初期，采用了一套强势的策略推进教学改革。崔其升认为，"习惯势力是可怕的，教师在教学上惰性的改变是很难的"。要改变教师，除了进行说服教育以外，"必须采取行政手段强势推进。老师不认可不行，认可了不做也不行。没有得力措施的约束，课堂教学改革就不能真正实现。杜郎口为什么成功了，奥秘就在于此"（崔其升等，2011）[63]。在推进课堂教学变革的过程中，杜郎口中学采取了四项强制措施。一是"10+35"时间分配的硬性规定，即规定教师一节课所讲的时间要少于 10 分钟，学生自主活动时间要多于 35 分钟。"教师只要在一节课上讲解超过 10 分钟，即被判定为失败课。"二是建立上好"三课"（示范课、过关课、跟踪课）制度。这项制度要求每个教师必须按照新的上课要求过关。三是实施"一谈二警三停"的警示措施，即对第一次上课不达标者，校长与其谈话；第二次仍不达标者，要在学科组会上予以警示；第三次还不达标者停课一周，在学校专门安排的优秀教师的指导下学习如何上课。四是改革课堂教学的评价标准。出台细致的课堂教学评价标准，用以规范和引导教师打造新型课堂（崔其升 等，2011）[63-72]。

对这种自上而下强力推行的策略，有人可能会有不同的看法，如认为不民主，没有尊重教师的主体性，等等。但从这种策略在我国学校中的广泛运用及其最终取得的成效来看，也许它有合理的一面。这需要我们结合中国的国情及我国学校的实际进行具体分析，不能做简单批判或否定。毕竟，我国传统教学的问题由来已久，要根本性地改变传统教学的格局，确实需要新的思路和得力的举措。

第八章　学习中心教学建构：焦点问题突破

学习中心教学建构是一项系统工程，需要从多个方面进行努力。但从国内近年来课堂教学改革的实际来看，影响学习中心教学成败的几个焦点问题是学生自主学习问题、学生合作学习问题、教师对于新的课堂教学结构的适应性改变问题等。

一、自主学习

在国内学习中心教学的实践探索中，学生自主学习被普遍当作课堂教学的首要和基础环节。而在过去，我国的课堂教学中基本上没有学生自主学习的安排。因此，学生自主学习成为我国推行学习中心教学要解决的一个比较艰巨的问题。基于对国内推行学习中心教学过程的了解，我们认为当前推行中小学生自主学习应着重关注如下几个问题。

（一）自主学习在学习中心教学中的特殊地位

在我国，一般人都将自主学习当作一种学习方式。实际上，自主学习不仅仅是一种学习方式。按照学习方式本身的含义和特性，学习方式具有多样性和可选择性，学生在学习中可以选择某种学习方式，也可以不选择这种学习方式。在这方面，自主学习与探究学习、合作学习、接受学习等学习方式有很大的不同。因为自主学习是任何内化的和有效的学习过程必须遵循的要求。自主学习首先是一种学习原则，而不仅仅是学习方式，它不应被自由选择。

在学习中心教学中，学生的自主学习占有特殊的地位。首先，学会自主学习是学习中心教学追求的核心发展目标之一。在信息化、全球化和终身教育时代，中小学教学目标取向的一个重要转变是，从偏重教给学生系统、牢固的现成知识转向教学生"学会学习"。"学会学习"的实质性含义或核心指向应是"学会自主学习"，即学习者能独立、主动地发起、维持和调控自身学习过程，亦即学习者能对自身的学习过程"当家做主"。其次，在学习中心教学过程组织中，一般会采用先学后教的策略。也就是在组织集中的小组学习和全班教学之前，先让学生尝试自主学习并通过自主学习完成基本知识的学习，因此自主学习成为学习中心教学的首要和基础环节。另外，在整个教学过程中，学生都需要积极主动地参与学习活动和独立完成学习过程，自主学习是实现建构性学习、内化学习的前提，是学生运用所有学习方式学习的基础。

（二）中小学生自主学习的可能性

在我国，很多人在理解和对待中小学生自主学习时怀有这样的前设：只有大学生或成人才能自主学习，中小学生年龄小，不能也不宜进行自主学习。或者，很多人习惯性地漠视中小学生的自主学习。因此，要理解中小学生的自主学习问题，首先要认识中小学生自主学习的可能性问题，特别是要理解，与成人的自主学习相比较，中小学生自主学习的可能空间在哪里。

相比于成人的自主学习，中小学生自主学习的一个典型特征是它的发展性（陈佑清，2016c）。中小学生自主学习的发展性特征是指，中小学生的自主学习有一个逐渐形成和不断进步、完善的过程。与成人完全独立的自主学习不同，中小学生自主学习的突出特征是，它是一种非独立的自主学习，或者说是一种自主程度比较低、需要成人帮扶和指导的自主学习。"非独立的自主学习"表面看来是一个矛盾和不能成立的说法，因为所谓自主学习，就是指学习者能独立、主动支配和管理自身学习过程的学习。但是对于中小学生而言，这正是其自主学习的一个重要特征，也是我们正确理解和处置中小学生自主学习的一个关键问题。

理解中小学生自主学习的发展性特征首先需要我们转变思维方式。过去我们对很多教育现象或问题的理解，都持一种绝对化、应然性的思维判断，因此看不到处于发展过程中的教育现象（如学生身心发展）的相对性、实然性的状态的价值，即只看到和仅承认事物发展的完善状态或理想状态，而轻视或否定事物发展过程中的不完善或实然状态的价值；较少从动态的角度观察事物的发展过程，没有确立由少到多、由量变到质变的辩证发展观。所以，讲到"学生的全面发展"，就以为是绝对的、充分的、理想的全面发展，或者说，只承认绝对的、充分的、理想的全面发展是全面发展，而不认为处于发展过程中的相对的、低程度的、现实的全面发展也是全面发展。同样，谈论探究学习就只是指完全、充分的探究学习，或者只将完全、充分的探究学习当作探究学习，而看不到部分、低水平的探究学习也是探究学习，同样具有教育意义。类似地，我们对学生的个性发展、创造力培养等，也持这种看法。

中小学生自主学习的发展性特征具体表现在以下几个方面（陈佑清，2016c）。

第一，相对于全面充分的自主学习，中小学生的自主学习是部分的自主学习。这表现在，学生只能完成某些内容和环节的自主学习。比如，在小学语文阅读课文的学习中，学生可以自主完成生词生字的掌握，但对课文表达的思想或情感的把握通常需要由教师带领学生学习。再比如，在一节课的教学中，一般性的内容由学生自学，而其中的重点和难点的内容则由教师讲解或组织学生互学和研讨。在目前国内流行的学案导学的教学模式下，在自学环节，学生需要在教师编制的导学案的引导下，完成自学过程。所以，在学案导学这种自学中，自学的任务、问题是由教师设计的，学生主要是具体完成这些任务和问题；学生没有完成自学的全部过程（自主提出问题和自主解决问题），只完成了自学中的某些环节。

第二，相比于成人高水平的自主学习，中小学生的自主学习是一种低水平的自主学习。在自主学习的各个环节，比如自定学习目标任务、自主选择学习资源、自主选择学习方式方法、自己安排学习时间、自主管理学习过程（反思学习过程和调控学习过程）等方面，中小学生在选择的适宜性、针对性和有效性方面均有可能表现出低水平和不完善的状态。这主要是因为，中小学生的自主学习水平受其自我意识发展水平的制约和自主学习经验积累程度的影响，而这两者又是与学生的年龄特征密切相关的。

第三，相比于完全独立的自主学习，中小学生的自主学习是需要教师帮扶或指导的自主学习。从自主的含义来看，自主学习应该是指由学生独立、主动完成学习的全过程。但是，中小学生的自主学习一个突出的特征是，它不是完全独立、自主的学习，而是需要教师帮扶和指导的自主学习；或者说，中小学生的自主学习是在教师帮扶和指导下，努力学习如何进行自主学习的过程。帮扶和指导下的自主学习也是按照完全独立的自主学习包含的基本环节及其要求，完成学习的过程。

认识中小学生自主学习的发展性特征，对于全面看待学生的自主学习具有重要意义。首先，部分的、低水平的自主学习也是自主学习，其教育意义在于，它是全面、高水平自主学习形成的基础。没有部分、低水平的自主学习的日积月累，就不可能有全面、高水平的自主学习的最终形成。因此，不要轻视部分、低水平或初级的自主学习的意义和价值。其次，以动态的眼光和发展的态度对待学生的自主学习。教育者要依据中小学生自主学习的发展性特征，基于学生在自主学习方面已有的发展现实，采取相应的措施促进学生的自主学习不断地由部分到全面、由低水平到高水平进步和完善。

（三）中小学生自主学习的落实

要真正落实中小学生的自主学习，需要从多个方面进行努力。比如，要改变一些有关学生自主学习的错误观念，培养学生自主学习的素养，赋予学生自主学习的权利并给予学生自主学习的时空条件，完善学生自主学习的指导策略，等等（陈佑清，2016c）。

1. 改变对中小学生自主学习的误解

观念转变是行动改变的前提和开端。新课程改革以后，很多中小学在有意识地推行自主学习。但是，综观一些学校推进自主学习的实际情况，我们发现，目前有几种观念严重地干扰甚至阻碍了自主学习的顺利推进。

第一，基于学生的现有习惯认定中小学生不能或不会自主学习。在我国传统的课堂中，学生主要是以听讲的方式学习，很多学生也因此形成了主要以听讲的方式学习的习惯，结果导致形成这样的教学格局，即学生走进课堂就是听教师讲，教师讲得多学生就学得多，教师不讲学生就不学。不少教师由此形成这样的看法：中小学生不能也不会自主学习。这种观念的错误之处在于，它没有看清学生不会自主学习的真正原因。学生不会自主学习并不是天生的，而是后天造成的，正是教师长期满堂讲塑造了学生以听讲的方式学习的习惯。

第二，认为学生自主学习费时较多、效率不高。的确，相比于听教师讲，学生自主学习同样的内容花费的时间一般会更多，效率也比较低。但是，学习效率是由学习的结果与学习的时间及精力付出两者之间的比例决定的。自主学习的结果不仅仅是掌握知识，它还能导致更有意义的学习结果，如培养学生对自己学习负责的责任感、形成自主学习的动机、获得自主学习的效能感、发展自主学习的技能及能力等。如果综合考虑自主学习可能取得的这些结果，其对应的学习效率就不一定比听讲低。

第三，以学生对问题的理解水平较低为由否定学生自主学习的价值。的确，对比而言，学生自主学习时对问题理解的水平一般要低于教师的理解水平。有人由此否定学生的自主学习而主张学生应该主要通过听教师讲授来学习。我们认为，学生自主学习时对问题的理解水平可能不如教师，但是学生经历自主学习过程，尤其是对学习内容进行信息加工的过程并形成相应的感受和体验，是学生思维能力和很多学习品质形成的必要条件。教师即便讲得再好，也不能代替学生完成思维过程和获得亲身经历。学生缺少自身的思维过程，仅仅听教师讲最多只能掌握相应的知识结论而难以发展思维能力和其他学习品质。

此外，还有一些教师错误地认为，自主学习会导致学生间的差异。实际上，学生间的个体差异不一定是由自主学习导致的，只是学生一旦自主学习，学生间的巨大的个体差异就很容易显现出来。学生之间的个体差异对教师组织、调控教学过程以及对学生进行有针对性的指导，提出了很大挑战。这也导致不少教师忽视甚至干脆放弃让学生自主学习。实际上，要减少学生之间的个体差异，还是要通过学生的自主学习。因为学生之间的个体差异主要是由他们既有的学习与发展结果造成的，要减少学生之间的差异，只能针对不同学生的不同学情，引导他们自主运用适合自己的学习资源、学习方式、学习时间等，去缩小与他人的差距。

2. 培养中小学生的自主学习素养

只有当学生形成了自主学习的素养后，才会有自觉和习惯性的自主学习。因此，促进学生自主学习的一个关键问题是有意识地培养学生自主学习的素养。我们认为，支持学生自觉、高水平进行自主学习的核心素养主要有以下几个方面。

首先，自主学习的倾向性和责任感。"自主学习的倾向性"是指学生形成了自主学习的意愿、兴趣或内在动机。具有自主学习的倾向性的学生会表现出偏好、喜欢、乐于自主学习。"自主学习的责任感"是指学生形成了对自己的学习负责的态度，有强烈的学习主人翁意识，理解到学习是不能依赖他人而需自己完成的工作。韦默指出，要实现以学习者为中心，教学实践需要在五个方面进行改变，其中之一就是要让学生独立承担学习的责任。

其次，自主学习的技能和能力。自主学习的过程包括学习者制订学习计划和严格执行计划两个大的环节，具体涉及的活动有自定学习目标任务、自选学习内容资源、自主安排学习时间和付出努力、学会寻求合适的帮助，以及选择适宜的方式、方法和程序完成学习过程。所有这些学习活动环节的有效完成，均需要学生具备相应的技能和能力。

学生自主学习素养的形成需要两个条件。一是获得对自主学习意义的理性认知。教师要引导学生认识和理解自主学习的时代意义和对学生自身终身学习及发展的价值。二是形成对自主学习的成功体验和积极的情感态度。教师要让学生充分地开展自主学习实践，并帮助学生尽可能获得自主学习的成功体验，形成对自主学习的效能感及自信心，等等。这种对自主学习的成功体验、效能感及自信心，会深刻地影响学生对于自主学习的态度和情感，进而促成学生形成自主学习的素养。

3. 赋予中小学生自主学习的权利及时空

要让学生真正地自主学习，还应该赋予学生独立、主动学习的权利，以及独立、主动学习所需要的时间和空间。

关于赋予学生权利的问题，过去在我国很少受到关注。叶澜教授主持的"新基础教育"，强调通过"五还"——还学生主动学习的时间、还学生主动学习的空间、还学生主动学习的工具、还学生主动学习的提问权、还学生主动的评议权，为学生的自主、能动学习提供保障条件。韦默将赋权给学生并达到教师与学生之间的权利平衡，当作实现以学习者为中心的教学需要做出的首要改变。她认为，赋权是培养责任意识的前提，"为了培养积极、自信、负责任的学习者，教师应该自愿地负责任地放弃某些控制权"（Weimer，2002）[30]。

除了获得权利以外，学生独立、自主学习还需要有相应的时空条件。这就要求教师在教学中，要尽可能给予学生独立、自主学习所需要的时间和空间。而这首先要求教师舍得放手和逐渐减少帮扶。中小学生的自主学习不是完全独立的自主学习，而是需要教师帮扶的过程。但是，为了不断促进学生的自主学习意识和能力的发展，教师对学生的帮扶应逐渐减少，即从一开始对学生完全帮扶，到逐渐减少帮扶，直至完全放手让学生独立学习。这就像成人教儿童学习骑自行车的过程：一开始，儿童在成人全力的帮扶下，坐在自行车上缓慢地前行；适应一段时间以后，成人就可以逐渐减少帮扶；到后来，儿童不要成人的帮扶就能独立骑车前行了；最后是儿童完全独立、自由练习和施展的过程。

我国改革开放以来形成的课堂教学改革经验表明，提供给学生自主学习的时间和空间是落实学生在课堂上自主学习和促进学生自主学习素养发展最为重要的条件之一。如 20 世纪 80 年代典型的课堂教学模式改革，其特点是减少教师讲授时间，增加和突出学生自学的环节；20 世纪 90 年代以来以洋思中学和杜郎口中学为代表的课堂教学变革经验，其显要之处是调整教和学之间的关系，尤其是通过限制教师讲授时间以增加学生独立自主学习的时间，实现以学为本和少教多学，结果学生的自主学习能力和整体学习效果大幅提升。

另外，反面的教训也表明，教师不敢放手是学生不会自主学习的重要原因。2001 年启动的新课程改革虽然大力倡导自主学习，但是在不少学校，推进自主学习的效果其实并不理想，其中一个重要的原因是教师不敢放手，没有给予学生自主学习所需要的时间和空间。特别是在学生尚未形成自主学习的意识、能力和习惯的情况下，教师出于对学生自主学习的不信任或误解，不敢放手让学生自主学习。如此形成恶性循环：学生越是不会自主学习，教师越不敢放手让学生自主学习；教师越是不敢放手让学生自主学习，学生就越难形成自主学习的意识和能力。打破这种恶性循环的主导因素在教师一方，因为正是长期以来教师喜欢讲、满堂讲，导致学生形成这样的学习习惯：一走进教室，就是听讲；听讲成了我国学生在课堂中学习的主要方式甚至是唯一方式，由此导致学生在课堂中几乎没有任何自主学习的时间和内容空间。

因此，课堂上给予学生自主学习的时间和空间的前提条件是，教师要改变喜欢讲、满堂讲的习惯。教师要学会将讲授控制在必要的范围之内，去除过多、过滥的讲授。如此，才可能为学生在课堂上自主学习创造所需要的时间和内容空间。

4. 完善中小学生自主学习的指导策略

中小学生的自主学习不是完全独立的自主学习，而是在教师指导、帮扶下的自主学习。因此，教师的指导、帮助（包括提供相应的支架、平台或辅助），是促进学生自主学习的重要条件。综观国内当下一些著名的课堂教学改革实践可以发现，目前在指导学生自学方面已形成多种方式或模式，主要有学案导学、方法导学、工具导学、现场指导自学、微视频导学等。

第一，学案导学，即教师编写导学案引导学生自学。通过导学案，教师将学生所要学习的内容设计成系列化、层次化的问题，学生在问题的驱动下完成自学过程。这种导学的最大优势在于，学生自学的过程按照导学案所呈现的路线图展开，学习的内容、方法、过程以及练习、检测等均集中呈现在导学案中，学习过程非常清晰、完整、可控。其弊端在于，自学的问题是教师给定的，学生难以表现自身的选择性。

第二，方法导学，指教师通过教给学生自学的方法来引导学生自学。如湖北省武汉市崇仁路小学的汪亭用"六字诀"指导学生自学。所谓"六字诀"，即要求学生按照"标—读—思—找—写—查"的要求预习课文。"标"，即标自然段；"读"，即读书三遍，且做到正确、流利、有感情；"思"，即思考课后习题，质疑问难；"找"，即找好词圈起来，在好句旁写批注；"写"，即写生字表中易错字，用形近字和多音字组词；"查"，即查词典理解意思，查资料补充（李红路 等，2016）[163]。

第三，工具导学，即教给学生自学某类知识的工具，然后学生运用这种工具完成自学过程。如叶澜教授主持的"新基础教育"认为，"要让学生确实能做到主动、独立地学习，十分重要的是要让学生掌握学习的'工具'"（叶澜，1999）[35]。此处所谓的学习"工具"，是指学生对某类知识（如字词、古诗词）的结构（包括内容结构和学习方法或程序结构）的掌握。"新基础教育"主张，知识教学的过程可以设计成两段："教结构"和"用结构"。也就是说，教师在教学生某类知识时，先着力教学生把握该类知识的内容结构和学习方法及程序结构；当学生掌握这个结构以后，就能运用这种结构自主学习其他同类的知识（叶澜，1999）[37]。

第四，现场指导自学，即由教师在课堂现场，对学生学习过程进行指导。如洋思中学的自学指导就是采用此种做法。每次上课时，教师在揭示教学目标之后，就针对本节课的内容，给学生一个简短的"自学指导"，其内容包括自学的范围、自学的时间、自学方法提示、应达到的要求等。

"自学指导"一般以小黑板或多媒体的形式在课堂上临时呈现给学生。在这种模式中，学生自学主要是看教材，而不是完成导学案。

第五，微视频导学。近年来，受翻转课堂的启发，国内出现微视频导学的方式，即在上课之前，学生通过观看微视频完成自学环节。当然，微视频的内容可以是对学生自学过程的指导，也可以是对背景资料的介绍，还可以是对学习内容的系统讲授。这种课前自学其实主要是通过听讲完成的，即将原来的听讲环节前置到课前，由原来直接听教师讲改为现在通过视频听教师讲（张瑰丽，2016）[9-12]。

在上述五种指导学生自主学习的策略中，学案导学是目前国内运用最多的一种策略，尤其是自主开展教学改革的学校，普遍应用导学案引导学生自学。因此，对于导学案，我们需要进行专门的讨论。

（1）导学案的产生及其含义

导学案的产生是与突出学生自学的教学过程变革联系在一起的，它大体上经历了三个阶段（王新民 等，2012）。第一阶段是导学案的孕育阶段。20世纪80年代，国内课堂教学改革以突出智力开发、强调学生自学为主要特征，其中诞生了一批后来产生深远影响的教学模式。为了引导学生自学和主动参与，改革者就在教案中设计了自学的内容，如邱学华提出的"尝试题"，黎世法设计的"自学提纲"，以及被很多学校使用的作为教案延伸的"一课一练"，等等。第二阶段是导学案形成阶段。从20世纪90年代末开始，随着对传统课堂教学弊端的深入反思和主体教育思想的传播，发挥学生的主体性、从关注教师的教到更加关注学生的学成为课堂教学改革的核心主题，一些学校开始探索如何促进学生主动、独立的学习，其中江苏东庐中学在全国首创了"讲学稿"。讲学稿集教案和学案为一体，它既是教师讲课的教案，也是学生参与学习的学案。但讲学稿的中心仍然是教什么和怎么教，学生的学在很大程度上还是配合教师的教。讲学稿是从教案向导学案发展的中间产物。第三阶段是导学案的形成阶段。到了20世纪末、21世纪初，随着江苏洋思中学、东庐中学等学校经验的传播，一些更为深入、彻底的突出学生自主学习的课堂教学改革开始出现，其中最为典型的是山东省杜郎口中学的课堂教学改革。为了更全面地引导学生自学，杜郎口中学使用了导学案，并且形成了一套编制导学案的工作制度和流程，如集体备课、某一教师主备、教导主任审批、教师二次备课等。通过集体备课形成导学案这一做法后来在国内被广泛模仿和借用。

何为导学案？导学案有哪些特点？导学案也称学案、导学单、自学指南等。有人通过专门研究，对导学案做出了如下界定："学案，是以学生的学为出发点，把学习的内容、目标、方法以及教师指导等要素有机地融入到学习过程之中而编写的一种引导和帮助学生自主学习、探究知识、主动发展的方案。"（王新民 等，2012）[35]导学案具有以下特点。第一，作为一种引导学生自主学习的工具，导学案实际上是教师引导学生自主学习的路线图。学生完成导学案的过程及其在整个教学过程中所占的地位，体现了学生在教学过程中的中心地位和能动作用。第二，作为学生展开学习过程的载体，导学案是对学生学习内容的选择和学习进程的安排，具有课程的属性，是一种学的课程。导学案整合了教材、教辅、与学习内容相关的背景资料、作业、检测试题等多种课程资源，并设计成需要依次完成的系列化、层次化的学习任务和学习活动，因此，非常方便学生自主、有效地完成学习过程。此外，在使用的方式上，导学案具有开放性，学生可以自由决定完成导学案的时间和时长。

（2）关于导学案的争议

随着洋思中学和杜郎口中学经验的迅速传播，导学案在国内也被人们广泛关注，并引发了不少争议。教育部基础教育课程教材发展中心主办的期刊《基础教育课程》，在 2012 年连续 5 期共发表 21 篇关于导学案的专题讨论文章。通过研读这些文章，可发现国内对于导学案的批评意见主要有如下几个方面。

第一，导学案成为习题汇编。这是对导学案最多的批评意见。如有人认为，导学案其实全部是练习题；导学案所提出的问题全部来自教师，学生依然处于被动完成作业，即被动学习的地位（张彬福，2012）；还有人指出，导学案大多是教科书中知识内容的缩写版或问题版，编写者突出强调的是知识点、考点；学案导学的过程，成了做导学案、交流导学案、讲导学案、考导学案的过程，教学过程成了基础知识的学习与基本技能的训练过程。但是，知识形成的过程被省略了，情感态度价值观的熏陶消失了，课堂成了应试解题的训练场（王云生，2012）。

第二，导学案缺少学生探究、体验等活动的设计和对学生独特个性的关注。当前的导学案文本，多数仍是以知识逻辑为线索的学习提纲，并非对学生探究和体验活动的设计。采用这样的导学案教学，三维目标不可能实现。学案教学缺乏对每一个儿童的独特个性的关照。学案教学追求所有的班级、所有的学生都采用统一的学习过程和学习活动（安桂清，2012）。

第三，导学案对学生学习过程的设计预设有余，但对生成关注不够。有人认为，在导学案中，教师对学情的分析预设有余，而对学生学习过程中可能生成的异向、多向思维考虑不足，给学生的思维活动、学习活动留白不够。教师把学生的思维禁锢在导学案上，严格以"案"导"学"（黄勤雁 等，2012）。学案教学对学生指导过度，对教学过程束缚过死（徐建成，2012）。

第四，导学案的编制和使用明显增加了师生负担。许多学校将导学案以预习作业的形式下发，学生为完成各学科的导学案"昏天黑地"地填写，学习负担明显加重（黄勤雁 等，2012）。另外，教师为编制导学案，工作负担显著增加。

第五，导学案的使用限制了教师人格影响等多方面教师作用的发挥。有人认为，教师在课堂上只囿于学案教学，如检查导学案完成情况、观察基于导学案的交流和展示、安排督促学生进行知识测试，教师的爱心和人格魅力感染、引导学生的作用没有发挥（王云生，2012）。

我们认为，上述质疑或批评的确反映了当前我国中小学在使用导学案方面存在的比较突出的几个问题，值得我们关注。但是，目前国内在导学案的使用上形成了一个很奇怪的现象：一方面，导学案在着力推进学生自主学习的学校被广泛认可和使用，并产生了明显的教学效果；另一方面，导学案在教育界尤其是教育理论界产生了很大的争议，被严厉地批评。这种现象值得我们深思。我们发现，很多批评者只是提出批评意见，但没有分析导学案在突出学生自主学习的课堂教学变革中所起到的积极作用，并理性地分析导学案在中小学流行的原因。实际上，很多批评者是带着求全责备的心理来看导学案的。运用导学案教学所存在的上述问题，在未用导学案教学之前是否存在？有些问题是否是由于使用导学案产生的？假定不用导学案，这些问题是否就能解决？如何解决？我们认为，上述批评意见中所提到的有些问题可能是应试教育体制下教学的根本问题在导学案教学中的显现，而不是由使用导学案本身造成的。对待导学案这种新生事物，我们需要冷静、理性的态度。同时，我们要深入研究什么样的导学案才能更好地发挥引导学生自主学习的功能，而不是简单否定导学案及其使用。

（3）导学案的功能、类型与结构

鉴于目前导学案使用过程中形成的经验及其引发的争议，为了合理使用导学案，我们需要对导学案的功能、导学案的类型与结构、导学案设计等问题进行深入分析。

全面地分析学案导学的功能，是正确看待导学案的前提。导学案作为一种工具、支架，其主要功能就是引导和帮助学生自主学习。由于中小学生的自主学习不是一种完全独立的自主学习，而是一种需要引导和帮扶的自主学习，因此要真正落实学生的自主学习，教师需要提供引导和促进学生自主学习的工具或支架。导学案为学生的自主学习提供了一种有效的工具或认知地图。学生在导学案的引导下，通过完成导学案就能完成自主学习的过程。

导学案之所以能发挥引导和帮扶学生自主学习的功能，主要是因为它具有三方面的特征。首先，对学生自主学习过程提供清晰的指导。导学案通过将学生需要学习的内容设计成系列化的任务、问题或活动，将自主学习的目标、内容及方式明晰化和具体化了。如果没有具体的任务、问题或活动来引导学生学习，而只是一般性地号召学生自学教材，由于教材内容较为简要、笼统，学生完成自学的过程可能就是零乱、无法落实且难以检测的。其次，提供给学生整合性的学习资源。导学案一般依据学生实际，将教材、教参、辅助学习资料、练习册等整合在一起，提供给学生的是整合性的学习资源，因此，方便学生在有限的时间内集中学习到丰富和适宜的内容。最后，尊重不同学生自主学习过程的差异。使用导学案学习，尤其是在课前完成导学案学习，学生在学习方式和学习时间上有一定的自由选择的空间。因此，它能使不同的学生真正在学习方式和学习时间上实现自主，这也能在一定程度上解决学生学习的个体差异问题。

另外，之所以要编写导学案引导学生自学，与传统的教材不利于学生自学也有关系。我国现行的中小学教材，大多是从方便教师教的角度而不是从方便学生自学的角度编写的（不是"学材"）。教材呈现的是一个学科的内容纲要，偏重介绍知识的结论和知识之间的结构联系，但对知识的形成发展过程（知识产生的生活背景、知识探索和发展完善的过程、知识发现使用的方法等）、知识在实际生活中的应用、知识与学习者的学情及生活的关联等，要么完全没有涉及，要么只是简单提及。另外，教材偏重呈现学科的知识内容，而没有对学生的学习活动进行用心的设计。再加上国家要求教材编写必须考虑学生家庭经济负担，对教材的定价有上限要求，因此，相比于西方国家的教材，我国中小学的教材一般编写得非常简明、扼要。这样的教材其实不利于学生自学。

导学案有很多的类型。根据学习任务的不同，导学案可以分为新授课学案、复习课学案和习题课学案；根据学习进程的不同环节，可以分为预习学案、课堂学习学案和课后巩固检测学案（支瑶 等，2012）。

为了发挥导学案的导学功能，导学案一般有其特定的结构。以下提供几种导学案的格式及具体案例，从中可以窥见国内目前流行的导学案的基本结构。

武汉市华一寄宿学校的导学案的结构如下。

学习目标：略。

重点难点：略。

知识链接：主要复习先学知识。

学习过程：阅读教材，完成问题，即将教材内容划分为若干个知识点，围绕每个知识点设计具体的作业，包括练习题或书面概括教材内容等（即知识问题化、问题层次化）。

基础达标：围绕知识点设计强化练习，当堂训练。

课堂小结：概述知识点的主要内容。

当堂检测：设计检测题，检查学生掌握的情况。

课后反思：略。

以下为一所初中的导学案：

《春》第一课时导学案

班级_____姓名_____组别_____评价_____

【学习目标】

1. 反复朗读，感知内容，体会美感。

2. 厘清思路，培养细致观察事物、抓住事物特点描述的能力。

3. 联系实际，广泛阅读，开阔视野。

【使用说明与学法指导】

1. 先熟读课文，标记勾画重点字词，记录疑难问题，再做导学案。

2. 规范书写，在规定时间内认真、独立完成导学案。

3. 查找资料，搜集描写春天的诗词。

【自主学习案】

1. 朗读指导

（朗读要求：读音正确，声音洪亮；把握好感情基调的变化；读出抑扬顿挫、轻重缓急的美感。）

（1）熟读课文，把你喜欢的句子写下来，并说说理由。

（2）你最喜欢"春"的哪一幅画面？说说理由。

2. 知识链接

朱自清（1898—1948），字佩弦，号秋实，江苏扬州人，我国现代最优秀的散文家之一，也是著名的诗人、学者、民主战士。主要作品有散文《背影》《荷塘月色》《绿》《春》等。著有诗文集《踪迹》，散文集《欧游杂记》《背影》，以及一些文艺论著。他的散文，文字清新朴素，描写细腻，感情真切，富有自然淳厚的美，读后令人回味无穷。他热爱自然，观察自然，描绘自然，他的写景散文，无不寄托着他对大自然的无限深情。

3. 基础积累

（1）给加点的字注音

酝酿　　　鸟巢　　　蓑衣　　　嘹亮　　　应和　　　薄烟
黄晕　　　水涨　　　捉迷藏

（2）解释词语

酝酿：

应和：

卖弄：

欣欣然：

呼朋引伴：

宛转：

花枝招展：

【课堂探究案】

1. 合作研讨、文本探究

（1）文章主要写了什么内容？抒发了作者怎样的情感？

（2）文章是从哪几个方面来写"春"的？请分别给每幅画面拟一个恰当的小标题。

（3）课文开头连用两个"盼望着"，表达了一种怎样的心情？

（4）作者抓住春天景物的特点，细致入微地描绘了五幅动人的春之图。请你细心体会这五幅图，说说它们各自的特色。

2. 总结反思、拓展延伸

有人说：春天是插花的能手，春天是一位伟大的画家，春天是个美丽活泼的仙子。古今中外写春的作品很多，请将自己搜集的写春天的诗文写下来。

【课后训练案】

1. 下面加点字注音完全正确的一组是（   ）

A. 酝酿（liàng） 嫩叶（nèn） 抖擞（sǒu） 鸟巢（cháo）

B. 薄烟（báo） 黄晕（yùn） 披蓑（suō） 戴笠（lì）

C. 宛转（wǎn） 赶趟（tàng） 嗡嗡（wēng） 眨眼（zǎ）

D. 迷藏（cáng） 散心（sǎn） 涨水（zhǎng） 应和（hè）

2. 下列词语解释不正确的是（   ）

A. 欣欣然：高高兴兴的样子。朗润：明朗湿润。

B. 卖弄：炫耀。宛转：形容声音圆润柔媚。

C. 花枝招展：比喻姿态优美。舒适：舒展。

D. 黄晕：昏黄，不明亮。赶趟儿：原意是赶得上，这里是指果树争先恐后地开花。

3. （1）指出下面描写春花的句子所运用的修辞方法。

①桃树、杏树、梨树，你不让我，我不让你，都开满了花赶趟儿。

（   ）

②红的像火，粉的像霞，白的像雪。花里带着甜味儿。（   ）

③野花遍地是，……散在草丛里，像眼睛，像星星，还眨呀眨的。

（   ）

（2）在上面的句子中，作者通过细致的观察，抓住了春花繁茂、□□的特点，描绘了花朵多、花色□、花味□，从数量、□□、□□、情态几方面描绘了一幅五彩缤纷立体感很强的繁花闹春图。

【课后总结】

1. 学习心得：

2. 我的问题：

导学案要全面体现教师对学生独立、主动学习的鼓励、引导、促进和帮助作用。因此，导学案不仅仅从学习内容方面设计学习的问题或任务，还要从多个方面鼓励、引导、促进和帮助学生自主学习。

第一，具有清晰具体的目标。学习目标是学习过程最终的指向，清晰、具体的学习目标是引导学生自主学习最为有用的因素。

第二，激发学生的内在学习动机。内在动机是学生主动投入学习过程的强大动力，是导学案应关注的内容。

第三，强调知识结构的分析，即教学生把握知识的类型结构，学会从不同类型知识的内容结构和方法结构方面去理解和掌握该类知识。

第四，关注学生预备知识、技能、经验的获得。学生总是基于已有的经验、知识、技能去理解新知识。因此，为了让学生真正能理解新知识，首先要让他具备学习新知识所需要的认知基础。

第五，提供与教材内容相关且有助于学生理解、建构和形成体验的背景材料（历史、生活场景、案例、视频）。

第六，设计引导学生学习进程的问题、任务。这一般是导学案的主体部分。学习任务或活动是以某一学习内容为对象、以某种学习活动或方式为途径，并指向某种目标的学习单位。因此，学习任务（活动）是学习内容、学习方式、学习目标的统一体。

（4）设计导学案应注意的问题

为体现和落实导学案的导学和助学功能，针对当前国内使用导学案所存在的问题，当前导学案的设计和使用应注意如下问题。

第一，在教学目标取向上，应追求全面的学习和发展目标。如注意知识、技能、能力、创造性、态度等多个维度的学习与发展目标的实现，而不是仅仅完成知识点、考点目标的训练。后者也是目前国内导学案存在的最为突出也被广泛诟病的问题。

第二，在学习活动的设计上，不能仅仅围绕知识点的掌握设计书面训练作业（做、讨论、检测），而应围绕全面发展目标的实现，设计多样化的学习活动，如操作、交流、观察、实践、体验、反思等。

第三，要突出对学生学习过程的指导（学法指导）。导学案的核心功能是导学，而不是训练。"'导学案'应起到'导学'作用，而不能是'操练'作用，这是其存在合理性、必要性的基础，否则没有必要存在。"（郑琰，2012）[41]导学案如何实现导学的功能呢？除了通过设计明确的目标、具体的学习任务或活动，以及提供学习资源引导学生学习以外，学案导学最直接的方式是学法指导，即在学生完成每个任务或活动时，都给予学习方法的指导。

第四，在学习过程设计上，要考虑学习与教学的生成性，即要注意为教学过程中问题的生成、资源的发现及利用留白。在学案导学中，学生独立自学之后教学过程的组织，如小组交流和全班研讨，应以解决学生自学之后暴露、发现的问题（即生成的问题）为主要内容，而这些问题在学生实际自学之前是无法准确预设的。假定能做到如此，学案导学的教学过程就能将预设和生成很好地结合起来。

第五，关注学生的个体差异和学习过程及起点的不同。这可以通过导学案在目标、学习任务或活动上的分层设计来实现。另外，导学案的完成过程是可以体现学生的个体差异的。如果教师要求学生在课前完成导学案，学生就能自由选择完成的时间和方式。

此外，导学案的设计和使用应尽可能减少教师准备导学案和学生完成导学案的负担。

二、合作学习

学习中心教学强调以学生学习为中心，这里所说的学生学习不仅指个体独立的自主学习，还包括学生之间各种交流、互动等合作性学习。在学习中心教学中，学生合作学习的运用是一个关键性问题，且是一个有难度的问题。

（一）合作学习在学习中心教学中的地位与意义

从国内外课堂教学变革的经验来看，合作学习成为当代课堂教学最为强调的学习方式之一。不仅学习中心教学，几乎所有的课堂教学变革，都强调运用合作学习。

国际上合作学习兴起于 20 世纪 70 年代初期。彼时，美国约翰·霍普金斯大学的斯莱文（R. E. Slavin）、明尼苏达大学的约翰逊兄弟（D. W. John，R. W. John），以及以色列特拉维夫大学的沙伦夫妇（Y. Sharan，S. Sharan）等人，提出并倡导合作学习（cooperative learning）。此后，合作学习开始受到国际社会的广泛重视，并成为当今最具影响的教学理论和策略（王坦，2001）[42]。日本教育学会前会长、东京大学佐藤学教授通过大量的国际调研发现，推行合作学习是 20 世纪 70 年代以来，世界范围内（首先是在美、加、日、欧等发达国家或地区）课堂教学改革方面所发生的"宁静的革命"（silent revolution）。这种革命要求变革传统的班级集体教学的"同步教学"模式，推行小组"合作学习"这种新的教学组织形式（佐藤学，2010）[9-10]。佐藤学还亲自领导和指导了日本众多学校以建构学习共同体、实行合作学习为内容的课堂教学变革。

当然，合作学习作为一种学习方式可应用于不同取向的课堂教学之中。即便是以教师为中心的课堂教学，在现代教育改革的大潮中也在进行一些调整，部分教师中心课堂已从过去的"绝对的讲授中心"调整为"改进的讲授中心"，其表现是，教师在讲授的过程中会渗透、穿插一些提问、讨论（合作）的活动或环节，以调动学生主动参与教学过程。但是，在学习中心教学中，由于强调以学生的学习为中心，尤其是突出学生的自主学习和建构学习，所以其对合作学习在学生学习和教学过程中的地位有特殊的安排。这种安排是建立在对合作学习与自主学习的功能差异与互补关系的理解基础之上的。

过去很多人将自主学习、建构学习及合作学习当作三种不相关的学习方式，而很少关注它们在学生学习过程中的交互作用和互动关系。而实际情况是，当今国际课堂教学变革潮流在突出自主学习、建构学习的同时，也在强调合作学习。尽管在西方，自主学习、建构学习、合作学习各有自己产生的背景和发展过程，但是，当这三种学习在实践中得到充分的应用以后，它们又自然地交汇在一起，并产生重要的互动作用。比如，建构主义学习理论一方面强调学习者在学习过程中的自主能动作用，另一方面又非常重视学习者与他人的交流、对话、合作对于意义建构的重要影响。如社会建构论者从知识的语言本质以及语言的社会性的角度，认定知识具有社会性，并在此基础上提出关于知识的对话或会话隐喻："在最抽象的水平上，我们可以说那些被我们认为是知识的东西就是对话空间中的暂时定位，即话语的范本，这些话语的范本在既定场合被授予'富有知识的讲述（knowledgeable tellings）'的地位。更具体一点地说，知识是随着对话的继续而被不停地生产出来的东西。要想变得富有知识，就必须在某一确定的时间，在一正在进行的对话关系中占据某一确定的位置。"（斯特弗 等，2002）[24]受维果茨基的影响，社会建构论者"力求用一种公共意识形态替换传统知识观念中的个人主义意识形态"。社会建构论者"将合作或对话过程视为教育过程的核心"（斯特弗 等，2002）[20]。基于此，社会建构论者倡导"合作式学习"，认为在合作学习的过程中，"学生之间进行的交流起着主要的教育作用。一个人通过加入、联合和批判性地考察别人的观点来学习，通过互动还有可能产生各种新见解"（斯特弗 等，2002）[27]。

倡导合作学习（讨论学习）也是国内突出学习中心的课堂教学改革的基本经验。20世纪80年代国内课堂教学改革所形成的教学模式，如邱学华的"小学数学尝试教学法"、魏书生的"中学语文六步教学法"、上海育才中学的"八字教学法"等，其突出的一个特点就是，在减少教师的讲授、增加学生自学活动的同时，都安排了学生之间的讨论学习环节。叶澜教授主持的"新基础教育"，在课堂教学变革中，一方面强调通过"五还"落实和促进学生在课堂上独立主动学习，另一方面强调根据学生主动学习的需要，灵活运用多种课堂教学组织形式，如个别学习、对组学习、小组学习、大组讨论、游戏、表演等。郭思乐教授提出的生本教育的方法论，其中一点就是强调"讨论是学习的常规"。在教学过程的具体组织上，生本教育通常采取"课前自学—课内汇报—小组合作"的教学流程。具体做法是，教师在课前留给学生1—2个思考问题（前置问题），让学生结合教材进行有目的的自学；在课堂上，以学生汇报对前置问题的思考结果为主要内容，通过汇报和辩论，学生可以掌握大部分所要学习的知识，并可以展示才华、提高自信心、获得成就感；在每个问题的汇报中，小组扮演着重要角色，不少教学活动都是依托小组来展开的。洋思中学的"先学后教，当堂训练"教学模式，在学生自学和完成检测练习并暴露学习所存在的问题之后，就组织学生进行讨论，以"兵教兵"的方式解决学生的疑难问题。而在杜郎口中学，合作学习用得更为普遍和深入，在预习、展示及反馈三个环节，均充分使用了小组交流与合作的方式。

（二）合作学习在学习中心教学中的功能

合作学习作为一种独特的学习类型或方式，对学生的学习和发展具有多种功能。在学习中心教学中，合作学习的功能既表现在对学生身心发展的直接影响上，也表现在对学生学习过程的作用上，同时它对于解决学生学习的个体差异问题也有特殊的意义。

1. 合作学习对于学生身心素质发展的功能

合作学习的这种功能主要源自合作中的人际互动、交流或对话等活动，对于学生身心某些方面素质的形成与完善具有的独特作用。比如，波里奇认为，合作学习能够帮助学生形成下列行为或品质（Borich，2017）[352-353]。

一是态度和价值。"成人学习者在社会互动中形成他们的态度和价值观。尽管我们从书本、杂志、报纸和视听媒体中了解了很多（世界的）知识，但是我们大部分的态度和价值观是通过与其他人讨论我们所知和所想而形成的。"（Borich，2017）[352]

二是亲社会行为。儿童在与他人的接触中，逐渐形成亲社会的行为模式。合作学习把学习者集中在类似成人所处的环境中，如果细心计划和执行，这些环境就能给学生提供恰当的社会行为模式。教师最重要的作用就是在课堂里设计和推动积极的社会互动。

三是其他视角和观点。通过接触不同人的观点，"我们被迫进入一种客观性之中，这种客观性是批判性思维、推理和问题解决所必需的。换句话说，我们变得更少以自我为中心。……积极与别人交流观点以及由此在我们中间引起的紧张，构成了我们成长的催化剂"（Borich，2017）[352]。

四是整合的身份。"社会互动所产生的一个最明显的结果就体现在它对我们如何发展自己的人格和了解我们是谁的影响上。长时间的社会互动迫使我们在许多不同的环境中认识自己（包括自己的态度、价值观和各种能力）。"（Borich，2017）[352-353]随着社会互动的增多，我们就会发现和纠正自己在思维和说话等方面的矛盾，直至我们的观点变得非凡和一致，我们因此获得一个整合的身份。

五是高级思维过程。"合作学习为高级思维过程（指批判性思维、推理和问题解决——引者注）的产生提供了所需要的要素，并使这些思维过程在真实的、类似成人承担的任务中发生作用。……人们相信，对于分析、综合和决策所需要的这些高级思维过程来说，与其他人的互动要比非互动性的看书和听报告，更能激发它们的产生。"（Borich，2017）[353]

我们认为，合作学习（讨论学习）中的人际交流和互动，对于学生身心素质发展最为直接的影响表现在学生社会性素质的形成上。所谓社会性素质，是指学生与他人顺利、有效交往所需的素质，包括交往态度（对他人的尊重、宽容、理解等）、交往技能及能力（倾听、回应、合宜的语言及情绪表达、移情式理解等）、合作的意识与能力（承担个人责任、与他人配合、遵守团体规则）等。当然，合作与讨论对于学生其他方面的素质也有重要的影响。

2. 合作学习对于学生学习过程的影响

相比于个体独自学习，学生与他人合作开展的学习对学习过程具有更独特的影响。关于这个问题，国外有很多的研究。如约翰逊兄弟认为，在合作学习中，个体之间的促进性互动对于学生的学习有诸多重要的影响，主要包括五个方面（Johnson et al.，2004）[218-223]。

第一，相互提供帮助和支持。在大多数任务情境下，当个体之间相互提供与任务相关的帮助和支持时，学习效率会大大提高。与竞争性和个体化的学习情境相比，在合作学习情境中，相互帮助和指导的行为发生得更加频繁和有效。

第二，相互交换所需的资源。与竞争性和个体化学习相比，在合作学习中，合作伙伴之间通过互换信息、材料和观点，能提高个体和集体的洞察力，促进信息加工。

第三，互相提供反馈。促进性互动的一个重要方面是，小组成员之间相互提供关于完成任务和承担责任情况的反馈。在合作学习中，来自合作同伴的反馈常常既特别生动，又富有个性，因而能大幅度地提高学习成绩。

第四，挑战和争论。当小组成员持有不同的信息、观点、推理过程和结论时，他们就相互争论并向对方提出挑战，相互质疑和解释彼此的观点，如此能促进对所讨论问题更深入的理解，并产生高质量的观点。

第五，激发学习的成就动机。成就动机从根本上说来源于人际交往的过程，是通过内化的人际关系或当前学习情境中的互动模式而产生的。学生在合作小组中会感觉到，小组成员之间的关系可能比因完成某一任务而得到的奖励更重要；小组成员所提供的"意义"（如尊重、喜欢、责备和拒绝）可能会补充和取代那些由任务表现所产生的"意义"（如分数）。

3. 合作学习对于解决学生个体差异问题所具有的独特作用

在大班教学中，教师用常规的方式很难兼顾学生之间的个体差异，而利用分组合作的方式，可以在很大程度上解决面向全体学生教学的问题。在分组合作中，通过组织和调动学生之间的相互影响、协作，尤其是学优生对学困生的帮助（如洋思中学所强调的"兵教兵"），教师可以解决原本无力解决的面向全体学生教学的问题。国内众多借鉴和模仿洋思中学和杜郎口中学做法的学校的教学改革经验证明，使用合作学习达到的一个最为突出的教学效果是，学生整体的学习成绩得到大面积提高。

佐藤学的实验研究也证明了这一点。佐藤学将合作学习看作是每个学生实现"冲刺与挑战的学习"的基本方式。他认为，学习是从既知世界出发，探索未知世界之旅，是超越既有经验与能力，形成新的经验与能力的一种挑战。因此，真正的学习是一种"冲刺与挑战的学习"。而在同步教学中，由于教师的教学难度一般依据中等学生的情况设定，因此，只有中等学生在学习，而优秀学生的学习就没有挑战性，学习薄弱学生则感到学习难度过大，也没有实现"冲刺与挑战的学习"。要在课堂中实现每个学生的挑战性学习，教学的难度首先要设定在优秀学生现有学习水平之上，以使优秀学生的学习具有挑战性；同时，通过组织合作学习，尤其是引导学困生主动向学优生请教，使学困生的学习也处于他们能应对的挑战性水平上。"正是'合作学习'为所有学生提供了挑战高水准学习的机会，我们必须赋予'合作学习'——作为保障每一个学生'冲刺与挑战的学习'的方式——以地位。要在课堂中追求'冲刺与挑战的学习'的话，就得回到人数少的小组活动中。……保障所有学生的挑战性学习，正是'合作学习'的精髓所在。"（佐藤学，2010）[21-22]

当然，合作学习要实现如上功能，需符合下列条件。这里同时反映出合作学习的局限性。

第一，具有适于合作学习的内容和任务。并不是任何内容都适合运用合作的方式学习。比如，旨在发展学生独立思考能力、动手操作技能、独立计划和完成学习活动的意识和能力的学习任务或内容，就不宜用合作的方式学习。适合合作学习的内容应该是那些能够被分解成部分，并通过合作可以更好地促进学生学习的任务，如学生分工合作完成一篇课文的阅读理解（不同的学生完成不同的段落的学习），或分工合作进行一项物理实验（在动手操作、观察、记录等实验环节上进行分工和合作），等等。

第二，参与合作的个体均要独自发挥自己的作用，完成自己承担的任务。在合作学习中，最容易出现的问题是，有些学生成为旁观者或简单依赖他人，而没有主动参与并积极完成自己承担的学习任务，并从其他成员那里获得积极的影响。

第三，学生既要有好的学习技能与能力，同时又有良好的与他人沟通、交流的习惯与能力。个体学习能力很强但不善于与他人沟通、交流的学生，就难以在合作学习中获益，并对他人产生有利影响。

第四，教师介入学生的合作学习过程并提供指导。合作学习的过程主要是由学生小组完成的，但这并不意味着教师对合作学习可以放手不管；相反，有效的合作学习要求教师在合作学习的全程，包括在合作学习内容的选择、小组的组建和分工、小组成员之间的积极互动等方面，介入和指导学生。显然，教师对小组合作学习的指导，相比于教师对学生个体学习的辅导或面向全班的授课，过程更为复杂。

（三）合作小组建设

合作学习一般以小组为单位进行，因此，合作小组的建设是合作学习中的一个关键问题。关于这个问题，国外有很多的研究，特别是对小组规模、小组组建方式、组员分工、小组合作学习的过程等进行了深入的讨论（Johnson et al.，2004）。

1. 小组的组建

合作学习一般采用小组的形式进行，因此如何组建小组就成为开展合作学习的首要问题。在组建小组时，教师主要需解决小组规模和组员选择方式两个问题。

国内外很多研究和实践经验证明，小组规模以4—6人为佳。少于4人的小组，学生之间的分工和交流会不充分；而多于6人的小组，学生之间的融合及管理会比较困难。目前国内中小学（尤其是一些优质学校）在小组规模控制上存在的一个大问题是，由于班额太大，教室空间不够，组建4—6人小组并采取围坐的方式很困难，所以只能组建大规模小组，有的小组甚至达到10多人。而只有在一些实行小班教学的学校或班级里，才能组建4—6人的合作小组。

小组组建一般采取"组内异质、组间同质"的原则。"组内异质"要求在一个小组内部，尽量将不同特质的学生组合在一起，基于或借助组员之间的差异性和多样性，实现组员之间的相互补充和相互借鉴；"组间同质"要求一个班内的各个小组大体上达到相近的水平，以利于组间的平等竞争。学生之间的异质体现在多个方面，如知识和技能基础、思维能力、学习态度、人际沟通、兴趣爱好、性格倾向、性别等。其中，有些特质决定了学生的学习基础和能力，有些特质则影响学生与他人合作的过程。所以，到底依据哪些维度组建异质小组，各个维度之间如何兼顾，需要进行综合考虑。另外，由于不同的学生在各个学科学习方面的不平衡，比如有的学生语文学习很出色，但在数学学习中感到有困难，或者有些学生语数学习很好，但英语学习较差，因此，同一个班级的不同学科，按照"组内异质、组间同质"的原则，可能要组建不同的合作学习小组。

2. 小组的运行

小组组建以后，如何使小组良性运行就成为合作学习的一个关键问题。国内外众多研究和实践经验表明，小组合作学习文化建设和小组成员合作学习素质培养，是小组合作学习良性运行的两个最重要的条件。

(1) 小组合作学习文化的建设

小组合作学习具有自身的特征。约翰逊兄弟从合作性学习与竞争性学习、个体化学习的比较中，揭示了合作学习的特征："合作就是大家一起工作以实现共同的目标。在合作的情境中，个体会寻找既有利于自己也有利于小组其他成员的结果。合作学习是在教学中应用小组。在合作学习过程中，大家通过共同工作来促进自己和他人学习效果的最大化。学生认为，当且仅当小组中的其他成员都达到了他们自己的目标时，他才能实现自己的个人目标。"（Johnson et al., 2004）[7]约翰逊兄弟认为，真正或有效的合作学习应同时具备五个基本的要素：积极的互相依赖、履行个人责任、面对面的促进性互动、具有人际交往和小组合作技能、小组反思（Johnson et al., 2004）[85-97]。

按照小组合作学习的特征，小组合作学习文化建设应突出以下方面的内容。第一，团队意识。一个学习小组就是一个团队，团队成员具有共同的价值取向和行动目标。第二，责任意识。每个成员按照团队合作实现共同目标的要求，在团队中承担某个角色，并积极、努力地完成分担的任务。第三，协作意识。在承担和完成自己任务的同时，小组成员积极主动地与其他组员进行协作，如与其他组员协调关系、主动配合、相互帮助等。小组合作学习文化建设需要集体的氛围，并长期坚持，因此一般应在全班范围内进行，并要制定和执行相应的制度。

（2）学生合作学习素质的培养

文化和制度建设只是提供一种氛围，合作学习的成功更需要小组成员形成乐意合作和善于合作的素质，包括在人际沟通和与人协作方面的素质。首先，由于小组成员之间融洽关系的建立是小组良性运行的前提，因此合作学习需要学生形成平等、民主、尊重、信任、理解、宽容、帮助他人等品质；其次，在小组合作中，成员之间需要经常进行沟通、讨论，因此要求学生形成耐心倾听与清晰表达、主动发问与有针对性地回应等素质，以及将坚持己见与吸收他见相统一的意识和习惯；最后，在小组合作中，学生需要掌握分工与协作的技能、能力与态度，做到兼顾承担责任、积极奉献、服从团队与照顾他人等。良好的小组合作学习要求小组成员形成一系列的技能、能力、倾向及态度，学生若没有形成这些素质，就很难参与小组合作学习并利用小组合作来促进自己的学习。因此，学生是否具备合作学习素质，是决定合作学习能否顺利开展最为关键的条件。而合作学习素质的培养，又非一日之功，需要在一定的合作学习文化和制度下，采取多种策略进行长期的学习和训练。

以下是武汉市崇仁路小学汪亭老师在班级管理中进行小组建设的经验。汪亭老师既当班主任，又是语文教师。她的经验的最大特点是，通过组建良好的班级小组进行班级管理，将班级小组建设与学科教学中的伙伴协作学习很好地融通起来，实现了班级管理与学科教学的融合，取得了很好的效果（李红路 等，2016）[100-129]。

　　汪亭老师在学习小组建设方面的经验包括以下几个方面。

　　1. 合作小组的组建

　　在组建合作小组时，汪老师主要做了两件事。首先，在组员的选择上采用了独特的方式："组长教师任命，伙伴组长选择"。其次，引导小组进行文化建设。在小组组建之后，要求各小组设计组名、组牌、合作宣言，确定小组内的分工，准备一周后在全班开展"走进我的小组"宣讲活动，以此任务带动小组成员学会合作并逐步形成自己小组的文化。

　　2. 合作小组的管理

　　实施小组自主管理制度。制定《小组评价细则》，开展小组内部的管理与评价活动。《小组评价细则》涵盖学生在班级中的主要活动，包括上课、做眼保健操、早读、值日等。由于小组的总分排序与座位优先选择权挂钩，因此，学生一般比较在乎。

　　进行小组成员的动态调整。为使小组之间保持相对平衡，促进小组之间的良性互动，每学期要对小组成员进行1—2次微调。

　　3. 小组"融合力"建设

　　在小组运行过程中，组员之间经常会产生一些矛盾和冲突。比如，由于小组评价采取个人表现与小组得分捆绑的方式，那些成绩不好的学生不能为小组加分，纪律表现不好的学生常被扣分，影响小组总成绩，由此引发组员之间的冲突。针对这种情况，汪老师在班上开展"融合力"建设，通过讲故事、案例分析等方法，引导学生理解和内化"没有完美的个人，只有完美的团队""相互补台，好戏连台；相互拆台，都要垮台"的团队理念。

4. 小组日志接力记录与分享

每个小组每天都要写小组日志。组员每人一天，轮流记录本组一天内发生的事情，表达自己的真实感受。教师每天都要阅读小组日志，并通过点评引导学生更好地管理小组。

每天晨会时间，教师组织学生进行小组日志交流。每次挑选1—2个日志写得精彩的小组，先由学生读自己小组的日志，然后其他同学进行点评。小组日志交流活动推动了小组建设，很受学生喜爱。

汪亭老师的小组建设经验涉及小组建设的几个重要问题，如组员的选择、小组文化建设、小组的管理与评价、小组"融合力"培养等。对于这些问题，汪老师采用了一些很有效的策略，如小组合作价值引领、小组日志接力记录和在全班分享等。

（四）小组学习的多种组织模式

小组学习是学习中心教学运用的一种主要的学习组织形式。小组学习不等于座位相邻的几个学生之间随意的交流讨论。相反，小组学习从不同角度看，存在多种组织模式。观察国内主要的课堂教学改革经验，我们发现有如下维度的小组组织模式。

1. 从小组规模来看，有两人小组与多人小组

两人小组以即墨二十八中、武汉市六十四中为代表。它以学优生（师傅）和学困生（学友）结对互学为基本的学习组织形式。

即墨二十八中研制的"和谐互助"教学模式的基本做法是，将学习优秀的学生（即师傅）和学习较弱的学生（即学友）组成师友学习小组，并同桌而坐。在学习中，如果学友遇到不会的问题，师傅就负责把学友教会；如果师傅也不会，先向其他师傅请教，再教会自己的学友；如果师傅都不会，就由教师讲解。这样，"通过学生帮学生，兵教兵，亦师亦友，实现师友共赢"（李志刚，2011）[26]。在即墨二十八中，"整堂课以学生自

学互助为主，以学生教学生为主"（李志刚，2011）[19]。师友互学或师友共学是即墨二十八中"和谐互助"教学模式最有特色的设计。

在该校所使用的教学模式中，每个教学环节基本上都采用了基于个人自学的师友互学。一般采用的流程是，先由个人学习，然后师友互学，最后师友小组在全班展示交流。比如，该校设计的语文学科"和谐互助"新授课教学模式由五个环节构成：交流感知、研读共品、互助释疑、巩固拓展、总结提高。这五个环节中的每个环节，都包含或体现了这样的学习安排。如在交流感知环节，首先学生各自根据教师给的预习提纲自查预习情况，然后师友相互检查，重点是查看学友的预习情况，最后教师组织师友学习小组在全班进行展示和交流（李志刚，2011）[62-63]。即墨二十八中使用这种模式教学，产生了非常好的教学效果。后来，武汉市六十四中借鉴该校的教学模式进行课堂教学变革研究，也产生了十分明显的教学效果。

除了使用两人小组以外，国内大多数进行课堂教学改革的学校使用的是多人小组，一般以4—6人为单位，也有班额很大的学校采用8或10人小组。不过，国外研究表明，在中小学阶段4人的异质分组为最佳选择。

2. 从小组学习的方式来看，有讨论学习小组与合作学习小组

小组学习实际上有两种不同的组织形式：一种是讨论学习，一种是合作学习。在我国，很多人没有对讨论学习与合作学习进行区分，而将小组学习统称为合作学习。2001年新课程改革以后，合作学习被当作一种新的学习方式而被中小学普遍重视。但是，当我们走进中小学课堂，实际观察到的很多教师所运用的"合作学习"，其实主要是讨论学习，而鲜有真正的合作学习。目前在我国，只有少数学校的小组学习是真正的合作学习，有的则是在不同的环节使用不同的小组学习形式。如在杜郎口中学的教学模式中，在预习环节运用的是讨论学习，在展示环节运用的是合作学习。在即墨二十八中的"和谐互助"教学模式中，师友学习小组所运用的主要是合作学习。

实际上，讨论学习与合作学习之间有重要的差异。一般而言，讨论学习是指小组成员围绕某一话题（主题）所开展的你来我往的交流、对话。

在讨论中，参与者各自呈现自己的观点，同时接受别人的批评、补充，以完善和丰富自己的看法。学生学习中的很多讨论不一定以达成共识为目标，而以分享看法为目标。而合作学习则强调，小组成员为实现某一共同目标，在完成学习任务的过程中进行职能分工和相互协作。小组成员共享同一个活动目标、分担不同的活动任务，并协作完成整个活动过程，是合作的基本特征。可见，讨论学习与合作学习有重要的差异。正因如此，阿伦兹在《学会教学》中的"交互教学的学生中心模式"这一部分，将讨论学习与合作学习区分开，并当作两个并列的教学模式进行介绍（Arends，2007）[342,410]。当然，讨论学习与合作学习也存在关联。讨论不一定需要合作，但合作需要以讨论为基础。在合作过程中，小组成员经常需要就团队目标、分工、协作等，进行深入的讨论和协商。

由于讨论学习和合作学习在组织形式上的差异，它们在学生学习中具有不同的功能。讨论学习有助于学生从他人那里获取不同的思想观点、思维方式、情感感染等，并学会交流的技能（如倾听、回应、表达），以及对他人的态度（如尊重、理解、宽容、妥协等）。而合作学习最重要的功能是，帮助学生学会与他人分工、协作的技能（与他人沟通、配合），形成团队意识（全局观念，即个人要为集体做贡献，服从集体的需要等）、合作精神（如承担责任、履行义务）。

3. 从组员是否固定来看，有固定学习小组与分科学习小组

对于小组学习而言，还有一个重要的观察变量：学习小组是固定的还是变化的。在有些学校，所有学科教学都使用由同样成员构成的小组，这样的小组就是固定学习小组。但是，由于学生在不同学科学习中存在差异，比如有的学生语文学习很优秀，但数学学习有困难，所以，针对不同学生在不同学科学习中存在的差异，在不同的学科教学中，应采用不同的学习小组。

固定学习小组一旦组建以后，管理和使用起来比较方便，但其最大缺陷是不能充分照顾学生在不同学科学习中的差异。在一个班级，很少有学生在各科学习中表现出同等程度的优秀，也很少有学生在所有的学科中表

现出同等程度的学习不良。通常的情况是，不同的学生在不同的学科学习中表现出差异性。按照小组学习的要求，小组的组建最好采用异质分组的方式，以便小组成员在学习过程中能相互启发、借鉴和帮助。有鉴于此，教师需要根据每个学科教学中全班学生的实际表现，进行异质分组，以组建分科的学习小组。

4. 从小组座位布局来看，有围坐小组与前后座小组

小组学习通常采取围坐和前后座两种座位形式。围坐是指小组成员围成环形（方形、圆形、马蹄形）而坐。在这种座位形式中，小组成员彼此能直接看见对方。从小组学习的效果来看，围坐的方式最有利于组员之间在语言、表情或动作方面进行交流和沟通。而且，因为围坐的形式是固定的，它能形成长期的小组学习氛围。另外，采取围坐形式的班级，人均占有的空间也比较大，学生之间的交流或活动就比较自如。

但是，在我国很多学校，由于班级规模比较大，人均占有的教室空间十分狭小，学习小组只能采取前后座的形式，即在需要讨论或合作时，前排学生转身向后，与后排学生组成学习小组。这种座位形式相对于围坐形式，比较适合于采用混合式教学（既有集中讲授，也有分组讨论）的班级。但其最大缺陷是，前排学生需要临时转身，且没有太多活动空间及自己书写的桌面，因此，这种座位形式对于学生开展交流，尤其是表情及动作交流有很大的限制。

三、教师对新型课堂教学结构的适应性改变

学习中心教学虽然强调要以学习为中心，但"学习中心"是由教师激发、调动和促成的，因此，教师成为学习中心教学建构的前提性因素。由于学习中心教学的建构涉及对传统以讲授为中心的课堂教学结构的根本性调整，它对教师适应新的课堂教学结构提出了很高的要求，教师的适应性改变从而成为学习中心教学建构最为关键的条件。

（一）学习中心教学要求教师做出的改变

在第七章，我们详细探讨了教师在学习中心取向的课堂教学变革中面临的主要挑战。韦默在研究学习中心教学时发现，很多教师对于学习中心教学实际上是抵制的。教师抵制课堂教学行为改变的主要原因有：教师想展示他们所知晓的；教学要覆盖太多的教学内容；刚开始使用新的教学方法时教师感到尴尬和不舒服；从讲台后走出来会增加教师的脆弱感（因为教学变成更少念讲稿）。（Fahraeus，2013）因此，推行学习中心教学需要深入研究如何促进教师进行转变。

为适应学习中心教学，教师要做出的改变具体涉及教学观念、教学行为、教学习惯等方面。其中，教学观念改变是产生理性、自觉的教学行为的先导，而新的教学行为的形成及坚持，则是促成新的教学行为习惯形成的关键。当教师形成新的教学行为习惯后，他才能自如地运用新的教学姿态从事课堂教学。

1. 教学观念的改变

教学观念是教师对教学的主要问题（如教学的价值取向、目标追求、内容选择、过程组织等）的基本理解和看法。成熟、深刻的教学观念，是教师基于理性思维和情感体验而形成的对教学问题的一种内化的、建构性的理解和看法。教学观念的最高形式就是教学信念。教学观念的形成一般起始于对间接经验的学习（包括对理论知识的学习和对他人经验的借鉴），成型于教师自身教学实践的锤炼。通过对间接经验的学习，教师会形成对教学的一些想法；然后，教师将这些想法在自身教学实践中应用、转化，直至形成自己的体验和感悟；之后，再经过反思、凝练的过程，最终形成自己的教学观念。

对于学习中心教学而言，教师的教学观念需要从过去以教师及其讲授为中心，调整为以学生及其学习为中心，即形成与新的教学文化相适应的教学观念（详见第七章"教学改革文化的营造"部分）。比如，在教学价值取向上，要确立以学生发展为本的价值取向，并将新时期我国社会发展所需要的一些素养，如创新精神、实践能力、自主学习等作为学生发展的核心目标；在教学思维方式上，要体现以学生发展为本的价值取向的需要，将"学为中心（学为本体、学为目的）、教为学服务（教为条件、教为手段）"、"以学定教"、"先学后教"、"以学论教"等作为思考教学问题的准则；在教学行为方式上，要全面体现和落实新的教学价值取向和教学思维方式的要求，围绕落实学习中心的需要，选择和设计学习与教导行为，并实现学习与教导行为的多样化。

2. 教学行为的改变

在建构学习中心教学的过程中，为了落实以学生的独立、自主学习为教学过程的中心，针对过去教师喜欢讲、满堂讲的问题，必须改变教师的教学行为，其中最核心的有两个方面。

第一，减少直接讲授的教师行为，为学生独立自主学习提供所需的时间和内容空间。在学习中心教学的实践中，我们发现，减少教师讲授一开始会遇到很多阻力，很多教师对于要求教师少讲表现出顾虑、不放心、不肯放手等心态。这种心态的产生有其客观的理由：在现有的课堂教学中，的确存在这样的现实，即教师主要以讲授的方式施教；对应地，学生主要以听讲的方式学习。因此，教师多讲，学生就多学；教师不讲，学生就不学，更不会自己学。于是，课堂教学就成为以讲授为中心的教学（详见第七章"变革传统课堂教学面临的主要挑战"部分对教师的访谈）。但是，很多教师没有反思：学生以听讲为主的方式学习是否存在问题？造成这种现实的原因是什么？是学生天生不能自己学习，还是由其他原因导致学生习惯以听讲的方式学习？

针对这种情况，我们在学习中心教学的建构中，采取了一些策略。首先，我们组织教师围绕这些问题进行研讨，引导教师从理性上分析这些问题，让教师理解，不是学生天生不能独立学习，而是教师满堂讲导致学生形成以听讲方式学习的习惯。因此，改变应首先从教师做起。其次，组织教师观摩学习国内著名的课堂教学改革经验，这是促进教师改变更为有效的策略。从这些成功的经验中，教师可以直观感受到，只要教师改变观念和习惯，教给学生自主学习的方法，培养学生自主学习的习惯，并给予学生自主学习的时间和空间，学生完全可以自主学习，而且学习的效果更好。以下是对参与学习中心教学建设的教师的访谈，从中可以看到，教师是如何理解并转变满堂讲授的习惯的。

老师讲得很多，比如说满堂课都是老师在讲，学生就是听，这是因为以前老师总是不放心把学习交给学生，不相信学生的能力。所以老师不由自主地就会把每一个细节，包括（学生）能够自学的地方都讲得很清楚，觉得学生的任务就是听，就是接受。像这样的话，教师讲得太多，学生思考的时间和空间都很有限。其实有时候我们自己也感觉，我们低估了学生的能力。

这个改变的难点就在于，老师可能就有一种惯性的思维模式，觉得如果给学生时间或者空间，他可能达不到教学的要求，从而低估了学生的能力。只有老师改变自己的思维习惯，学生的思维习惯才能相应改变。在改变老师旧的习惯的同时，我觉得（老师还）要善于发现学生的一些能力，这个时候我们才会大胆去放手。我们自己在教学当中也会发现，交给学生一个任务以后，有时候他的回答或者他的表现是让你很吃惊的。所以这个旧的习惯要慢慢地改变。其实现在大部分老师都能够逐渐向新的思维模式转变。①

第二，增加对学生自主学习进行组织、引导、帮助的行为。减少教师的讲授行为，并不等于减少教师对学生学习过程的作用，包括教师对学生的主导作用。在学习中心教学建构中，经常会有这样的议论和担心：学习中心教学突出以学生的学习为中心，减少教师的讲授，会导致淡化或轻视教师主导作用。对此，我们应有正确的理解。要知道，讲授只是教师对学

---

① 引自对武汉市长春街小学赵燕妮老师的访谈。

生学习施加影响或发挥主导作用的一种方式，教师还可以运用其他很多方式影响学生的学习，如对学生的个体自学、小组互学、全班研学的激发、组织、帮助、鼓励、反馈等。在学习中心教学中，教师所表现的所有旨在引起和促进学生能动、独立和有效学习的行为，均是教师发挥主导作用的方式。讲授只是教师发挥主导作用的诸多方式中的一种，在很多教学环节，讲授既不是教师教导学生学习的主要行为，更不是教导学生的全部行为。因此，不能以教师是否讲授以及讲授行为的多少来衡量教师是否发挥主导作用和发挥主导作用的大小；相反，应该以教师是否依据学生的学情及完成不同的教学任务所应采取的学习活动的特点，而采取适宜的教导行为，以引起学生能动参与学习活动和促进学生有效完成学习过程，作为评价教师是否发挥主导作用及其效果的标准。

因此，在学习中心教学中，教师教导行为改变的基本方向是，从单一地使用讲授行为到使用包括讲授在内的多样化的教导行为。在学习中心课堂中，学生学习的方式除了听讲以外，更多的是自学、讨论、做作业、展示、自我反思等。因此，除了讲授以外，教师的教导更多的是对学生学习活动的动机激发、过程组织、方法指导、动作示范、反馈评价等。

3. 教学习惯的形成

行为的熟练和定型即是习惯。当教师将学习到的新的教学行为反复使用并固化、定型之后，教学行为就变成了教学习惯。如果教师形成了以学习为中心的教学习惯，并且学校已经形成以学习为中心的教学文化环境，那么以学习为中心的课堂教学格局就会很顺畅地形成。

当然，教师行为的改变不是教学改变的全部。以教学行为转变为核心的教师转变，还要求教学过程的其他方面，如教师的角色、教学关系、教学组织形式等也进行相应的调整或重构。

首先，教师的角色改变。教师的角色是教师对自身身份和功能的界定，这一界定应与教师在教学过程中发挥的功能相对应。教学行为改变必然要求教师的角色进行相应的改变，或者说，教师角色改变是教师行为改变的前提。在学习中心教学中，教师要从原来主要作为教学过程的控制者、传递者（讲授者），转变为学生能动、独立学习的激发者、组织者、指导者、促进者等。韦默参照他人的观点，用多种形象的比喻来描述教师的角色。一是将教师的角色比作园丁。"园丁所做的是准备土壤、耕种和培育，但他不能代替植物生长，是植物自身在生长。尽管人们将花园的美丽归功于园丁，但是真正的成功属于植物本身，它们自己生长、开花、结果。"（Weimer，2002）[75]二是将教师比作助产士。"好的教师就像好的助产士。……好的教师知道何时应该退后并沉默，何时要观察并留意身边学生发生的事。在必要时，他们会推一把或拉一把，就像助产士一样。但是，他们知道他们并不是一直都要起作用。"（Weimer，2002）[75]三是将教师比作向导。"向导的角色是什么？向导为人们指路，有时他们甚至随行，但是向导不会代替旅行者完成艰苦的跋涉。向导为游客指出美景所在之处，但他们不能代替游客体验第一次看到景点时的激动心情。"（Weimer，2002）[77]此外，她还将教师比作教练、乐队指挥等。韦默认为，"这些比喻和更多的关于教师的功能特性描述一起，为学习者中心课堂中的教师勾画出了一种促进者和指导者的角色形象"（Weimer，2002）[76]。

其次，师生关系的调整。师生关系的调整实际上涉及教师如何划定教导的功能与学习的功能。教师的角色及功能实际上是在与学生的角色及功能的对比中界定的。在学习中心教学中，教导与学习之间的关系要从原来的"教师主导、学生被主导"或"教师控制、学生服从"的关系，调整为"教为手段（条件）、学为目的（本体）"的关系。也就是说，在学习中心的课堂教学过程中，教师教导的功能表现为，它是引起和促进学生能动、有效学习的手段（条件）；而学生能动、有效学习的功能在于，它是实现学生身心发展的直接途径，因而是教学过程的目的（本体）。

最后，教学组织形式的改变。在学习中心教学中，教学组织形式要从单一地使用全班教学，调整为将个体自学、小组互学、全班共学结合起来使用。通过三种教学组织形式的联合使用，充分发挥个体自学、小组互学、全班共学在学生学习中的独特功能。个体自学是学生发挥学习能动性和自主学习的最基本形式，也是学生参与小组互学和全班共学的基础。在个体自学的基础上，小组互学和全班共学可以利用学生之间的交流、互动，解决学生个体自学时不能解决的问题，并使学生吸收他人的学习经验，以促进个体学习的深化，同时提高学生与他人进行合作的意识和能力。

（二）促进教师改变的策略

综观国内主要的课堂教学变革经验，我们发现促进教师改变需要同时运用多种策略。其中，最主要的有以下几种。

1. 理论学习

行为改变是从观念改变开始的。对于学习中心教学的建构而言，教师需要思考的问题和学习的理论涉及很多方面。学习中心教学的建构需要对传统课堂教学过程进行结构性的调整或转型性的变革。教师要成为一个理性、自觉、主动的教学改革者，就需要对学习中心教学建构的所有问题，如新的课堂教学变革的时代背景、价值取向、教学过程组织等，有全面的了解和深入的思考。中小学教师学习理论的有效方式有哪些？听专家讲座、进行案例分析、参与教师论坛、自主阅读等都可选用。

2. 现场观摩

到课改名校观课学习，是教师最喜欢且非常有效的一种方式。比如，国内很多学校为推动教学变革，组织教师到洋思中学、杜郎口中学等课改名校观摩、"留学"等。在我们的课题研究过程中，武汉市杨园学校和长春街小学的教师听了华一寄宿学校教师的课以后，深受影响，之后，部分教师的课堂行为有了明显的改变。国内众多的课堂教学改革经验证明，观摩优秀教师上课是引导中小学教师改变最为有效的方式之一。

3. 典型引路

这是另外一种行为示范，它利用的是教师身边的榜样。身边的典型对教师的影响最为直接。这些榜样是那些对教学变革理解比较深且教学行为转变比较快的教师。因此，在参与研究的教师中，发现那些悟性好、敢于尝试、愿意变革的教师，并以他们的课堂为案例，组织教师进行观课、研讨，可以起到示范、引领作用。

4. 实践学习

这种方式体现在每周的研究课中，是教师使用最为频繁和日常化的学习方式。采取的做法是：教师轮流上研究课、教师团队和专家参与观课和评课。洋思中学和杜郎口中学在教学改革的初期，均采用这种方式。这种学习方式应用了行动研究或反思性教学所用到的"尝试—反思—改进—再尝试"的循环过程。反复、多次的实践尝试是促成教师最终转变的根本途径。

总的看来，教师通过理论学习形成新观念，通过观察和模仿学习新行为，通过亲身、反复实践最终形成新习惯，经历这样的学习过程，教师改变才能最终完成。

我们从杜郎口中学教师在课堂教学变革的学习过程中可以观察到上述策略的运用。崔其升将杜郎口中学的教师学习、培训的主要方式，归结为"讲究实效"和"重视教育创新"的校本教研活动，其采取的具体活动形式包括教师业务论坛、教学反思、激励教师的培训。另外，从崔其升所总结的强势推进"10+35"课堂教学模式的策略中，笔者发现其建立的上好"三课"（示范课、过关课、跟踪课）制度其实也是一种很有效的促进教师学习的策略。

（1）教师业务论坛。这是杜郎口中学校本研究的一大特色。其目的有三个：一是让教师"增强对教育教学新理念的认识"，如学习洋思中学的经验；二是"使教师们重新认识自己，查缺补漏"，如该校组织的"说我"专题活动，让老师谈谈自己以往工作的得失、经验与教训，查找不足；三是"学习优秀教师的授课技巧"，如举行优秀教师的观摩课，全体教师参加听课。教师业务论坛举办的时间开始固定安排在周六下午，后改为周一至周五上午、下午上课之前的15分钟。可见，其活动频率很高，并与日常教学结合在一起了。教师业务论坛与学校领导领着教师被动学习不同，它为教师主动参与（准备、报告、讨论）提供了平台，效果很好（崔其升 等，2011）[102-104]。

（2）上好"三课"制度。针对教师刚开始时对于"10+35"教学模式的不熟悉、质疑、抗拒等表现，学校通过组织上示范课、过关课和跟踪课"三课"，促进教师一步一步向课堂教学改革之路靠近。"示范课"是比较充分体现新的理念的课，首先由学校领导上，"学校领导班子成员理念新、影响大，他们的示范在教师中可以起到'不令而行'的作用"（崔其升 等，2011）[65]。其次，由各科骨干教师上示范课。学校有意在各科教师中培养骨干教师，通过他们上示范课去引导更多教师改革课堂教学。"过关课"是在示范课之后，学校要求所有的教师按照新的课堂教学改革的要求上的课，并且人人都要过关。"跟踪课"是指对那些"过关课"未能达标的教师，由学校领导或骨干教师进行跟踪听课，指导和帮助他们改进，直至过关。这三种课，很好地促进了全体教师对新的课堂教学的学习和掌握。后来，随着课堂教学改革的深入，杜郎口中学又发展了很多新的课型，如"校委调度课""学科促进课""督促课""坐班保底课""考核课"等等（崔其升 等，2011）[66]。

（3）教学反思。杜郎口中学将教师的教学反思当作教师教育科研的基本形式。其开展的教学反思有两个特点。其一是教师反思深刻，触及内心观念。"杜郎口中学的反思原则是一针见血，入木三分，是挑自己的刺，是不断完善自我。不是跟自己'过不去'，是主动澄清和质疑自己长期以来赖以生存的教育教学观念和教育教学理念。"（崔其升 等，2011）[110]其二是反思成为教师的生活常态。"杜郎口中学让反思成为教师的生活常态，除了培养教师自我反思的能力外，更主要的是培养教师自我反思的习惯，养成反思的意识，明确其在教师职业发展中的主体地位，从而使其始终保持一种敬业、开放、发展的心态。"（崔其升 等，2011）[111]

（4）建立激励教师的培训制度。除了教师业务论坛、教学反思以外，学校还建立了集体备课、评选教学能手和学校名师、优秀教师和薄弱教师结对子、建立教师业务档案等制度，以这些制度促进教师的学习和发展（崔其升 等，2011）[118]。

杜郎口中学采用的上述四个方面的策略，体现了教师对理论学习（教师业务论坛）、观摩学习（观摩示范课）、实践学习（通过亲身上课和日常教学反思）等多种学习形式的综合运用，因而能产生促进教师改变的效果。

主要参考文献

（一）

JOHNSON D W, JOHNSON R T, 2004. 合作学习［M］. 伍新春, 郑秋, 张洁, 译. 北京: 北京师范大学出版社.

RYCHEN D S, SALGANIK L H, 2007. 勾勒关键能力, 打造优质生活: OECD 关键能力框架概述［J］. 滕梅芳, 盛群力, 编译. 远程教育杂志（5）: 24-32.

TYLER R W, 2008. 课程与教学的基本原理［M］. 英汉对照版. 罗康, 张阅, 译. 北京: 中国轻工业出版社.

安桂清, 2012. 学案教学: 何去何从［J］. 基础教育课程（4）: 36-38.

奥苏伯尔, 等, 1994. 教育心理学: 认知观点［M］. 佘星南, 宋钧, 译. 北京: 人民教育出版社.

本刊特约评论员, 1979. 补好真理标准讨论这一课: 教育问题要来一次大讨论［J］. 教育研究（4）: 8-11.

蔡林森, 2011. 教学革命: 蔡林森与先学后教［M］. 2 版. 北京: 首都师范大学出版社.

陈桂生, 2003. "教师主导、学生主体公式"评议［J］. 当代教育科学（13）: 22, 31.

陈建翔, 王松涛, 2002. 新教育: 为学习服务［M］. 北京: 教育科学出版社.

陈佑清, 2000. 教育活动论［M］. 南京: 江苏教育出版社.

陈佑清, 2005. 论活动与发展之间的相关对应性［J］. 教育研究（2）: 77-82.

陈佑清，2011a. 教学论新编［M］.北京：人民教育出版社.

陈佑清，2011b. 教学过程的本土化探索：基于国内著名教学改革经验的分析［J］.当代教育与文化（1）：60-67.

陈佑清，2011c. 多维学习与全面发展：促进全面发展的学习机制探讨［J］.教育研究（1）：45-49.

陈佑清，2012. 论有效教学的分析模型［J］.课程·教材·教法（11）：3-9.

陈佑清，2013. 教学关系：多维度的把握［J］.基础教育课程（10）：25-28.

陈佑清，2016a. 有效教学［M］.北京：高等教育出版社.

陈佑清，2016b. "学习中心课堂"教学过程组织的逻辑及其实现策略［J］.全球教育展望（10）：40-47.

陈佑清，2016c. 关于中小学生自主学习若干问题的思考［J］.教育科学研究（10）：56-60.

陈佑清，2017. 学习中心课堂中的教师地位与作用：基于对"教师主导作用"反思的理解［J］.教育研究（1）：106-113.

陈佑清，陶涛，2016. "以学评教"的课堂教学评价指标设计［J］.课程·教材·教法（1）：45-52.

崔其升，邱学华，谢金国，2011. 崔其升与杜郎口经验［M］.2版.北京：首都师范大学出版社.

达尼洛夫，叶希波夫，1961. 教学论［M］.北京师范大学外语系1955级学生，译.北京：人民教育出版社.

达维多夫，1996. 发展性教学问题［M］.王义高，赵玮，毕淑芝，等译.南昌：江西教育出版社.

戴本博，1990. 外国教育史：下册［M］.北京：人民教育出版社.

第斯多惠，1990. 德国教师培养指南［M］.袁一安，译.北京：人民教育出版社.

杜威，1990. 民主主义与教育［M］.王承绪，译.北京：人民教育出版社.

杜威，1994. 学校与社会·明日之学校［M］.赵祥麟，任钟印，吴志宏，译.北京：人民教育出版社.

段作章，1984. 教师的主导作用新探［J］.延安大学学报（社会科学版）（4）：54-60，77.

富兰，2004. 变革的力量：透视教育改革［M］.北京：教育科学出版社.

高文杰，2016. 转型的力量：第四次工业革命对职业教育的影响［J］. 中国职业技术教育（33）：5-12.

郭思乐，2001. 教育走向生本［M］. 北京：人民教育出版社.

郭思乐，2007. 教育激扬生命：再论教育走向生本［M］. 北京：人民教育出版社.

国际 21 世纪教育委员会，1996. 教育：财富蕴藏其中［M］. 联合国教科文组织总部中文科，译. 北京：教育科学出版社.

韩立福，2015. 学本课堂：概念、理念、内涵和特征［J］. 教育研究（10）：105-110，135.

侯丽，2017. 人工智能驱动未来教育发展［N］. 中国社会科学报，2017-03-27（3）.

湖北荆门市象山小学课题组，专家组，1998. 以主体性品质培养为主旨的整体改革实验研究报告［J］. 教育研究与实验（4）：66-70.

黄甫全，王本陆，2003. 现代教学论学程［M］. 2 版. 北京：教育科学出版社.

黄勤雁，许芬，2012. "导学案"问题面面观［J］. 基础教育课程（4）：42-43.

蒋敦杰，2010. 杜郎口中学印象：上［J］. 基础教育课程（6）：34-35.

凯洛夫，1953. 教育学：上［M］. 2 版. 沈颖，南致善，等译. 北京：人民教育出版社.

凯洛夫，1957. 教育学［M］. 陈侠，朱智贤，邵鹤亭，等译. 北京：人民教育出版社.

夸美纽斯，1957. 大教学论［M］. 傅任敢，译. 北京：人民教育出版社.

雷浩，2017. 为学而教：学习中心教学的研究［D］. 上海：华东师范大学.

黎世法，1992. 异步课堂教学的理论和方法［M］. 北京：学苑出版社.

李炳亭，2006. 杜郎口"旋风"［M］. 济南：山东文艺出版社.

李红路，汪亭，2016. 汪亭的班　汪亭的课：崇仁寄宿学校伙伴课堂个案研究［M］. 武汉：华中师范大学出版社.

李金云，2009. 课堂教学改革研究 30 年：回顾与反思［J］. 当代教育与文化（4）：46-60.

李政涛，吴玉如，2009. "新基础教育"语文教学改革指导纲要［M］. 桂林：广西师范大学出版社.

李志刚，2011. 课堂风暴：解读即墨二十八中"和谐互助"高效教学策略［M］.

南京：南京大学出版社.

梁歆，黄显华，2010. 学校改进：理论和实证研究［M］.上海：华东师范大学出版社.

列昂捷夫，1980. 活动　意识　个性［M］.李沂，冀刚，徐世京，等译.上海：上海译文出版社.

列昂节夫，等，1962. 苏联心理科学：第一卷［M］.孙晔，洪宝林，卢盛忠，等译.北京：科学出版社.

林崇德，辛涛，1996. 智力的培养［M］.杭州：浙江人民出版社.

刘松涛，等，1980. 教育科学的生命力在于教育实验：座谈会发言摘要［J］.教育研究（2）：21-32.

柳斌，1996. 关于素质教育的再思考［J］.人民教育（6）：4-6.

柳斌，2002. 关于素质教育问题［J］.中小学教材教学（3）：2-6.

卢梭，1978. 爱弥儿：论教育：上卷［M］.李平沤，译.北京：商务印书馆.

卢仲衡，1998. 自学辅导教学论［M］.沈阳：辽宁人民出版社.

毛泽东，1991. 毛泽东选集：第一卷［M］.北京：人民出版社.

梅休，爱德华兹，1991. 杜威学校［M］.王承绪，赵祥麟，顾岳中，等译.上海：华东师范大学出版社.

美国温特贝尔特大学认知与技术小组，2002. 美国课程与教学案例透视：贾斯珀系列［M］.王文静，乔连全，等译.上海：华东师范大学出版社.

孟凡玉，2017. 小学"学习中心课堂"教学评价的实证研究［D］.武汉：华中师范大学.

欧阳峣，2017. 中国式创新：追赶与超越［N］.光明日报，2017-07-30（7）.

潘仲茗，1998. 当代中小学教育改革实验概说［M］.成都：四川教育出版社.

庞维国，2003. 自主学习：学与教的原理和策略［M］.上海：华东师范大学出版社.

裴娣娜，2005. 现代教学论：第三卷［M］.北京：人民教育出版社.

裴娣娜，等，1998. 发展性教学论［M］.沈阳：辽宁人民出版社.

裴光勇，2013. 卓越课堂文化建设研究［M］.北京：教育科学出版社.

裴斯泰洛齐，2001. 裴斯泰洛齐教育论著选［M］.夏之莲，等译.北京：人民教育出版社.

皮亚杰，1981. 教育科学与儿童心理学 [M].傅统先，译.北京：文化教育出版社.

皮亚杰，1985. 发生认识论原理 [M].王宪钿，等译.北京：商务印书馆.

乔纳森，2002. 学习环境的理论基础 [M].郑太年，任友群，译.上海：华东师范大学出版社.

乔伊斯，韦尔，卡尔霍恩，2004. 教学模式 [M].影印本.北京：中国轻工业出版社.

邱学华，2005. 尝试教学论 [M].北京：教育科学出版社.

任苏民，2004. 教育与人生：叶圣陶教育论著选读 [M].上海：上海教育出版社.

圣吉，1998. 第五项修炼：学习型组织的艺术与实务 [M].郭进隆，译.上海：上海三联书店.

施瓦布，2016. 第四次工业革命 [M].世界经济论坛北京代表处，李菁，译.北京：中信出版社.

斯莱文，2004. 教育心理学：理论与实践（第7版）[M].影印本.北京：北京大学出版社.

斯特弗，盖尔，2002. 教育中的建构主义 [M].高文，徐斌燕，程可拉，等译.上海：华东师范大学出版社.

单文经，2003. 教学引论 [M].上海：上海科技教育出版社.

苏春景，1992. 关于我国教学法改革实验的统计分析 [J].教育研究与实验（2）：55-62.

苏红，2017. 新加坡缘何领跑中学生国际测试 [N].光明日报，2017-08-09（15）.

苏霍姆林斯基，1984. 给教师的建议 [M].杜殿坤，编译.北京：教育科学出版社.

孙亚玲，2008. 课堂教学有效性标准研究 [M].北京：教育科学出版社.

泰勒，1994. 课程与教学的基本原理 [M].施良方，译.北京：人民教育出版社.

陶行知，1981. 陶行知教育文选 [M].中央教育科学研究所，编.北京：教育科学出版社.

田爱丽，2014. 美、加、新、澳基础教育领域慕课和翻转课堂进展研究 [J].创新人才教育（3）：75-80.

田慧生，等，2000. 活动教育引论 ［M］. 北京：教育科学出版社.

汪瑞林，杜悦，2016. 凝练学生发展核心素养　培养全面发展的人：中国学生发展核心素养研究课题组负责人答记者问 ［N］. 中国教育报，2016-09-14 （9）.

王策三，1983. 论教师的主导作用和学生的主体地位 ［J］. 北京师范大学学报 （6）：70-76.

王策三，1985. 教学论稿 ［M］. 北京：人民教育出版社.

王道俊，郭文安，2005. 主体教育论 ［M］. 北京：人民教育出版社.

王鉴，2006. 论课堂的历史形态及其变革 ［J］. 西北师大学报 （社会科学版） （2）：85-90.

王敏勤，1993. 国内著名教改实验评介 ［M］. 青岛：青岛海洋大学出版社.

王坦，2001. 合作学习：原理与策略 ［M］. 北京：学苑出版社.

王天一，夏之莲，朱美玉，1985. 外国教育史：下册 ［M］. 北京：北京师范大学出版社.

王晓辉，2016. 法国加强基础教育改革欲重建共和国学校 ［N］. 光明日报，2016-07-03 （8）.

王新民，王富英，2012. 学案：一种新的教学文化脚本 ［J］. 基础教育课程 （5）：34-36.

王永昌，1991. 论实践本质 ［J］. 中国社会科学 （4）：3-18.

王永昌，1992. 论实践对象化的基本内容和过程 ［J］. 中国社会科学 （2）：97-112.

王云生，2012. 学案·学案导学断想 ［J］. 基础教育课程 （5）：37-38.

维果茨基，1994. 维果茨基教育论著选 ［M］. 余震球，选译. 北京：人民教育出版社.

魏书生，1995. 魏书生文选：第一卷 ［M］. 桂林：漓江出版社.

伍尔福克，2007. 教育心理学 （第十版） ［M］. 影印本. 北京：中国轻工业出版社.

武汉市教育科学研究院，2011. 中小学高效课堂评价标准及说明 ［M］. 武汉：武汉出版社.

徐建成，2012. 理性对待“学案教学” ［J］. 基础教育课程 （5）：39-40.

姚利民，2005. 国外有效教学研究述评 ［J］. 外国中小学教育 （8）：23-27.

叶澜，1986. 论影响人发展的诸因素及其与发展主体的动态关系 ［J］. 中国社会科学（3）：83-98.

叶澜，1999. "新基础教育"探索性研究报告集 [M]. 上海：上海三联书店.

叶澜，2002. 重建课堂教学过程观："新基础教育"课堂教学改革的理论与实践探究之二 [J]. 教育研究（10）：24-30，50.

叶澜，2004. "新基础教育"发展性研究报告集 [M]. 北京：中国轻工业出版社.

叶澜，2006. "新基础教育"论：关于当代中国学校变革的探究与认识 [M]. 北京：教育科学出版社.

叶澜，等. 2009. "新基础教育"成型性研究报告集 [M]. 桂林：广西师范大学出版社.

张彬福，2012. "学案导学法"的问题出在哪里 [J]. 基础教育课程（4）：33-35.

张斌贤，1998. 社会转型与教育变革：美国进步主义教育运动研究 [M]. 长沙：湖南教育出版社.

张瑰丽，2016. "微视频导学"在小学高年级数学教学中的应用研究 [D]. 济南：山东师范大学.

张海平，2014. 关于"第四次工业革命"的探讨 [J]. 流体传动与控制（2）：1-3.

张华，2016. 论核心素养的内涵 [J]. 全球教育展望（4）：10-24.

张建伟，孙燕青，2005. 建构性学习：学习科学的整合性探索 [M]. 上海：上海教育出版社.

张娜，2013. DeSeCo 项目关于核心素养的研究及启示 [J]. 教育科学研究（10）：39-45.

张天宝，2001. 主体性教育 [M]. 北京：教育科学出版社.

张新汉，2013. 行走在探索健康高效课堂的征途上 [J]. 新课程研究（上旬刊）（4）：39-42.

郑琰，2012. 对话吴永军教授：要理性对待导学案 [J]. 基础教育课程（12）：40-42.

支瑶，吴金祥，2012. 学案设计与实施的关键在哪里 [J]. 基础教育课程（11）：53-57.

钟启泉，2007. "有效教学"研究呼唤教师决战课堂 [J]. 上海教育科研（2）：34-35.

周德藩，2003. 一个朴素的教育奇迹 [M]. 南京：南京大学出版社.

朱小蔓, 1993. 情感教育论纲 [M]. 南京：南京出版社.

佐藤学, 2010. 学校的挑战：创建学习共同体 [M]. 钟启泉, 译. 上海：华东师范大学出版社.

（二）

APA, 1993. Learner-centered psychological principles：guidelines for school redesign and reform [M]. Washington DC：American Psychological Association.

ARENDS R I, 2007. Learning to teach [M] 7th ed. New York：the McGraw-Hill Companies, Inc.

BORICH G D, 2017. Effective teaching methods：research-based practice [M]. 9th ed. Boston：Pearson Education, Inc.

DEWEY J, 1997. Experience and Education [M]. New York：Simon & Schuster Inc.

FAHRAEUS A W E, 2013. Learner-centered teaching：five key changes to practice (book review) [J]. Journal of the scholarship of teaching and learning (4)：1-6.

FAURE E, HERRERA F, KADDOURA A-R, et al., 1972. Learning to be：the world of education today and tomorrow [M]. Paris：UNESCO.

MCCOMBS B L, MILLER L, 2007. Learner-centered classroom practices and assessments：maximizing student motivation, learning and achievement [M]. Thousand Oaks, California：Corwin Press.

OECD, 2005. The definition and selection of key competencies：executive summary [EB/OL]. (2005-05-05) [2017-05-10]. http：//59.80.44.99/www. oecd. org/pisa/35070367. pdf.

PETERS R S, 1970. Development [M] //HIRST P H, PETERS R S. The logic of education. London：Routledge and Kegan Paul.

ROGERS C R, FREIBERG H J, 1994. Freedom to learn [M]. 3rd ed. New Jersey：Prentice Hall, Inc.

SCHUNK D H, ZIMMERMAN B J, 1994. Self-regulation of learning and performance：issues and educational applications [M]. Hillsdale, NJ：Lawrence Erlbaum Associates, Inc.

UNESCO, 2015. Rethinking education：towards a global common good？ [M]. Paris：

UNESCO.

WEIMER M，2002. Learner-centered teaching：five key changes to practice ［M］. San Francisco：Jossey-Bass.

索　引

J

后　记

　　建构一种切合时代发展要求的教学论学科体系一直是我这些年来的追求。这本《学习中心教学论》的构思是以我所提出的"发展性教学论"为基础的，后者主要体现在《教学论新编》（人民教育出版社 2011 年版）和《有效教学》（高等教育出版社 2016 年版）两本著作之中。发展性教学论的基本追求是，以学生素养的形成与完善作为教学的基本取向或根本目的，并以此探讨学生学习的过程、教师教导的过程以及教导与学习之间的关系。在发展性教学论中，我实际上已经提出了要以学生学习作为教学过程的本体或目的，而将教师的教导当作是引起和促进学生能动、有效学习的条件或手段的观点。因为要落实"以学生发展为本"的目标，在教学过程上，必然要求"以学习为中心"。但是，在《教学论新编》和《有效教学》中，我还没有明确提出"学习中心教学"这一表述，更没有对其展开分析和深入论证。

　　2012 年我申报的国家社会科学基金项目"以课堂教学转型为旨趣的中小学学习中心课堂建设的理论与行动研究"获得批准。以此项目的推进为契机，我开始从理论建构和学校行动研究两个层面，对学习中心教学开展了比较全面深入的探索，前后历时五年多，《学习中心教学论》即为理论建构的成果。

　　在对学习中心教学的研究中，除了吸收国内外已有的理论研究成果以外，我特别注意对国内外尤其是国内自 20 世纪 80 年代以来形成的相关教学改革经验的总结与借鉴，如 20 世纪 80 年代的课堂教学模式改革、洋思中学和杜郎口中学的教学改革，以及由大学研究者如叶澜教授、郭思乐教授、裴娣娜教授及杨小微教授等领导的教学改革。这些教学改革经验是建构中国特色的学习中心教学理论的宝贵资源。

除了吸收国内外已有的理论研究成果和实践探索的经验以外，课题组在武汉市的四所中小学——江岸区长春街小学、硚口区崇仁路小学、东西湖区吴家山第五小学及武昌区杨园学校——所开展的学习中心教学的学校行动研究，对学习中心教学的理论建构产生了多方面的影响：学校行动研究对理论指导的需求，成为驱动我们进行学习中心教学理论建构的直接动力；研究者参与行动研究所获得的感悟及从中收集的信息，形成了理论建构最鲜活的思想资源；参与行动研究的学校领导和教师表现出来的研究热情和实践智慧，极大地鼓舞了我们对理论建构的信心。在学校行动研究中，我们采用的是大学与中小学密切合作的行动研究的方式。其中，大学研究团队成员由华中师范大学的毛齐明副教授、湖北大学的向葵花副教授、中南民族大学的张琼博士和我构成。在四年多的学校行动研究中，这几位年轻教师付出了大量的时间和精力，并为课题研究贡献了很多的思想智慧。

特别感谢教育科学出版社的郑豪杰副社长、学术著作编辑部的刘明堂主任及方檀香编辑，由于他们的信任和鼎力支持，本书得以顺利出版。方檀香女士为书稿的修改、成型，提供了很多专业性的建议并付出了辛勤的劳动。

本书的面世，是在多方面人士的支持、帮助和鼓励下完成的。在此，谨向他们表示衷心的感谢！

陈佑清

2018 年 7 月